現代政治のリーダーシップ

現代政治のリーダーシップ

危機を生き抜いた8人の政治家

John Major
Helmut Kohl
Guy Verhofstadt
Leo Varadkar
Tony Blair
François Mitterrand
Boris Nikolayevich Yeltsin
Rodrigo Gómez

高橋直樹
松尾秀哉
吉田 徹 編

岩波書店

目次

第2部 状況を生きる政治リーダー

序　政治リーダーの質の低下とその解毒剤

高橋直樹

1　二一世紀の状況

わたしの知人で、戦後ベビーブーマー世代のある政治学者は、現在の日本と世界の政治状況を見てある日、次のように語った。

「まったく現在の政治には嫌気がさす。洋の東西を問わず、また、先進諸国から途上国まで、多くの国々で質が良いとはいいがたい政治リーダーが権力の座についている。彼らは大きな顔をし、傲慢で視野の狭い発言を重ね、反対論を無視して、未来への展望を欠いた政策を実行している。さらに悪いこととして、意図的に歪曲された情報に踊らされ、質の悪い政治リーダーを支持している人々が少なからず存在する。二一世紀の政治がこのようにひどいものになろうとは、数十年前にはほとんど考えもしなかった。自分が専門としている政治学の無力を感じると同時に、若い世代の人たちに対してどのように謝り、良い政治とは、質の良い政治リーダーとはどのようなものかを説明すればよいのか、まったく途方に暮れる」。

彼の言うように、現代政治は大きな変動期の中にあり、しかも、平和、秩序、平等といった価値からますます遠ざかっているように見える。世界に目を向ければ、度を過ぎたグローバリゼーション、野放図な世界資本主義、そして傲慢な大国主義が横行している。また、ひとつの国の中においても、IT技術の急速な発達に伴うコミュニケーションの変質によってフェイクがまかり通り、社会階層は大きく分断されて固定化しつつあり、扇動的ポピュリズムは世界のいたるところで台頭し、そうして民主主義は死につつある。これらの変化は政治変動の原因であり、さらにフィードバックとして、その変動を加速する要因ともなっている。

政治の質の低下を引き起こした要因はいくつも挙げることができるが、その中でもとくに顕著な、したがって重要な問題となっているのは政治におけるリーダーシップの問題であろう。

2 政治リーダーの質の低下

先進諸国の中で、大衆受けをする派手なパフォーマンスを利用して権力の座についた人物、しかも、実業家として成功したもののその経歴には悪い評判が付きまとい、私生活もスキャンダルに満ちているリーダーは、アメリカ合衆国第四五代大統領のトランプ(一九四六―)が初めてではない。すでに一九九四年に、ベルルスコーニ(一九三六―)が第一次政権を発足させた時から、有識者が眉をひそめる政治リーダーの時代は始まっていた。この後、別に実業家の出身ではなくとも、私生活には特にスキャンダルがなくとも、多くの国で政治リーダーたちは派手なパフォーマンスや感情的なものの言いかたに訴えて、大衆の支持を獲得する戦術を利用するようになった。

このような政治リーダーの質の低下はどこからもたらされたのだろうか？　第一に挙げなければいけないのは、経済や社会といった政治外の状況が混乱し、不透明性が増していることだろう。社会・経済エリートが二〇世紀後半に作り出してきた既存の社会制度にたいして大衆は大きな不満を抱いている。そして同時に、安定した生活をおびやかしている移民の流入、製造業や金融などのグローバル化についても恐怖を感じている。このような過去と未来からのダブル・バインド（二重拘束）ともいえる不安定な状況は、良心的な政治リーダーを混乱させ、質の劣化したリーダーをはびこらせる。「悪貨は良貨を駆逐する」というグレシャムの法則をまねれば、不透明な状況の下では「悪いリーダーが良いリーダーを駆逐する」とでもいえるだろう。

もっとも、大衆の支持を得て権力を握った質の悪いリーダーもその座に安住してはいられない。現在と似たような状況にあった一九四〇年にマンハイムは次のように書いている。「……解體せる大衆社會にあつ《ママ》ては、公衆が統合されるに至るのは瞬時的であるにすぎず、それは特定の演戯を見るためにのみ集り、その演戯が終ると四散する。……解體過程にある社會においては、このような公衆に代つ《ママ》て……浮動的な公衆が現われるのである。」（カール・マンハイム、福武直　訳『変革期における人間と社会』みすず書房、一九六二、一一六）

不満に満ちた大衆は浮動的であるから、質の悪いリーダーとしては常に新しい不満を燃え立たせ、より強い感情的な反応を大衆から引き出さなければならない。この大衆感情のスパイラル（らせん構造）は、その帰結として社会のさらなる解体をまねくだろう。

第二に、質の悪い政治リーダーをはびこらせる原因のひとつとして、現在の情報洪水とでも呼べる状況と、それを利用した意図的な情報操作を挙げることができる。英国のブレア政権（一九九七―二〇〇七）では、事実のうちで政権に都合の悪い部分は隠しながら、有利な部分だけを取り出して強調する「スピン」と呼ばれる情報操作が多用された（高橋直樹「ブレア・スタイルとデモクラシーのゆくえ」内山融、伊藤武、岡山裕（編著）『専門性の政治学――デモクラシーとの相剋と和解』ミネルヴァ書房、二〇一二、二七七―三〇三頁所収）。そして、現在ではスピンの時代よりさらに憂慮すべき「フェイク」の時代が到来した。トランプ政権にみられるように、事実ではないことを、自分を正当化するために声高に宣伝すること、また、都合の悪い事実に対してはフェイクというレッテルを貼ることによって、政治の世界から本来なら行われるべき誠実で冷静な議論が消えてしまった。

前述した二つの点に関連して、第三に、リーダーを選んで重要な仕事を任せるフォロワー(指導者に従う人々)の質の低下も目につく。J・S・ミルが考えた近代市民社会には、その重要な構成要素として、粘り強く議論を重ねながら、最終的には個人の利益を超えて、全体の社会にとってもっとも良いと考えられる決定をする「市民」が存在した。しかし、もちろん例外となる国もあるが、先進国でもミルの考えた熟議デモクラシーを担う市民は少数派になり、有権者の多数はごく短期的な自分の利益に執着し、質の悪いリーダーのパフォーマンスを喜ぶ浮動的大衆が多くなっている。

現在の大衆は、IT技術の急速な発達によって生じている情報の洪水に、溺れているかのように見える。情報の洪水とは単に量が多いことだけではない。切り取られ、細分化した情報が大量に流通し、しかも、発信者や情報源が定かでない情報も少なくない。受け取り手である大衆は細分化された情報のうちで、自分の関心を引くもの、自分に都合の良いもの、さらにはすでに出来上がっている自分の思考に沿ったものだけを選び取り、つなぎ合わせて解釈している。

したがって、トランプ現象にみられるように、質の悪いリーダーが失敗を隠し、確証をあげずに失敗を他者のせいに、とりわけその陰謀のせいにするならば、フォロワーの眼から見るとリーダーには失敗というものはなくなる。「成功ほど続くものはない(nothing succeeds like success)」という昔からの格言が、本来とは異なる意味で妥当するようになった。質の悪いリーダーの毒は世界中にまき散らされているし、そのようなリーダーの質の低下はフォロワーの質の低下と密接に結びついているといえる。

3 より良い政治リーダーを選ぶための解毒剤

より質の高い政治リーダーが現れることを待望する意見が現在では日増しに高まっている。しかし、このような「英雄待望論」こそ、逆説的ともいえるかもしれないが、良い政治リーダーを選ぶためには、もっとも避けなければいけない態度であろう。わたしたちは戦間期の混乱したドイツの政治状況の中から、ヒトラーが英雄として台頭してきたことを忘れてはならない。同時に、ヒトラーを独裁者の座につけた「全権委任法(一九三三年)」を、議会がその手続きにしたがって成立させたという暗い歴史も忘れてはならない。民主主義は繊細な壊れやすい政治制度であり、現在の世界で起こっているような、一見するところ些細な違反行為とか、さして重要でないと思われる小さな攻撃などの積み重ねによって、もろくも崩れるものだということを心に刻みたい。

より良い政治リーダーを選ぶための具体的な解毒剤は、第一にフォロワーの質の向上に求められる。このために必要な要素として、知性、冷静な判断力など人間性に関する点に注目するのは当然として、ここではより緊急の課題をとりあげたい。フェイクに騙されずに感情的な反応に流されないためには、フォロワーの側でしっかりとした「情報リテラシー」、つまり多く情報の中から何を選び、何を選ばないかの技術を身につけることが必要とされる。

歴史を振りかえれば、政治リーダーはその質の良し悪しを問わず、常にその時代の新しいコミュニケーション技術を巧妙に利用してきた。ラジオ時代にヒトラーは熱狂する聴衆の歓声を背後にして、声高に叫んだ演説を放送させた。同じ時期に、大西洋の反対側の合衆国でF・D・ルーズベルト大統領は、毎週ラジオで「炉辺談話」を国民に語りかけた。テレビの時代に移ると、合衆国大統領レーガンは誠実で温厚な役柄の指導者を演じて、テレビ映像を利用して国民の支持を集めていた。現代の質の良くない政治リーダーたちも、テレビやネット動画での派手なパフォーマンスと、ＩＴ技術の発達を利用したショート・メールやトウィートなどで支持を調達していることを見れば、時代によって技術は変化するものの、なされていることは同じだと気づくだろう。

情報リテラシーの向上とともに早急に充実させなければならないのは、「事実として言及されたもの」が本物かどうかを吟味するためのファクトチェックの作業だといえる（高林睦宏「「外国人材」という珍妙な言葉… 日本にはやるファクトチェックの現状」電子版ニューズウィーク日本版、https://www.newsweekjapan.jp/stories/world/2018/11/post-11350_7.php、二〇一八年一二月一日閲覧）。良心的なジャーナリズムやウェブサイトの運営者によって、情報の洪水の中に紛れ込んでいるフェイクやスピンを注意深くあぶりだし、「もう一つの真実」が本物かどうかをフォロワーが判断するために必要な材料をさらに充実させなければならない。

第二に、やはり良い政治リーダーにはそれなりの資質が必要とされる。したがって、知性と品性を備えたリーダーを選ぶことが二番目の解毒剤に当たる。どのような人物をリーダーに選べばよいかという議論は古代ギリシャから連綿と続いてきた。当時、実行力を重視して権力を持つ「王」をリーダーにするべきだと主張する人々と、権力より先にものごとの本質を見抜く知性がリーダーには必要だと主張する人々との間で論争がなされていた。権力と知性の両方が必要とされるが、もしどちらが優先されるかと問われれば知性が優先すると考えて、プラトンは有名な「哲人王」の主張を次のように述べた。

「哲学者たちが国々において王となって統治するのでないかぎり……あるいは現在王と呼ばれ、権力者と呼ばれている人たちが、真実にかつじゅうぶんに哲学するのでないかぎり、すなわち、政治的権力と哲学的精神とが一体化される……るのでないかぎり、……国々において不幸のやむときはないし、また人類にとっても同様だ……。」（プラトン、藤沢令夫訳『国家　上』第五巻一八、岩波書店、電子版）

しかし、プラトンが主張した哲人王を現代に期待するのは難しいかもしれない。世界はますます複雑になり、時の流れは格段に速くなっている。強いリーダーを安易に求めるならば、あるいはかなり注意をして良いリーダーを選んでも、前述した英雄待望論の罠におちいる可能性が大きい。英雄を求めたのに、正反対の悪しき独裁者を選ばないようにするためには、もうひとつの条件が必要とされる。

その条件とは、第三に、良きリーダーならば、つねにフォロワーとの「対話」という相互作用(interaction)を心がけること、それとともに、リーダーとしての応答性(responsiveness)を高めるように努力しなければならないことにある(高橋直樹「政治的リーダーシップ理論の再検討」専修大学法学研究所(編)『政治学の諸問題II』専修大学法学研究所、一九八四、一五七)。したがって、リーダーがどのように対話をして、どう答えてきたかに注目することが三番目の解毒剤といえる。

フォロワーは様々なチャネルを通じて、その要求や希望、時には質問や疑念さえリーダーに投げかける。これを受け取ったリーダーは議会での答弁、マスコミによるインタビューなどのさまざまな機会を通じて、これらに誠実に答える必要がある。相互作用を拒否するリーダーはもはやリーダーではなく、単なる権力者になり下がったともいえよう。

もっとも、リーダーとフォロワーとのこの関係はフォロワーの要求を充足させればいいというものではない。政治の世界に限らないが、簡単には解決策を見出すことのできない難問が現在の世界には山積している。J・M・バーンズも指摘したように、良きリーダーは対話を通じて、従来の難点を乗り越えて、より高い次元での解決策を提示する。つぎに、フォロワーはそれを受け取り、熟慮したのちに、従来の素朴な要求を乗り越えて、より視野の広い希望をリーダーに投げかける。民衆の素朴な生活要求を受け取り、それを植民地の独立運動に高め、さらには暴力的な独立運動に対して「非暴力不服従」という新しい形の抵抗運動を提示するまでに高めたガンディは、バーンズも言うように相互作用型リーダーのひとつの理想的モデルといえる(Burns, *Leadership*, Harper & Row, 1978, p. 20)。

第四の解毒剤は、現職の政治リーダー、あるいはリーダー候補者に対する評価とリーダーの品質管理に関連する。ビジネスの世界におけるリーダーの質の低下を嘆いたフェファーは、「私たちは英雄的なリーダーの行動に目を奪われ、客観的な評価を行わず、それどころか評価しようともせずに済ますことがあまりに多い。これでは、現状の改善は望むべくもない。」と指摘する(J・フェファー、村井章子訳『悪いヤツほど出世する』日本経済新聞出版社、二〇一八、一八―一九)。残念なことにこの指摘は政治の世界にも充分に当てはまる。

政党制をとる民主主義のもとで、政治リーダーは王位の継承のように一瞬にして選ばれるわけではない。リクルートメント(メンバー補充)だけでなく、政党や組織、さらには議会内外での議論によって次第に重要な役職に就くという、プロモーション(昇進)の段階もある。残念ながら日本では、このプロモーションの段階が特に大きな問題を抱えている。政党は単に知名度が高いとか、当選回数が多いとかの理由でリーダー候補者を選ぶのではなく、国民にも選んだ理由を充分に説明しなければならない。他方で、わたしたちはリーダー候補者が最低限度の資質を持っているかどうかを注意深く評価しなければならない。

ひとたびリーダーが選ばれたら、わたしたちは監視の目をさらに厳しくする必要がある。一般論として、質の悪い政治リーダーほど批判を恐れるものだ。これらのリーダーは批判を無視したり、敵陣営の陰謀だと言いくるめたりする。これに対抗するためには、前述したファクトチェックと並んで現職リーダーに対する評価表、あるいは採点表が必要とされる。このような採点表は政権が交替した時などに目にすることがあるが、それを日常的にしなければならないだろう。

最後にいささか我田引水の趣もあるが、質の悪い政治リーダーを選ばないための第五の解毒剤がある。それは世界の多様な政治リーダーについて、その人物、成功や失敗、評価などについて知ることだろう。古今東西の政治リーダーに関する知見を深めることで、わたしたちが現在、選んでいるリーダーの評価はより明確なものになるだろう。目の前に出された選択肢としての政治リーダー、あるいは候補者について不平を述べるだけでなく、より広い知見と想像力を駆使して、別の選択肢を発掘しようとすることは実りの多い作業となろう。なによりも、瀕死の状態にある民主主義を再生させるために、わたしたちは政治リーダーに対して、これまでよりもさらに厳しい目を向けなければならないからだ。

第1部
個性を発揮した政治リーダー

第 1 章

ジョン・メージャーの矛盾

――イデオロギー政治のなかのプラグマティスト

若松邦弘

ジョン・メージャー

1943-

労働者の街として知られるロンドンのブリクストンで育つ．地元の公立校を卒業後，郵便局員などを経て，イギリス保守党より地方議員に当選．その後，国政に進出した．1990 年 11 月，47 歳 8 ヶ月の時に首相に就任(在任 1990-1997)．当時，20 世紀のイギリスで最も若い首相となった．政権期は，前任のサッチャー首相による経済改革への批判が高まった時期であり，同時に欧州の政治統合を進めたマーストリヒト条約批准も行われた．

1　サッチャーとブレアの間

ジョン・メージャーは一九九〇年代にイギリスの首相(首相在任一九九〇—九七年)を務めた保守党の政治家である。首相としては同党のマーガレット・サッチャー(同一九七九—九〇年)と労働党のトニー・ブレア(同一九九七—二〇〇七年)の間にあたる。財務相を務めていた一九九〇年一一月、四七歳八ヶ月の時にサッチャーの退陣に伴って与党保守党の党首に選出され、首相に就任した。直後のブレアが更新したものの、一八九四年以来最も若い首相であった。

時代は東西冷戦が終わり、ドイツが統一した直後であり、欧州統合は単一市場の実現を間近に控え、政治統合、通貨統合の交渉へと入っていくところである。三ヶ月前のイラクのクウェート侵攻を経て、湾岸戦争が始まる直前でもある。

保守党の歴史のなかでは、党内で経済面のネオリベラリズムと道徳面の保守性をもって理解される「サッチャリズム」がイデオロギーとして影響を増し、イギリスの保守政治が第二次世界大戦後初めて(現実対応ではなく)イデオロギーの(=を追求する)政治として存在するようになった時期である。党内の権力もその信奉者が党内を席巻する一九九七—二〇〇五年(ウィリアム・ヘイグ、イーン・ダンカン＝スミス、マイケル・ハワードが党首の時期)に向け、対立が激化していた。

政党間競争では、労働党でニール・キノック党首のもと中道回帰が始まり、パディー・アッシュダウンの自民党の成功もあり、イデオロギー化した保守党にとっては中道有権者の喪失が深刻化していた。とくにサッチャーが強力に推進した地方税の改革、いわゆる「人頭税」の導入は、保守党を同氏の政権期に一九七九年、一九八三年、一九八七年と、連続三回の総選挙で勝たせたC２層(熟練技能をもつ労働者層)の間で保守党への批判を引き起こしていた。誰が党首であれば次の総選挙で勝てるかが、個々の下院議員そして選挙区組織にとって重要となっていた。

この時代環境のもと、メージャーの保守党党首としての課題は、サッチャリズムについて、党内におけるその継承への期待と一般有権者におけるその価値の拒否とを両立させることであったろう。しかし在任中には、EC・EU統合をめぐる「ヨーロッパ問題」も浮上し、それが党内を分断する最大の争点となってしまう。メージャーは、結論的に言えば、これらすべての面で架橋的な人物となった。

いくつもの意味で過渡的で不安定な時代のなか、メージャーには「歴史的」という形容が悪い意味でついて回る。歴史的な支持率の低さ、歴史的な「スイング」(選挙での政党間の得票移動)、歴史的な選挙での大敗などである。メージャーは前政権に起因する負の遺産を受け継いだだけでなく、経済政策への批判、政治家のスキャンダルを始めとしてトラブル続きであったことは否めない。

なかでも、議会をコントロールできなかった政権との印象は強い。総選挙の間の一九九二年から一九九七年に政府は本会議の採決で六度の敗北を喫し、同じ時期に、保守党下院議員の一五人が、一時的なものを含め、党籍を変えている(Cowley, 1999: 14–16)。造反もあり、一九九四年一一月から一九九五年三月までは下院で同党単独では過半数を割っていた。常に退陣時期が噂されていた点では、近年のメイ政権と似ている。さらには一九九七年総選挙での「歴史的」な敗北もあり、メージャーは危機の多い政府を率いた、決断力のない首相とのイメージが強い。

しかし政権担当の六年五ヶ月はデービッド・キャメロン(首相在任二〇一〇―一六年)よりわずかに長く、クレメント・アトリー(同一九四五―五一年)やハロルド・マクミラン(同一九五七―六三年)とも同程度である。前後を一〇年にわたる、イギリスとしても超長期政権に挟まれているが、第二次世界大戦後ではとくに短くもない。なぜ六年以上にもわたり政権を維持できたのか。そこには党首の地位が議会党の支持に依存しうるという保守党に特徴的な構造がある。

本章では、この党首メージャーの支持調達の構造を考える。同氏は、歴史的な転換期にあったこの時期、同時代の他国の有力指導者のように非凡な個性と決断力をもって難局を乗り切った「グレートマン／ウーマン」ではない。イギリス保守政治の歴史が作り上げた構造に埋め込まれたリーダーであり、その構造に権力の源泉を見出して政権を維持した人物である。いわば「実務型」のリーダーである。リーダーシップをそのようなメージャーという人物に照らして考えることは、リーダーシップの構造的側面、ならびに、具体的には当時転換期にあったイギリス保守政治の構造とそこに起因するリーダーシップ、加えてその揺らぎを検討することとなる。

2 転機の一九九二年

(1)「灰色の男」

保守党からサッチャーの後継者を期待されたメージャーは、どのような人物であったのか。就任時に『タイムズ』紙は「一九一一年のボナー・ロー以来の無名候補の保守党党首就任」と書いている(*Times*, 28 Nov. 90: 4)。党首選で同氏が退けたマイケル・ヘーゼルタインやダグラス・ハードの方が政治家としての経歴はあきらかに豊富であった(Junor, 1993: 200)。

この点でダークホースの勝利との見方もあった(Bogdanor, 2010: 166)。これを補強するのが、しばしば注目されるメージャーの出身背景である。ロンドンの労働者地区ブリクストンで育ち、テッド・ヒース(首相在任一九七〇—七四年)、サッチャーに続く一般家庭出身の首相である。しかし大卒の両氏とも異なり、一六歳で出た公立学校(グラマースクール)が最終学歴である。郵便局員、銀行員、地方議員などを経て下院に当選したが、失業の経験もある(Kavanagh, 1997: 201)。ヒース以来の保守党政治家の出身階層における大衆化を、今日に至るまで最も体現している人物といえる。

しかし一九七九年の下院初当選(イングランド東部の農村地帯であるハンティンドンシャー選挙区)以来の経歴は決して異端ではない。むしろ保守党のリーダーとしての王道を歩いている。一九八七年にサッチャー政権下で初入閣すると(主計担当相)、いずれもサッチャーと対立した前任の更迭と辞任に伴って、一九八九年七月に外相、同年一〇月に財務相と、短期間に有力ポストを歴任。スピード出世により、当時はイギリスの二〇世紀で最も若い首相となった。

他方、外相、財務相の経験とも短期であるため、首相としては軽量感を否めず、政策手腕も不明であったため、首相就任時は経験豊かな有力政治家と比べられ、「灰色(＝わからない)の男」とも揶揄された。逆に、敵も少なく、当初からあった「いいやつ」との評は後まで続く(*Daily Telegraph*, 28 Nov. 90: 1)。のちの「歴史的」な党の低迷のなかでも、その人格への批判は少ないのである。

党首としてのメージャーの功績は一九九二年四月の総選挙における政権の維持である。この選挙で野党との議席差は、大勝した前回一九八七年総選挙の一〇一から二一へと縮小したものの、サッチャーが続投していれば、そして事前の世論調査でも、敗北が予想されたなかでの過半数維持であった。前政権の負債を引き継ぐ同一与党での「二人目の首相」の不利を覆したのである。

しかしこの選挙は、メージャーにとって早期解散を模索したものの決断できず、下院の任期満了を迎えたものである。メージャーは他の「二人目の首相」同様、自身への信任を高めるため、早期の総選挙を期待してきた(Hogg and Hill, 1995: 106)。ちなみに、就任直後の選挙でアンソニー・イーデン(首相在任一九五五—五七年)は大勝したが、アレック・ダグラス＝ヒューム(同一九六三—六四年)は下野、テリーザ・メイ(同二〇一六—一九年)も過半数割れを喫した。任期満了の選挙で敗北し、首相として短命に終わったジェームズ・キャラハン(同一九七六—七九年)やゴードン・ブラウン(同二〇〇七—一〇年)にも早期解散の観測はあった。

メージャーの場合、就任後一年内に解散の観測が二度高まっている。一度は一九九一年の二月から三月にかけてである。湾岸戦争で首相の指導力が評価された直後ではあったが、政治問題化していた人頭税について、自治体が課税基準を確定する政治的に微妙な時期でもあり、見送られている。実際に、イングランド北部の保守党の安全区、リブルバレー選挙区で行われた三月の下院補選では、自民党に大敗して議席を失い(投票移動二四・七ポイント)、人頭税の撤回は決定的となった(Hogg and Hill, 1995: 62)。

もう一度は同じ一九九一年の秋である。労働党を下回っていた政党支持率が九月に同党を上回る。一一月の選挙が噂されたが、これもマーストリヒトでのEC首脳会議を控えていることを理由に回避される。実態は選挙見通しの厳しさであった(Evans, 1999: 146)。五月にウェールズ南部のモンマス選挙区の下院補選で、労働党に大敗し議席を失っており(同一二・六ポイント)、ウェールズ第二の安全区でのこのショックは解散の可能性を事実上封じていた。

(2)暗転

メージャーにとり首相として最高の時期は一九九二年の四月から五月にかけてである。先述の通り、敗色濃厚であった四月の総選挙での政権維持が党内での威信を高めた(Foley, 2002: 47)。続く五月の統一地方選でも、推定全国得票率を総選挙より五ポイント伸ばし、保守党にとり一九七七年以来の最高の地方選挙となった(*Daily Telegraph*, 9 May 92: 9)。

しかし好調はここまでで、その後、メージャーには「記録のあるなかで最も不人気な首相」との汚名が定着していく。続く時期の下院補選、欧州議会選(一九九四年)、毎年の地方統一選(一九九三、一九九四、一九九五年)と保守党の不振は顕著で(Denver, 2017: 10–12)、とくに下院補選では首相在任中に議席の維持を図った一二の補選全てに敗北、逆に一つの議席も奪えなかった。イギリスでは下院補選で与党が野党から議席を奪うことは皆無とはいえ、次の首相のブレアが在任中の一〇年間に補選で三議席しか失わなかった(一四議席を維持)のとは対照的である。一九九二年総選挙による与野党の議席差二一は、離党(三人)や補選の敗北(八人)で減少し、一九九五年一二月にはついにゼロとなる(補選の敗北)。その後、メージャーは北アイルランドの地域政党(アルスター統一党、民主統一党)から閣外協力を受けるようになっていく。

この困難の要因として、一つに景気回復の遅れと経済政策がある(Broughton, 1999: 209–210)。前任のサッチャーが長期政権を維持できた背景には政権中盤期の経済の好調があり、また後任のブレア政権が成立する一九九七年には景気は安定していた。しかしメージャーの場合、首相就任時に、結果として過去五〇年で最長とされた景気後退期に入っており、他方で、ECの欧州為替レートメカニズム(ERM)にイギリス・ポンドは過大レートで参加していたことから、金利引下げの余地も小さかった。この景気後退は保守党の地盤であるイングランドの南部から中部にも影響を与えており、労働党の強い、スコットランドやイングランド北部の鉱工業地域を襲った一九八〇年代初めのものとは政党間競争上の意味合いを大きく異にしていた(Evans, 1999: 140)。

困難のもう一つの要因は「ヨーロッパ」の政治問題化である。イギリス政治ではメージャー政権期に、マーストリヒト条約批准、特定多数決制の拡大、EUへの拠出拡大と、欧州統合への関与をめぐる論争が続き、与党の保守党は二分される。なかでも一九九二年の二つの偶発的事件——デンマークの国民投票におけるマーストリヒト条約批准の否決(六月)とポンドのERMからの離脱(九月)——が、マーストリヒト条約の議会批准審議(一九九二—九三年)を中心に、下院で与党議員の無視できない造反を引き起こすきっかけとなる(Thompson, 1996: 189–198)。表1-1はこの時期の主な造反である。

このようなメージャー政権の中盤期に生じた議会の混乱は、第二次世界大戦後の保守党の歴史で有数の長期かつ激しいものといえる。この背景には同党の下院議員に関わる当時の構造変化が指摘されている。ベリントンらの議論を

表 1-1　保守党議員による下院採決での主な造反(1992-97 年)

①批准法案(欧州共同体改正法案)第二読会で可決(336 対 92). 保守党から 22 人が反対(92 年 5 月 21 日).
②デンマークの国民投票後に停止されていた批准法案の審議を再開する政府動議, 可決(319 対 316). 保守党から 26 人が反対, 6 人が棄権(同 11 月 4 日).
③批准法案に対する EU 地域委員会委員の選出法に関する労働党修正動議, 可決(314 対 292). 政府敗れる. 保守党から 26 人が賛成, 16 人が棄権(93 年 3 月 8 日)
④批准法案下院第三読会で可決(292 対 112). 保守党から 46 人が反対(同 5 月 20 日).
⑤社会議定書のオプトアウトに関する政府動議, 否決(316 対 324). 政府敗れる. 保守党から 23 人が反対, 1 人が棄権(同 7 月 22 日).
⑥EU への拠出金拡大に関する法案(欧州共同体財政法案)第二読会で可決(329 対 44). 保守党から 8 人が棄権(94 年 11 月 28 日).

整理すると(Berrington and Hague, 1998: 64-65)、まず長期政権ゆえの政府ポストの不足で、党内に不満がたまっていた。とくに一九八三―九二年は下院で保守党は大勢力であったことから、この問題は深刻であり、サッチャー政権末期の党内混乱もこの要因が大きい。

議員の属性変化も指摘される。ポストをめぐる不満は、兼業での政治家が減少し、政界での出世に関心を持つ者が増えたことで悪化したとされる。一九五〇年代まで保守党の下院議員はエリート階層の出身が多く、社会的に同質的な存在でもあった。その後、出身背景の多様化が進み、一九九〇年代までに議員歴数年の議員でも党幹部に反旗を翻すようになった。

しかしことヨーロッパに関しては、議員のヨーロッパ自体に対する意識の変化が重要である。これは当選時期と関係している(Baker et al., 1995: 56-58 も参照)。一九七〇年代前半までに初当選の議員は、保守党がＥＥＣ参加を推進していた時期の出馬である。当時は(現在と逆に)「統合」への関与こそが、議会の左派勢力との対比で、保守党による差別化のアイデンティティであった。しかし一九九〇年代にはその時期からの議員も少なくなる。党本部の候補者リストの変化や選挙区での候補選定の変化によって、候補は二〇年前よりヨーロッパに懐疑的となったのである。

3　政権危機の構造

（1）一九九三年五―七月の危機

下院における造反は、回数で言えば、マーストリヒト条約批准の審議が行われた一九九二／九三年度会期が中心である。以降の会期では、一般に流布している「混乱」との印象と異なり、造反数は過去の政権とさほど変わらない(Norton and Cowley, 1996: 42)。

しかし政権の危機自体は以後も続いている。背景には、与野党の議席差が小さく、一〇人程で政府の方針を否定しうるなか、反旗を翻しうる与党議員は三〇人を数えていたことがある(*Daily Telegraph*, 11 Jun. 93: 6)。この影響は個々の政策より政治面に大きい。党首のリーダーシップへの挑戦を強めていくのである。節目の採決は倒閣の危険をはらむ政治危機のきっかけとなっていく。

その一つは、マーストリヒト条約批准法案の審議の最終盤、一九九三年七月二二日から二三日にかけてである。政府が自らへの信任を議会に確認する事態に陥る。

下院ではすでにこの年の三月、野党動議の採決で政府が敗れており(表1-1③、一九九三年三月八日)、また批准法案の第三読会でも、可決はされたものの、保守党から四六の反対票が出ている(④、五月二〇日)。

そして、七月二二日、政府動議の否決という「保守党政権にとり二〇世紀で最も深刻な議会における敗北」(Baker et al., 1994: 57)が生じる(⑤)。社会条項の適用除外の承認についての政府動議であるが、保守党から二三人が反対、一人が棄権し、政府は敗れるのである。この事態に対し、メージャーは政府への議会の信任を確認すべく、すぐさま政府信任決議案を提出。解散をちらつかせて翌日、可決に持ち込む(三三九対二九九)(Seldon, 1997: 388)。総選挙後一五ヶ月で首相が信任を議会に明示的に求める事態へと追い込まれたことは、そのリーダーシップが混乱に陥っていることを党の内外に示すものであった。

この混乱のきっかけは、二ヶ月前の統一地方選(主にカウンティ議会)ならびに下院補選の敗北(五月六日)と、それに続くノーマン・ラモント財務相の辞任(同二七日)にさかのぼる。

五月六日の選挙は保守党にとって悪夢となる。七〇年間議席を維持してきたニューベリー選挙区の補選で自民党に大敗を喫したのである。二八・四ポイントの得票移動は同党にとり下院補選で二〇年ぶりの悪い数字である(*Daily Telegraph*, 8 May 93: 4)。またカウンティ議会選では、ケント、サリー、エセックスといった、地盤のイングランド南部を含む一五自治体で議会の過半数を失う。カウンティが行政体となった一八八八年以降で最悪の結果であり、イングランド・ウェールズの全四七カウンティのうち、議会過半数を維持するのはバッキンガムシャーだけとなった(*Daily Telegraph*, 8 May 93: 4)。これらの結果は、戦間期の一九三七年に調査を始めて以来、メージャー政権は最も不人気の保守党政権、とのギャラップ社による世論調査を裏付けるものとなった(Foley, 2002: 50)。

この事態の収拾に党内からはラモント財務相の更迭を求める声があがる。惨敗の背景には経済の回復基調にもかかわらず、その実感がないとの農村部の不満があり(*Daily Telegraph*, 8 May 93: 1)、補選の応援中にラモントが口ずさんだ鼻歌は、景気回復の遅れに苦しむ人々の前で無神経と批判されていた(Lamont, 1999: 363-366; Seldon, 1997: 376)。同氏への批判はＥＲＭ離脱に関連して前年からあったが、財務相は内閣の重要ポストであり、また後任候補として名前の挙がる左派のケン・クラーク内相と右派のハワード環境相の抜擢はいずれも対立グループを刺激しかねなかった。しかし、メージャーもこの時点で動かないと、秋の議会開会前に党内から党首選を突き付けられる恐れがあった(*Daily Telegraph*, 8 May 93: 1)。

辞任したラモントの後任にメージャーが選んだのはクラークである。これに右派の諸勢力から反発が生じる。サッチャー信奉者、欧州懐疑派、その他不満をもつ議員がメージャー批判でまとまるのである。その核は上院のサッチャーやノーマン・テビットであり、下院ではビル・キャッシュ、ジェームズ・クラン、マイケル・スパイサー、セシル・パーキンソンなど、さらに閣外に去ったラモントもいた。保守系メディアでも、『タイムズ』紙のウィリアム・リース＝モッグやポール・ジョンソン、『テレグラフ』紙のサイモン・ヘファーといったサッチャーに近い政治記者からの攻撃が生じる(*Daily Telegraph*, 11 Jun. 93: 6)。七月二二日の政府動議否決はこの幅広い右派勢力の攻勢のなかで起きたものである。

(2) 一九九五年五—七月の危機

政権のもう一つの大きな危機は一九九五年五月の野党提出動議の採決から七月の保守党での繰り上げ党首選(七月四日実施)までの動きである。欧州政策の焦点は、この頃までに、通貨統合へのイギリスの参加の是非に変化していた。五月に野党の労働党が政府の欧州政策を批判する動議を下院に提出すると、その採決ではラモントなど与党からも賛成を投じる議員が出る(Lamont, 1999: 428-430)。党内では、上記一九九三年七月の政府信任投票以来、メージャーへの右派からの揺さぶりとして、毎年秋の議会開会に合わせて党首選実施の噂がささやかれてきた(Heppell, 2008: 98)。その噂は現実のものとなっていなかったものの、党の運営には影響を与えていた。野党動議への同調はその緊張が頂点に達したものである。保守党は総選挙から三年で表立った対立状況に陥る。

動議否決のあと六月に、メージャーは「立候補するか黙れ」との有名なセリフとともに党首を辞任(二二日)、繰り上げ選挙に打って出た。そして、ただ一人立候補した右派のジョン・レッドウッドを大差で下す。『ガーディアン』紙は、この「一二日間はポンドのＥＲＭ離脱からの三三ヶ月でもっとも話題となる出来事」と評した(*Guardian*, 5 Jul. 95: 4)。

ここに至る過程をみると、一九九二年半ば以降三年にわたるヨーロッパ問題での議会の混乱と政治危機のもと、メージャーの欧州に対する懐疑的な姿勢が強まっていることを指摘できる。特定多数決拡大への反対や、連邦主義者とされるデハーネ元ベルギー首相の欧州委員会委員長就任阻止の動きなどである。他方で通貨統合については交渉を継続する姿勢を示している。この姿勢には閣内からもハワードやマイケル・ポーティロといった右派からの批判が生じている。彼らは比較的若い世代で野心家でもあり、閣内にありながら首相に異議を唱えていた。しかし彼らを更迭すると、政局につながる恐れがあった。一九九四年五月にはポーティロがテレビで通貨統合参加への反対を示し、同年秋の党大会でもラモントやポーティロ、ピーター・リリーなど閣僚クラスの反欧州的な発言が支持を集めた(Seldon, 1997: 497)。閣内の摩擦がおりに触れ表面化する状況であった。

一般議員を巻き込む動きとしての下院の造反は、前述のように、一九九二/九三年度会期に集中しており、その後、さほど頻繁ではない。しかし、下院での与野党の議席差が縮小していくなかで、造反の政治的影響はむしろ拡大していた。とくに一九九四年一一月と一二月の二つの採決は造反の根深さを示すものとなる(Cowley, 1999: 13–14)。一つは欧州共同体財政法案の採決である(表1-1⑥)。これはEUへの拠出金拡大をもたらすもので党内の反対も強く、政府は下院第二読会で「内閣への信任投票」と位置づけて採決に臨んだ。アルスター統一党からの支持で労働党の修正動議を否決した上で(三〇三対三三〇)、可決にこぎつけたものの(三二九対四四)、保守党からは八人が棄権した(一一月二八日、Seldon, 1997: 511)。この八人は他の一人とともに党籍を停止される。翌週には、家庭用燃料にかかる付加価値税の引上げに関する労働党の修正動議の採決で、政府は一九九三年三月と同七月に続く三度目の敗北を喫する(三一九対三一一、一二月六日、Seldon, 1997: 514–515)。保守党では七人が造反(うち党籍停止中三人)、八人が棄権(同五人)した。動議の内容はEUと直接は関係しないものの、造反者は前の週と重なっていた(Norton and Cowley, 1996: 33)。

この時期、労働党ではブレアがすでに党首に就いており、支持率で保守党を大きく引き離していた。ブレア党首のもと初めての下院補選では（ダッドリーウェスト選挙区、一二月一五日）、保守党から労働党へ二九・一ポイントもの得票移動が生じ、保守党は議席を失う。補選での保守党から労働党への得票移動としては一九三三年以来の大きさである（*Independent*, 17 Dec. 94: 2）。保守党で繰り上げ党首選が実施される翌一九九五年六月には、労働党との支持率の差三〇ポイントという状態が一年以上も続く前例のない状況となっており（Alderman, 1996: 316）、保守党を取り巻く政治状況は「サッチャーが下ろされた一九九〇年より悪い」（*Sunday Times*, 18 Jun 95: 13）との声が閣僚からも出ていた。党内では、メージャーでは遅くとも二年内には迎える次の総選挙を戦えないとの見方が強まっており、同年五月の統一地方選の惨敗を受け、年内の党首選を求める声も大きくなっていた（Seldon, 1997: 550）。

五月の野党動議はそのような状況下で提出されたものであるが、アルスター統一党が動議への賛意を表明したことで、可決される可能性が生じた。メージャーはこの難局を上記一一月の造反で党籍停止とされていた九人を懐柔することで乗り切る（Hogg and Hill, 1995: 266）。九人のうち五人が棄権、四人が反対したことで、野党の動議は五票差（三一九対三一四）で否決される。しかし、その後になされたこれら九人の処分の無条件解除は、メージャー政権の弱体化をさらに印象づけるものとなった。

メージャーの突然の党首辞任にはこのような経緯がある。党首選が秋に向けいよいよ現実味を帯びるなか、現職の党首自身が先手を打ったものである。この意表をついた動きは、メージャーにとり、党の一体性を維持するための「最後の手段」であったことは否めない（Alderman, 1996: 319）。解散をちらつかせた議会採決や、造反に対する党籍停止はすでに効果が薄く、手は尽きていた。

しかし結果だけからみればメージャーの賭けは成功する。急進的な右派は虚を突かれ、閣内に留め置いたクラーク、ポーティロ、ヘーゼルタイン、ハワードもメージャーを支持するしかなかった。挑戦者は新進のレッドウッドのみとなる。事実上の信任投票となったこの選挙をメージャーは容易に制したのである。

選挙では、メージャー続投の容認が中間派のみならず右派にも広がった。右派は執行部(＝メージャー)支持(ウィリアム・ヘイグ、ジリアン・シェパードなど)、ポーティロ支持、レッドウッド支持との色分けが明瞭になり、前二者は中間派、左派とともにメージャーに投票した(二一八対八九、*Guardian*, 5 Jul. 95: 3)。この時、メージャーが得た六六%という票の割合は、サッチャーが一九七五年に党首に選ばれた時よりも大きく、票数も下院議員数が多かった前回五年前にメージャー自身が獲得した一八五票を上回る。さらに、ブレアが前年の労働党の党首選で国会議員・欧州議会議員から得た六〇・五%より得票が大きいことも強調された(*Guardian*, 5 Jul. 95: 2)。

この一九九五年党首選はメージャーの首相後半期における最大の成功といってよい。自身に有利なタイミングでしかけ、右派から初めて具体的に生じた挑戦を退けたのである。

4 政権維持の過程

(1)支持する側の思惑

度重なる政権の危機にもかかわらず、メージャーは下院任期満了の一九九七年まで首相の座にとどまる。それを可能にしたものは何であったのか。数の面では当時、党内の諸勢力はいずれも単独で独自候補を当選させることができず、また単独では引きずりおろす力をもたなかったことが注目される。メージャーは、それぞれに、「最善」ではないが受け入れ可能な候補であり、「次善」として選択されるリーダーであった(*Daily Telegraph*, 5 Jul. 95: 4)。

まず党内の右派を見ると、メージャー政権の六年半を通じ、サッチャーに代わる絶対的な党首候補を見いだせなかった。ハワードやポーティロなど「反ヨーロッパ」を武器に台頭した政治家がいたことは事実である。彼らはメージャーの政策に批判的であった。しかし実際に挑戦したのはレッドウッドだけである。

右派の有力候補はメージャー批判が高まるきっかけとなった一九九三年の組閣(ラモント辞任)で閣内にとりこまれている。この時点で先頭を走っていたのはハワードとポーティロであり、そして閣外のラモントである(Hogg and Hill, 1995: 272)。のちのレッドウッドの党首選出馬は、その知名度の点で意外と見る向きは多い(Stark, 1996: 168)。

これらの人物は互いにライバルであり、一九九五年の党首選でもレッドウッドを統一して推すことはなかった。閣内に留め置かれていた有力者は、先述のとおり、メージャーを支持した(Heppell, 2008: 100–102)。党首選はこのように右派のライバル関係を表面化させている。レッドウッドが、敗れはしたものの、右派の代表格との地位を手に入れる一方(*Daily Telegraph*, 5 Jul. 95: 20)、ポーティロとラモントはのちに一九九七年の総選挙で落選、政治の第一線から去ることになる。保守党が野党に転じた後の一九九七年の党首選でも、左派のクラークに対し、右派は当選したヘイグに加え、リリー、レッドウッド、ハワードと四名が立候補する事態となった(Alderman, 1998: 7)。

野心家の集まる右派が一つにまとまることはなく、レッドウッドに加担することとなった急進派を除くと、左派の有力者の党首就任を阻むことしかできなかった。メージャーはその消極的な選択肢である。メージャーが党首についた一九九〇年の選挙は、右派からみれば、左派のヘーゼルタインが主役であり、何よりも「ストップ・ヘーゼルタイン」が焦点であった(Watkins, 1998: 232–233; *Independent*, 27 Nov. 90: 14)。ヘーゼルタインはその人頭税への反対ゆえに、保守党支持の一般有権者からは支持されているものの、サッチャー支持の議員や選挙区組織からは強い怒りを買っていた(*Guardian*, 29 Nov. 90: 23)。ハードとメージャーはあくまでもヘーゼルタインを阻むための候補であり、そのなかでメージャーはベテランのハードより新味があるとみられたにすぎない(*Independent*, 27 Nov. 90: 15; *Guardian*, 28 Nov. 90: 1)。

ラモント辞任後の危機(一九九三年五―七月)でも、右派には「ストップ・クラーク」の意識が働いている。メージャーの政策や党運営に批判を強めてはいたが、当時、右派の一番手と目されていたハワードは一般議員に人気がなかった。他方で、ヘーゼルタインはこの時点で首相候補としてはすでに過去の人としても、ラモントに替わって財務相に就いたクラークは懸念される存在であった(*Daily Telegraph*, 18 Jun. 93: 20)。

右派からみると、政策面でクラークとメージャーの差は小さい。ともに自由市場を重視し減税を支持する一方、道徳的にはリベラルで、欧州へのイギリスの関与を強める姿勢をとり、一九九二年に離脱したERMへの復帰も考えている。しかし、かりにここでクラークが党首になると、辞めさせることは難しい。これに対してメージャーはそれほど長くないと見て、当座の続投を容認しているのである(*Daily Telegraph*, 18 Jun. 93: 20)。この時期、右派の有力者にやみくもにメージャーを倒す考えはなかった。サッチャーも党の混乱を避けるべくメージャーを支持するよう訴えるのである(六月一四日)(*Daily Telegraph*, 15 Jun. 93: 1)。結局七月の造反は右派でも一部の動きにとどまった。

一方、党内の中間派や左派にとっては、サッチャー後の党に「一体性をもたらす候補」が必要であった(Stark, 1996: 169)。党の支持率が低迷するなか、偶発的な総選挙は避けたいとの思惑である。政策もさることながら、党の分裂を回避できるかが重要であった。

一九九〇年の党首選の時点では、メージャーを実際に擁立したのが右派であったことは興味深い。党首選時に主計担当相であったラモントが財務相のメージャーを担いだのである。しかしこの時、中間派の多くもメージャーを支持している。一九九五年も中間派は右派の一部とともにメージャーを支持している。なぜメージャーは党の分裂を避けるリーダーという役に適していたのであろうか。

第一に、同氏は有力者の話し合い(いわゆる「魔法のサークル」)という保守党の伝統的なリーダー選びであれば浮上する属性をもっていた(Stark, 1996: 169)。そのプロフィールは保守党の主流らしさと新鮮さをともに兼ね備えている。冒頭で述べた通り、メージャーの下院議員としての経歴は伝統型のリーダーのものである。一九八七年に一九七九年初当選組として最も早い入閣を果たし、その後、外相、財務相を歴任している。サッチャーが党首になった時に閣内経験は三年半と同じでありながらも、教育相の経験しかなかったことに比べると、メージャーの閣僚歴は際立つ。時期的にも、首相就任時は景気回復が課題であったなか、メージャーは現職の財務相であり、新首相として是認しやすい。さらには先述の通り、C2層からの支持回復が喫緊の課題であるなか、「階級のない社会」というアピールは第二次世界大戦後の保守党主流の主張と合致しつつ、メージャー自身がその生い立ちゆえに説得力をもつ存在であったことも重要である(*Times*, 28 Nov. 90: 5)。

第二に、メージャーが「顔のない候補」であったことも大きい。これは政策面に顕著である。メージャーは右派と異なり、イデオローグでなく、保守党を「文化革命」の装置と見ていないのである(Kavanagh, 1997: 206)。メージャーはプラグマティストであり、ゆえに、変化を嫌い安定を好む中間派から左派の嗜好と波長が合う。例えばポーティロとの対比は興味深い。同氏は、政府は正しいことをすべきとする。合意より結果によって判断されるべきとの考えである。政党は有権者に豊かさを訴えるのではなく、「アイディアの戦い」に勝つべきとする(Evans, 1999: 144–145)。これに対し、メージャーはサッチャーの経済原理を推進し、社会サービスに市場原理を導入することでその浸透を図る一方、不人気な人頭税は撤回する(Barker, 1995; 阪野、二〇一六:二〇四―二〇八)。欧州政策でも、社会条項や通貨統合に留保を示し、連邦主義を否定しつつも、「ヨーロッパ」への関与は強調する。そのスタイルはよく言えば現実的、悪く言えば信念を欠いている。メージャーの立ち位置は見る人次第で「左」にも「右」にもなるのである。

ジョン・メージャーの似顔絵(*Times*, 28 Nov. 90: 18)

(2)支持される側の手法

このような党内各勢力との関係をメージャーの視点から政権維

持の手法として考えると、その特徴は人脈と政策を使い分け、バランスをとったところにあろう。

メージャーはラモントらの右派人脈に担ぎ出されたものの、右派とのつながりは党首選で依存した財務省関係者を中心とした一部にとどまる(Major, 1999: 189)。軸は閣外に去るまでのラモントであり、一九九〇年党首選時のメージャー陣営の中心は、他に、リチャード・ライダー、フランシス・モードなど財務省の政治職、芸術相のデービッド・メロー、スポーツ相のロバート・エイトキンなどであった(Anderson, 1991: 149–152, 159–163; Junor, 1993: 198–199)。陣営には、のちにキャメロンと党首を争うデービッド・デービスもいた(*Times*, 28 Nov. 90: 5)。

メージャーは当初、政権の経済政策チームをこの経済的に「ドライ」(=市場志向)で、かつ欧州懐疑的な人脈に委ねる。自身の後任の財務相には主計担当相のラモントを昇格させ、後任の主計担当相にメローを充てた。この人事は経済政策とERMについて変化がないことを右派に示すものである(*Daily Telegraph*, 29 Nov. 90: 23)。一九九二年の総選挙後もメロー後任の主計担当相にポーティロをつけ、財政・金融政策の中枢を引き続き「ドライ」(かつ欧州懐疑派)で固めた。

しかし右派とメージャーの関係はもともと打算的なものである。右派にすれば、メージャーは左派のヘーゼルタインやクラークを阻むための道具にすぎない。一九九二年総選挙を経て、ラモントとの溝はしだいに広がっていく。メージャーが同氏を事実上更迭し、後任の財務相にクラークを就けると(一九九三年五月)、右派との関係は冷えこむ。経済政策チームでは一九九五年の党首選後、クラークが留任しただけでなく、主計担当相にも中間派の人物(ウィリアム・ウォルドグレーブ)が就くこととなった。サッチャー・メージャーの両保守党政権期を通じ初めて、この二つのポストでともに右派が消えたのである(*Daily Telegraph*, 6 Jul. 95: 5)。

実際にメージャーが首相期を通じ依存したのは、従来から党組織を屋台骨として支えてきた中間派である。とくに重視したのは友人のクリス・パッテンであり、それを通じた保守党本部の実務人脈である(Hennessy, 2000: 452–453)。

パッテンは一九九〇年の党首選ではハード陣営にあった人物であり、メージャーは、もともと関係が微妙であった右派のケネス・ベーカーに替えて、同氏を党幹事長に据えた(Major, 1999: 208)。メージャー個人はもともとハードに近く(*Daily Telegraph*, 23 Jun. 97: 16; Kavanagh and Seldon, 1999: 231)、この人事はメージャーがハード陣営の人脈に戻って、政権運営の軸足をハード―パッテンラインに置くことを意味していた。そもそも党首選での二人の対決も、ヘーゼルタインによる既得権益批判を封じるために、右派・穏健派の共同戦略としてあえて双方が擁立されたものとの見方もある(Junor, 1993: 202)。パッテンと副幹事長に据えたジョン・コープはともに保守党本部で台頭した人物であり、党と官邸の連携に手腕を振るう(*Guardian*, 28 Nov. 91: 23)。党組織を「左派」や「ヒース(元首相)派」の牙城と見て、遠ざけたサッチャーとは対照的である(Evans, 1999: 141–142)。

メージャーの手法は全体としては党人脈の中間派に依存しつつ、経済政策チームの人選に最も特徴的であるように、個別政策の運営で右派をつなぎとめるものである。法秩序にかかわる政策でも、内相に幹事長から外れたベーカーを充てた後、一九九二年の改造で一旦左派のクラークを就けたものの、一九九三年の改造ですぐに右派のハワードを任命し、閣外相の人事とあわせ、この分野で社会的(道徳的)な保守色を強めた(Heppell, 2005: 150)。他方、外交チームではハードを外相に留任させ、欧州担当副大臣には経済的「ウェット」、社会的リベラルの親欧州派であるトリスタン・ガレル゠ジョーンズというサッチャーと対極にある人物を就けている。

注目されるのは、サッチャーと対立し閣外に去っていたヘーゼルタインの処遇である。メージャーは首相就任後の組閣で、地方自治と国土開発も担う環境相につけている。これもメージャーの手法に照らして解釈する必要がある。一義的には、挙党一致ならびに右派への牽制である(Seldon, 1997: 135)。党内には、一九九〇年党首選のあと党の団結のためヘーゼルタインの入閣が必要との考えはあった(*Daily Telegraph*, 28 Nov. 90: 1; Taylor, 2006: 36–37)。メージャーが党首選で過半数をとれなかったからである。

しかしサッチャー支持者にとってヘーゼルタインは「裏切り者」である(*Daily Telegraph*, 28 Nov. 90: 1)。この点で、メージャーの右派に対する是々非々の姿勢は、ヘーゼルタインのみならず、同じくサッチャーが環境省政務官から更迭したジョージ・ヤングを運輸相として入閣させたことからもわかる。下院でヘーゼルタインらと人頭税に対する反乱を主導し、サッチャー期の下院で造反票を六回投じた人物である(*Guardian*, 30 Nov. 90: 3)。

両氏の人事は政策面でも重要である。右派にとっては自らのイデオロギーと直結する人頭税が撤回されることを意味するからである(Hogg and Hill, 1995: 57; *Daily Telegraph*, 29 Nov. 90: 23)。ヘーゼルタインは一九九五年の党首選後、筆頭国務相兼副首相に処遇され、省庁横断的な役割と一〇以上の内閣委員会の委員長職を得る(*Guardian*, 6 Jul. 95: 1)。ハードが引退(一九九五年)した後の閣内運営で、メージャーのヘーゼルタイン依存は明瞭であった。

このように、メージャーは中間派から左派への依存をしだいに増していきつつも、政策面の譲歩で右派からの支持も調達していた。対立をいとわなかったサッチャーと対照的である。イデオロギー的な「他者」を作ることで求心力を得るのではなく、党内融和に努めるリーダーを演じている(Seldon and Davies, 2015: 344-345)。この点で、現実的対応を旨とする中間派に近づいていくのは当然であろう。右派にとってメージャーは(サッチャーが言う)「我々のひとり(one of us)」ではなかった(*Daily Telegraph*, 11 Jun. 93: 6)。

それゆえにこそ興味深いのはメージャーと右派との関係である。サッチャーと多くの点で見方を共有する典型的な右派のラモントと、二年ほどとはいえ、なぜ共闘できたのか。これはヨーロッパや経済への姿勢では説明できない。カギは道徳観にある。道徳に関する姿勢(保守かリベラルか)は、経済とともに保守党の伝統的な分断軸となってきた。ヘッペルの分析では、メージャー政権期、「欧州からの自立」と経済面での「小さな政府」をともに志向する者が保守党の下院議員の四割を占めていた(Heppell, 2002)。これが当時の保守党における「右派」の姿である。そのなかでメージャーが安定的な関係を維持した政治家には、概ね「社会的(=道徳的)リベラル」との共通点がある。ラモントやリリーなどであるが、欧州懐疑派のなかにはもともと少ないタイプである(Garry, 1995; Webb, 1997; Cowley and Norton, 1999)。ラモントは保守党系の、当時は社会的リベラル派のシンクタンク「バウグループ」の理事長を経験するなど、道徳的にリベラルであった(*Daily Telegraph*, 29 Nov. 90: 2)。

メージャーは欧州と経済について柔軟な姿勢をとり、幅広い人物を閣僚に起用したものの、強く依存した政治家は、左右を問わず、この意味で「リベラル」な人物であった。メージャーの特徴はここにある(Junor, 1993: 201; Pilbeam, 2005: 169–170)。「階級のない社会」を掲げることでサッチャリズムの一つの特徴である社会的な保守を排除していた。メージャーは親欧州でも、「ウェット」でもないものの、道徳的には反「保守」であった。

5　時代のなかのメージャー

党内外からの逆風にもかかわらず、メージャー政権は一九九二年総選挙から五年の下院任期を全うする。メージャーは有権者には不人気であったものの、下院議員団の肝要な部分には自らがその時点での保守党に最善の選択であると示すことに長けていた。

その手法は、前節で指摘したように、党内の政権基盤と政策を使い分け、バランスをとった点に特徴がある。人脈で依存する中間派に基盤を置きつつ、個別の政策で右派をつなぎとめる。主要勢力のいずれからも(味方ではないにしても)敵とは見られない存在を意識していた。

しかしこの「両面作戦」は、党首の地位があくまでも下院議員団の支持に依存するという構造のもとで意味があった。逆に言えば、有権者を向いていないものである。

当時の保守党は、プラグマティズムとして存在してきた戦後の保守主義と、新たに台頭したイデオロギーが対峙するなかにあった。時代がイデオロギーの政治に移っていくなかで、わかりやすい「敵」を作り出さないメージャーは、サッチャーの手法に慣れた有権者の共感を得るリーダー像を示せなかった。議員団には有効な手法も、サッチャー後の政治では有権者からの支持を調達できず、結果として「歴史的」との悪評の形容がついて回る。

この点で、メージャーは選挙区組織との関係も微妙であった。当時の保守党には、サッチャーにアレルギーをもつ中間派・左派が数として優勢な下院議員団と、メージャーの選挙区(ハンティンドンシャー)がまさに典型例として挙がるような、自営業・農業従事者にサッチャー支持が強い選挙区組織との間にねじれが見られた(Whiteley et al., 1994: 46–47)。サッチャーは前者より後者に基盤を置いたが、メージャーは逆である。首相在任中に選挙区組織からの批判はしだいに高まっていくが、これは経済やヨーロッパだけでなく、道徳的な保守性へのメージャーの躊躇に対する選挙区一般党員の懐疑でもあった。メージャーは「信念」あるいは「イデオロギー」の政治が登場した後の首相であり、しかし自身は信念の政治家でないところに矛盾を抱えていたのである。

[文献]

●新聞

The Daily Telegraph, London/*The Guardian*, London/*The Independent*, London/*The Sunday Times*, London/*The Times*, London

阪野智一(二〇一六)「分裂する保守党の自画像――メイジャー政権　一九九〇―一九九七年」梅川正美・阪野智一・力久昌幸編『イギリス現代政治史(第二版)』ミネルヴァ書房、一八八―二一三

Alderman, Keith(1996) "The Conservative Party leadership election of 1995", *Parliamentary Affairs* 49(2), 316–332

Alderman, Keith(1998) "The Conservative Party leadership election of 1997", *Parliamentary Affairs* 51(1), 1–16

Anderson, Bruce(1991) *John Major: The Making of the Prime Minister*, London: Fourth Estate

Baker, David, Andrew Gamble and Steve Ludlam(1994) "The Parliamentary siege of Maastricht 1993: Conservative divisions and British ratification", *Parliamentary Affairs* 47(1), 37–60

Baker, David, Imogen Fountain, Andrew Gamble and Steve Ludlam(1995) "The blue map of Europe: Conservative parliamentarians and European integration", *British Elections and Parties Yearbook* 5(1), 51–73

Barker, Anthony(1995) "Major's government in a major key: Conservative ideological aggressiveness since Margaret Thatcher", *New Political Science* 17(1–2), 125–150

Berrington, Hugh and Rod Hague(1998) "Europe, Thatcherism and traditionalism: opinion, rebellion and the Maastricht Treaty in the backbench Conservative party, 1992–1994", *West European Politics* 21(1), 44–71

Bogdanor, Vernon(2010) "John Major, 1990–1997", in Vernon Bogdanor ed., *From New Jerusalem to New Labour: British Prime Ministers from Attlee to Blair*, Basingstoke: Palgrave Macmillan, 166–183

Broughton, David(1999) "The Limitations of Likeability: The Major Premiership and Public Opinion", in Peter Dorey ed., *The Major Premiership: Politics and Policies under John Major, 1990–97*, Basingstoke: Macmillan, 199–217

Cowley, Philip(1999) "Chaos or Cohesion? Major and the Conservative Party", in Peter Dorey ed., *The Major Premiership: Politics and Policies under John Major, 1990–97*, Basingstoke: Macmillan, 1–25

Cowley, Philip and Philip Norton(1999) "Rebels and rebellions: Conservative MPs in the 1992 Parliament", *British Journal of Politics and International Relations* 1(1), 84–105

Denver, David(2017) "From Hegemony to Ignominy: Elections and Public Opinion under John Major", in Kevin Hickson and Ben Williams eds, *John Major: An Unsuccessful Prime Minister?* London: Biteback Publishing, 3–20

Dorey, Peter(1999) "John Major: One of US", in Peter Dorey ed., *The Major Premiership: Politics and Policies under John Major, 1990–97*, Basingstoke: Macmillan, xiii–xvii

Evans, Brendan(1999) *Thatcherism and British Politics, 1975–1999*, Stroud: Sutton Publishing

Foley, Michael(2002) *John Major, Tony Blair and a Conflict of Leadership*, Manchester: Manchester University Press

Garry, John(1995) "The British Conservative Party: divisions over European policy", *West European Politics* 18(4), 170–189

Hennessy, Peter(2000) *The Prime Minister: The Office and Its Holders since 1945*, Basingstoke: Palgrave

Heppell, Timothy(2002) "The Ideological composition of the Parliamentary Conservative Party, 1992–1997", *British Journal of Politics and International Relations* 4(2), 299–324

Heppell, Timothy(2005) "Ideology and ministerial allocation in the Major Government 1992–1997", *Politics* 25(3), 144–152

Heppell, Timothy(2008) *Choosing the Tory Leader: Conservative Party Leadership Elections from Heath to Cameron*, London: Tauris Academic Studies

Hogg, Sarah and Jonathan Hill(1995) *Too Close to Call: Power and Politics–John Major in No. 10*, London: Little, Brown and Company

Junor, Penny(1993) *The Major Enigma*, London: Michael Joseph

Kavanagh, Dennis(1997) *The Reordering of British Politics: Politics after Thatcher*, Oxford: Oxford University Press

Kavanagh, Dennis and Anthony Seldon(1999) *The Powers behind the Prime Minister: The Hidden Influence of Number Ten*, London: Harper Collins

Lamont, Norman(1999) *In Office*, London: Little, Brown and Company

Major, John(1999) *John Major: The Autobiography*, London: Harper Collins

Norton, Philip and Phlip Cowley(1996) *Are Conservative MPs Revolting? Dissension by Government MPs in the British House of Commons 1976–96*, Hull: Centre for Legislative Studies, University of Hull

Pilbeam, Bruce(2005) "Social Morality", in Kevin Hickson ed., *The Political Thought of the Conservative Party since 1945*, Basingstoke: Macmillan, 158–177

Seldon, Anthony(1997) *Major: A Political Life*, London: Weidenfeld and Nicolson

Seldon, Anthony and Mark Davies(2015) "John Major", in Charles Clarke, Toby S. James, Tim Bale, and Patrick Diamond eds, *British Conservative Leaders*, London: Biteback Publishing, 333–346

Stark, Leonard P.(1996) *Choosing a Leader: Party Leadership Contests in Britain from Macmillan to Blair*, Basingstoke: Macmillan

Taylor, Robert(2006) *Major*, London: Haus

Thompson, Helen(1996) *The British Conservative Government and the European Exchange Rate Mechanism, 1979–1994*, London: Pinter

Watkins, Alan(1998) *The Road to Number 10: From Bonar Law to Tony Blair*, London: Duckworth

Webb, Paul(1997) “Attitudinal clustering within British parliamentary elites: patterns of intra-party and cross-party alignment”, *West European Politics* 20(4), 89–110

Whiteley, Paul, Patrick Seyd and Jeremy Richardson(1994) *True Blues: The Politics of Conservative Party Membership*, Oxford: Clarendon Press

第2章

ドイツ統一とコール
——政治変動への対応による逆境の克服

安井宏樹

ヘルムート・コール

1930–2017

ドイツ西部プファルツ地方生まれ．キリスト教民主同盟(CDU)の政治家．西独ラインラント－プファルツ州首相(1969–76年)．CDU党首(1973–98年)．ドイツ連邦共和国首相(1982–98年)．党首在任期間25年，首相在任期間16年は，いずれも戦後最長．東西ドイツ統一を成し遂げた．

1　はじめに

ドイツ統一を成し遂げ、五期一六年に及ぶ長期政権を築いたヘルムート・コールは、戦後ドイツを代表する政治家の一人である。しかし、彼のリーダーシップは初めから「偉大」であったわけではなく、統一への動きが生ずる直前まで、党内外からの挑戦にさらされ続けていた。また、統一後は「コール・システム」と呼ばれるほどの党内掌握力を見せる一方で、東西ドイツの実態的な統合や、グローバル化・サービス産業化への対応といった政策課題に十分対処することができず、選挙での歴史的敗北を喫した後、退陣、さらには疑獄事件での失脚へと転落していった。

本章では、政治指導者と環境(時代背景や他政治アクターとの関係など)の相互作用という観点から、コールによる政治指導の特徴を描き出すと共に、彼が「偉大」になっていった経緯とその帰結を検討する。

2　政治家としての形成

(1)若年期からの職業政治家――党人派としての台頭

一九三〇年にドイツ西部プファルツ地方のライン川に面した工業都市ルートヴィヒスハーフェンで生まれたコールの政治的キャリアは、時代背景に大きく影響されながら出発した。ナチ独裁と戦争の下で少年期を送ったコールが大学生となって政治活動に手を染め始めたとき、彼の眼前に広がっていたのは敗戦後の政治的混乱であった。独裁と戦争はコールの一回り上の世代に大きなダメージを与えており、コール自身も「若い世代には政治で急速に昇進する機会があった。一九三〇年前後に生まれた世代が連邦共和国の政治でひときわ強い存在になっていったのは、我々に力量があったからというよりも、歴史の流れに求められたからという面の方が大きい」と回顧している(Kohl, 2004: 88-89)。また、戦後の再出発という気運に支えられつつ、保守からカトリック労働運動に至るまでの幅広い非マルクス主義諸勢力が大同団結することによって新たに結成されたキリスト教民主同盟(CDU)は、寄り合い所帯の性格が色濃く、政策や権力をめぐる争いが絶えなかった。

このように流動化していた環境の中で政治活動を開始したコールは、特定の政策領域の専門家としてではなく、組織の意思決定過程を整備することによって党の活動を活性化することを目指す党務の専門家として急速に頭角を現した。二四歳でラインラント-プファルツ州CDU青年部副代表となった翌年には州CDU幹部会入りを果たし、一九五九年には当時最年少のラインラント-プファルツ州議会議員にも選出される。当時のラインラント-プファルツ州CDUは、州設立時から州首相を務めていたペーター・アルトマイアーの下で安定した状態にあったが、コールの目には州政府案に賛成投票するだけの消極的な停滞状態にあると映り、議員団での討論の活性化を主張して、上の世代の議員達と衝突した。この政治活動を通じて、コールは議員団の中で一目置かれる存在となり、一九六一年の議員団執行部選挙では、賛成二五票・反対一九票・棄権三票という〝闘争的〟結果で副議員団長のポストを手に入れることに成功した。

しかし、コールにとって、〝闘争的〟姿勢はそれ自体が目的ではなく、政治的影響力を拡大するための手段であった。そのため、競い合って勝利した後、コールは敗者とも友好的な関係(とりわけ、個人的な友人関係)を維持し、さらには強めることを志向した(Dreher, 1998: 63; Schwarz, 2014: 99)。副議員団長となった後のコールが議員団執行部の中で協力的な姿勢を示しながら精力的に活動したことによって、コールは次代を担う後継者としての声望を増していき、二年後の一九六三年には、賛成三八票・反対〇票・棄権二票・無効一票という圧倒的な信任を受けて同州議会CDU

議員団長への昇進を果たした。そして、一九六六年に三六歳で同州CDU代表となり、CDU連邦党幹部会のメンバーにも選出された後、一九六九年五月には、七〇歳で引退したアルトマイアーの後継として、閣僚経験を積むことなくラインラント＝プファルツ州首相となったのである。州首相となった後も、コールはジェネラリスト、党務の専門家という本領からはずれることなく、課題となっている政策についてはその問題に通じた人物を担当閣僚に据えて一任する姿勢を取り、そこでの政策的成功の果実を政権全体の浮揚材料として活用していった。

(2)連邦政界への進出——党人派地方政治家の苦労

コールがラインラント＝プファルツ州CDUのトップとなり、連邦政界への進出が現実味を帯びてきた一九六〇年代後半は、二〇年近くに及んだCDUとそのバイエルン州での姉妹政党であるキリスト教社会同盟(CSU)による長期政権の「腐朽」(高橋、二〇〇八)が進み、政権運営が揺らぎ始めていた時期であった。一九六六年には、それまでCDU／CSUの〝自然な連立相手〟と見なされていた自由民主党(FDP)との連立が崩壊してドイツ社会民主党(SPD)との大連立が組まれ、一九六九年九月の連邦議会選挙では第一党の座を守りながらも、選挙後にSPDとFDPの連立が成立したことによって、CDU／CSUは連邦共和国発足から二〇年で初めて野党へと転落したのである(安井、二〇〇八)。

こうした変動の中、コールは、他州の党組織との提携を強化することによって、連邦レベルでの影響力強化を目指した。その際に活用したのが、CDU上層部での出身地域の不均衡である。初代CDU党首コンラート・アデナウアーが二〇年近くにわたって党首の座に君臨し続けた結果、当時のCDU上層部ではアデナウアーが地盤としたラインラント地域の勢力が過大代表されており、他地域のCDU政治家から反発の声が出ていた。この不満を利用して、コールは南西ドイツ諸州の党組織からの支持を集め、一九六九年一一月のCDU連邦党大会で行われた連邦副党首(定数五)の選挙で二位となって、連邦政界での影響力を強めていった。

他方、党人派の州政治家としてキャリアを重ねていたコールにとって、連邦議会議員団への影響力は乏しいままであり、その連邦議会議員団のトップの座に一九六四年から君臨していたライナー・バルツェルがコールの強力な競争相手となった。バルツェルは、コールとほぼ同世代(一九二四年生まれ)の政治家で、一九六七年のCDU連邦党首選では本命視されていたクルト・ゲオルク・キージンガー首相と党首の座を争うなど、トップへの野心を隠さない政治家であった。一九六九年にCDU/CSUが連邦での野党に転落すると、連邦首相の地位を失ったキージンガーCDU党首に代わって、連邦議会議員団を率いるバルツェルが、議会演説の才を活かしつつ、野党第一党の顔としてメディアでの注目を集めるようになり、次期党首、ひいては、次期総選挙でのCDU/CSU首相候補の有力候補となっていった。ドイツ政治では、議員団・党・政府の三つが権力を動かす「三角形」と呼ばれるが、バルツェルはそのすべてにおいて頂点の座につこうとしたのである。

それに対してコールは、①自らの得意とする党務を通じての党内支持拡大を図るのと同時に、②政策面や知名度での弱さを補うべく、政策通の重鎮政治家との提携を目指した。前者については、党綱領委員会の委員長に就任して、野党転落後の巻き返しの狼煙となる党綱領見直し作業を主導し、後者については、官僚出身でアデナウアー時代から内相・外相・国防相といった要職を歴任したゲアハルト・シュレーダーに接近した。後者の働きかけの中でコールは、政策通のシュレーダーが党首となって次期総選挙での首相候補の座を狙う一方、彼が苦手とする党務をコールが筆頭副党首として引き受けるという〝総理・総裁分離論〟的な構想をシュレーダーに持ちかけてもいる(Kohl, 2004: 288)。

こうしたコールのバルツェルへの対抗策は、党務が自らの強みであるということを自覚している点では一貫性を持っていたが、党を改革しようという方向性を持つ①の動きと、与党時代の業績に自負を持つ重鎮政治家に接近しようとする②の動きには矛盾があった。そのため、党綱領見直し作業に邁進したコールは改革派としてのイメージをいったんは勝ち得たものの、その作業を進める内に労使共同決定制度改革をめぐる党内左右対立が生じてくると、今度はシュレーダーら党内右派に荷担して党内左派の改革努力を頓挫させてしまい、党内左派から恨みを買う結果となった。そのしこりを残したまま行われた一九七一年一〇月のCDU党大会における党首選では、シュレーダーが党首への立候補を躊躇してしまい、コールがやむなく立候補したものの、三四四票を集めたバルツェルに対して一七四票しか集められず、敗北した。勝利したバルツェルは翌一一月にCDU／CSU首相候補の座も手に入れ、「三角形」の頂点を一手に収めたのである。

(3)野党党首――環境の利用と限界

こうして、党人派地方政治家として頭角を現したコールは、議会政治家バルツェルの前に一敗地にまみれることとなったが、二〇年にわたったCDU／CSU長期政権の「腐朽」という負の遺産は大きく、政権奪回を目指すバルツェルの企図は難航した。とりわけ大きな障害となったのが、ヴィリー・ブラント首相率いるSPD－FDP連立政権が展開した新東方政策である。この政策は、一九五〇年代の米ソ冷戦に即したアデナウアー流の「力の政策」を否定してソ連への接近と緊張緩和を目指すものであり(妹尾、二〇一一)、旧東方領土からの避難民や国粋的保守主義者からは非難されたが、デタントへと向かっていた国際環境とは適合的であり、戦後の現実を受容できる多くの有権者から支持を集めた。そうした中、バルツェルは、新東方政策に反発するSPD・FDPの旧東方領土出身議員らがCDU／CSUに鞍替えしてきた機を捉えてブラント政権に揺さぶりをかけるが、その結果として行われた一九七二年一一月の連邦議会解散総選挙では、SPDが戦後初めてCDU／CSUを上回る第一党の座に就いた。SPDの勝利を許す格好となったバルツェルは党内での威信を失い、ブラント政権が調印したソ連・ポーランドとの条約の批准への対応をめぐる党内対立の収拾にも失敗して、一九七三年五月、議員団長・党首からの辞任表明へと追い込まれた。コールは後継の党首に立候補し、翌六月の党大会で八六・七％の得票率で当選を果たした。ライバルであった「バルツェルの不運はコールの幸運」(Schwarz, 2014: 163)となり、結果としてコールを利することとなったのである。

しかし、「バルツェルの不運」はバルツェル個人のものではなく、長期政権の「腐朽」という負の遺産を払拭していかなければならない一九七〇年代のCDU党首が背負わなければならない「不運」であった。それに対してコールも無策であったわけではなく、野党としての戦略を立てる重要性を説くクルト・ビーデンコプフを幹事長に迎えて、社会の多様な利益を統合する中道政党・国民政党として党を位置付けるキャンペーンを展開した。それは、社会の変革を強く志向する「六八年世代」の熱情を味方につけてきたSPDへの対抗戦略でもあり、学生運動や新左翼の活動がしばしばもたらした破壊と混乱に危機感を持つ有権者の動員に成功して、三〇万人弱であった党員数は七〇万人を超える規模にまで増大した。だが、東西冷戦の最前線に立っていた当時の西ドイツにおいて、対外政策、とりわけ、ソ連との関係改善という問題は、まさに生命の安全に関わる重要性を持っており、その対ソ政策という争点で有権者に安全・安心を感じさせることができたSPD－FDP連立政権の有利さは大きかった。コールがCDU／CSUの首相候補として挑んだ一九七六年の連邦議会選挙では、CDU／CSUが得票率を伸ばして第一党の座を取り返しはしたものの、SPD－FDP連立の結束を崩すことはできず、政権の奪還には失敗する結果となった。

この結果はその後のコールを苦しめた。選挙後、コールはラインラント－プファルツ州首相を辞して連邦議会議員団長に就任し、連邦政界での基盤強化を目指したが、政権奪還のための方針をめぐって党内で路線対立が生じ、コールへの批判も増したのである。コールは、一九七六年選挙での政権奪回失敗の原因をSPDとFDPが連立継続で揺るがなかった点に求め、FDPとの連立を実現させるべく、FDPの政策への接近を志向したが、党内左派からは共同決定制度での政策対立ゆえに警戒され、党内の保守派からは新東方政策への妥協につながりかねないとして批判された。その中でコール批判の急先鋒となったのが、保守派のフランツ・ヨーゼフ・シュトラウスCSU党首である。

シュトラウスは、一九七六年選挙での政権奪回失敗直後からコールのリーダーシップに不満を表明しており、CDUとの姉妹政党関係を解消してCSUを保守の新党として全国展開させる用意もあるという威嚇を行ってもいた。また、その後の州議会選挙で保守派が指導部を握る州が勝利を収めたこともあって、コールは一九八〇年選挙でのCDU／CSU首相候補の座をシュトラウスに譲らざるを得なくなり、連邦首相への道からいったん遠ざかることとなったのである。

(4)政権の獲得と運営――〝敵失〟の利用

しかし、一九八〇年選挙での後退は、コールに次のステップへの道を開くこととなった。コールをおさえて首相候補となったシュトラウスが保守色の強い選挙戦を展開した結果、中道的な有権者がCDU／CSUから逃げてしまい、CDU／CSUの得票率は前回比四・一ポイント減の四四・五%にとどまったのである。この結果は戦後ワースト二位という結果であるが、CDU／CSUの得票率が戦後最低となった一九四九年の第一回選挙が、小党の乱立(一〇政党が議席を獲得した)によって「最後のヴァイマール選挙」ともしばしば評されるような選挙であったことを考えると、事実上戦後最悪の結果と言えるものであった。この敗北によって保守派のコール批判は力を失い、選挙後の議員団長選挙でコールは圧倒的多数の信任票を得て再選を果たした。党首と議員団長という二つの頂点を手にしながら、コールはFDPとの連立の機会を待つことにしたのである。

そしてその待機姿勢は時代の流れにも適合的であった。一九七〇年代末からの第二次石油危機と新冷戦という状況は、SPDとFDPを結びつけてきた外交・安全保障政策での共通性を揺るがすと共に、両党の経済政策での潜在的な対立を顕在化させ、一九八二年九月一七日、FDPの四閣僚が辞任して、SPD－FDP連立は崩壊した。

連立崩壊後、コールはFDPのハンス－ディートリヒ・ゲンシャー党首と連立交渉を行った。FDPにとっては連立鞍替えの交渉であり、世論調査での支持率低下もあって、立場が弱い状態での交渉であったが、コールはFDPを追い込むようなことを避け、ゲンシャーの外相留任を認めるなど、FDPの立場を保てるように配慮した。コールにとって、FDPの存在は、連邦議会での過半数確保に必要であるのと同時に、来るべきCDU／CSU－FDP連立政権で保守派の雄シュトラウスCSU党首を抑えるための対抗勢力としての価値を持っていたためである。また、ゲンシャーの外相留任には、西ドイツ外交の継続性を周辺諸国にアピールする狙いも込められていた。こうしたコールの宥和的な姿勢をシュトラウスは批判したが、一三年ぶりの政権奪回の機会であることに加えて、自らが州首相を務めているバイエルンでの州議会選挙を一〇月に控えていたこともあって、FDP排除に拘泥することはなかった。CDU／CSUとFDPの連立交渉は一〇日間でまとまり、一〇月一日にSPDのヘルムート・シュミット首相に対する建設的不信任案が可決されて、コールが首相に選出されたのである。

念願の政権交代を果たしたコールは、一九八三年予算を作成し、SPD主導政権との差異をアピールした上で連邦議会解散へと進み、一九八三年三月の総選挙に臨んだ。選挙の結果、CDU／CSUは得票率四八・八％という戦後二番目の成果をあげ、得票率六・九％で生き残りを果たしたFDPとの連立を継続した。この勝利でコールは威信を高めたが、州首相時代と同様に、各政策は当該分野の有力者・専門家に委ね、その均衡の上に首相として立つというスタイルをとった。すなわち、外相には先述したようにFDPのゲンシャーが留任する一方で、新東方政策を批判してきた保守派からCSUのフリードリヒ・ツィマーマンを内相として入閣させた。また、党内左派の有力者でキリスト教社会教説の立場に立つノルベルト・ブリュムを労相に据え、労働政策・社会政策を委ねるのと共に、FDPから入閣したオットー・グラフ・ラムスドルフ経済相が展開しようとする新自由主義志向の経済政策を批判し、掣肘するに任せた。このように有力閣僚らが相異なる方向性の政策を主張し、牽制し合った結果、一九八二年の政権交代時に強調された「転換」は多分にかけ声倒れのものとなり、方向性の異なる政策のパッチワークという様相を呈した。精彩を欠いたまま任期満了で行われた一九八七年選挙で、CDU／CSUの得票率は前回比四・五ポイント減の四四・三%にとどまり、一九八〇年選挙の結果を下回る戦後ワースト二位の記録を更新する結果となった。

しかし、選挙での不振はコール政権の崩壊には直結しなかった。野党第一党であるSPDもこの選挙で得票率を減らし、新興の「緑の党」と合わせても過半数には及ばない状態となったためである。この緑の党の参入はSPD支持層を蚕食してのものであり、SPDには打撃となった。それに加えて、SPDとFDPの連立でも過半数に達しない状況を作り出したことから、FDPが再び連立組み替えへと走る危険性を消すことにもなった。その結果、CDU／CSU・FDPという与党陣営(党のシンボルカラーから「黒‐黄」と形容される)とSPD・緑の党という野党陣営(同じく「赤‐緑」)とが対峙する構図が安定性を高めて「二ブロック政党制」(Lees, 2002)化し、その構図の下でCDU／CSUは支持率を落としながらも政権継続に成功していたのである。

とは言え、CDU／CSUが支持率をさらに落として「赤‐緑」が「黒‐黄」を凌駕するようになれば、ブロック間での政権交代が生ずることとなる。一九八七年選挙では「黒‐黄」と「赤‐緑」の得票率の差が前回比三・八ポイント減の八・一ポイントであったが、その後の州議会選挙ではCDU／CSUの退潮が続き、一九八九年六月の欧州議会選挙に至っては、SPDに〇・五ポイント差にまで詰め寄られた上、「赤‐緑」が「黒‐黄」を二・二ポイント上回る事態となった。直接の国政選挙ではない欧州議会選挙では中間選挙効果が働くため、与党が構造的に不利であったという事情はあるにせよ、政権維持に黄色信号が点灯していることは否めなかった。CDU党内ではハイナー・ガイスラー幹事長がコール批判に転じ、南西ドイツの大州バーデン‐ヴュルテンベルクの州首相として活躍していたロタール・シュペート副党首を九月のブレーメン定期党大会でコールの対抗馬に擁立しようとする動きを見せた。この「一揆」の策謀に、ブリュム労相や、党女性部の重鎮として影響力のあったリタ・ジュスムート連邦議会議長らも荷担したことから、コール政権で「最も危険な局面」(Schwarz, 2014: 520)となった。こうした状況を大きく転換することになったのが、一九八九年八月から急速に進み始めた東ドイツの体制崩壊であった。

3 「統一宰相」の政権運営――「自律的な政治空間」の構築と費消

(1) ドイツ統一――国際環境の変化への対応と利用

一九八五年にミハイル・ゴルバチョフがソ連共産党書記長に就任して改革に着手して以降、東欧諸国でも改革への道が開かれたが、その対応には国によって違いが見られた。一九五六年のハンガリー動乱以降も改革志向の人材を残し続けていたハンガリーでは、ソ連・ゴルバチョフの心変わりを警戒しながらも改革を進め、一九八九年五月には、オーストリアとの国境に設置した鉄条網と高圧電線を撤去して開放した。他方、体制の違いが自国の重要な存在理由となっていた分断国家東ドイツは、改革を否定し続けていた。許容されている改革を行おうとしなかったことによって、東ドイツ指導部は自国の市民に一層大きな失望を与えてしまい、国境が開放されたハンガリーを経由しての西側への脱出の動きを後押ししてしまう形となった。八月になると、夏季休暇旅行の体でハンガリーに入国した東ドイツ市民が西ドイツ大使館・領事館に殺到し、その扱いが問題となった。ハンガリーの改革派政府を率いるネーメト・ミクローシュ首相は脱出を認める方針を決定し、西ドイツ側との調整を行うべく、八月二五日にボン近郊の迎賓施設ギムニッヒ城を密かに訪れ、コールと会談した。希望する東ドイツ市民全員を脱出させるとのネーメトからの申し出にコールは感動し、涙を浮かべて感謝した(Kohl, 2005: 922; 高橋、一九九九：二五)。

そしてコールは、自らも涙した「東ドイツからの同胞の解放」という保守的心情に訴えかける出来事を、危機に瀕していた自らのリーダーシップを守るために活用した。ギムニッヒ会談の三日後、八月二八日に開催されたCDU連邦党最高幹部会でコールはネーメトからの申し出について報告して好感触を引き出し、引き続き開催されたCDU連邦党幹部会では、ガイスラーを幹事長から更迭する方針を通すことに成功した(Dreher, 1998: 428–431; Kohl, 2014: 750–764; Schwarz, 2014: 526)。さらにコールは、ハンガリー側への経済的支援を含めた実務面での調整を精力的に進め、ブレーメン定期党大会の前夜、九月一〇日に行われた記者会見で脱出希望者の出国開始を発表することに成功して、党大会の雰囲気を祝賀ムードで包んだ。勝算が乏しくなったと見たシュペートが党首選への立候補を断念した結果、党首選は唯一の立候補者となったコールへの信任投票となり、七七・四%の賛成票を集めてコールが再選を果たした。シュペートは定数七の副党首選に立候補したものの、候補者九名中の八位にとどまり落選した(Christlich Demokratische Union Deutschlands, 1989)。コール追い落としの「一揆」は失敗に終わったのである。

コールが積極的に支援し、かつ、活用した東ドイツ市民の大量脱出は、東ドイツ当局の権威を決定的に失墜させ、東ドイツ国内では改革を求める抗議運動が拡大した。一一月九日には「ベルリンの壁」が崩壊し、東ドイツの体制崩壊が現実味を帯びるようになる。分断国家である東ドイツの体制転換は、国家としての存立基盤を掘り崩す恐れが強い。そうした展開を回避すべく、東ドイツの新首相となったハンス・モドロウは一七日に「条約共同体」構想を発表し、東西両ドイツが協調的に共存する道を提案した。この構想がドイツ統一を阻害すると見たコールは、統一へのイニシアティブを握るべく、二八日に「一〇項目提案」を発表した。両ドイツ間での制度的協力を強めることで連邦国家樹立へとつなげていく意思を示したこの提案は、関係各国への事前の連絡・調整抜きで発表されてしまったために、西ドイツの単独行動への警戒心を生み出しはしたものの、ドイツ統一問題を真剣に取り扱うべき国際政治の課題として定着させたことで、議題設定の政治としては成功したと評価されている(高橋、一九九九：一五八―一七八)。巧遅よりも拙速を選ぶことで、統一に向かう勢いを獲得したと言えるだろう。

その後、コールは、①「欧州の中のドイツ」という原則を繰り返し表明することで〝独走〟懸念の払拭に努めつつ、②関係各国首脳への電話外交・訪問を粘り強く展開して統一への道筋を開き、③東ドイツ通貨の過大評価となる交換比率を主張して東ドイツ市民の支持獲得を進めた。その結果、一九九〇年三月の東ドイツ人民議会選挙で早期統一派を勝利に導くことに成功し、七月には統一ドイツの地位についての合意をソ連からとりつけて、一〇月三日、東ドイツ五州が西ドイツ(ドイツ連邦共和国)に加入する形での東西ドイツ統一を実現したのである。

(2)政治的資源の〝貯金〟と〝費消〟

統一ドイツの連邦議会選挙は一二月に行われ、コール率いるCDU/CSUが得票率四三・八%で大勝した。ゲンシャー外相を擁するFDPも得票率一一%を挙げて議席を増やしており、「黒-黄」連立与党は連邦議会での安定多数を獲得した。また、それに先だって一〇月に行われた東部五州での州議会選挙でもCDU/CSUは多くの場合勝利して政権を獲得しており、州政府の代表によって構成される連邦参議院でも「黒-黄」が多数を占めていた。その結果、選挙後の一九九一年一月に発足した第四次コール政権は、制度的には潤沢な政治的資源に恵まれているはずであった。

しかし、統一後のコール政権は東部地域経済の混乱によって苦境に陥った。この経済混乱の一因は、コールによる統一政策にあった。先述したように、東ドイツ市民の政治的支持獲得を目的として、東西ドイツの通貨を統合する際に東ドイツ通貨を過大評価して交換したが、これによって、ただでさえ非効率であった東部地域の旧国営企業は通貨高に苦しめられる格好となり、次々と破綻したのである。その結果、失業者が増大し、社会保障支出も膨らんで財政赤字が拡大したため、一九九一年には公約に反する形での増税を余儀なくされた。また、西部地域でも、グローバル化・サービス産業化の進行と共に、高賃金で高技能労働力を確保して高付加価値の製品を生産し、利潤を上げるという西ドイツ型の製造業モデルが競争力を失い、特に重厚長大産業を中心として構造的失業が深刻化していった。こうした経済的苦境に対して、CDU/CSUの経済自由主義派は労働市場の新自由主義的な構造改革を求めたが、左派の重鎮となっていたブリュム労相は団体交渉重視の姿勢を崩さず、両者の対立によって政権運営は停滞した。統一を祝うムードも急速に冷めていき、西部諸州議会選挙での敗北が続いて、連邦参議院での多数も失われてしまう。ドイツ統一の達成によって勝ち得た政治的資源は、急速に費消されていった。

こうした与党内での政策対立による低迷という構図は一九八〇年代と類似していたが、ブレーメン党大会での「一揆」の策謀を経験したコールは党内掌握の重要性を学習しており、人事異動を展開して権力強化に努めていた。その際に用いられたのが、東西ドイツの融和という建前である。コールは東部出身者を副党首に起用することを主張し、その枠を用意するためと称して、ガイスラーやジュスムートといった「一揆」荷担者を副党首から排除した。その後継として起用された東部出身者は、元々の政治的キャリアが乏しいことに加えて、東ドイツ時代の国家保安省（通称シュタージ）への協力が発覚しての辞任などが多く、流動的な存在であり、コールの敵となるような勢力ではなかった。また、西部地域の州党組織は、先述したように州議会選挙での敗北が続いており、コールに挑戦できるような〝上げ潮〟に乗った有力政治家は少なかった。そのため、第四次コール政権は低迷しつつも任期を全うし、一九九四年の連邦議会選挙を迎えた。

この選挙ではコール政権与党の敗北、さらには政権交代すらも予想されていたが、「黒－黄」連立与党は議席を減らしながらも、またもや〝敵失〟によって救われることとなった。最大野党SPDの党首・首相候補であったビョルン・エングホルムが一九九三年五月にスキャンダルで失脚し、その後継候補と政策方針をめぐってSPDが混乱したのである。有権者に政権担当能力への不安を与えてしまったSPDの得票は伸び悩み、「黒－黄」連立を過半数割れに追い込むことに失敗した。議席減という結果を受けて、CDU党内では青年部などから党改革要求が出されもしたが、コールのリーダーシップを揺るがすものとはならず、第五次コール政権が一九九四年一一月に発足する。一九八二年一〇月の連邦首相就任から一二年あまり。党内には有力な対抗勢力もなく、その安定ぶりはメディアによって

「コール・システム」と呼ばれるようにもなっていた。

(3)政治の「腐朽」と政権の喪失

コール率いる「黒‐黄」連立は一九九四年の連邦議会選挙で勝利したものの、西部地域の多くの州でSPDに政権を握られているという状況に変わりはなく、連邦参議院での立法作業を円滑に進めるためにはSPDの協力が欠かせない状態であった。しかし、一九九五年一一月にオスカー・ラフォンテーヌがSPD党首になると、連邦参議院で与党案を党派的に阻止するブロック戦略を露骨に展開するようになり、コールの政権運営はますます困難なものになっていった。

だが、党内での競争相手を抑え込んだ「コール・システム」の下では、リーダーの政治的な交代による刷新は望み薄になっていた。とは言え、一九三〇年生まれのコールにとって、一九九八年に予定されていた次の選挙では、年齢の問題、そしてそれに関連した後継者の問題が避け得ないものとなっていた。ただ、この後継者という点については、既に暗黙の内に「皇太子」と目されていた政治家が存在した。一九四二年生まれのヴォルフガング・ショイブレである。一九八四年に首相府長官となったショイブレはコールの政権運営を実務面で支え、一九八九年に連邦内相となって東ドイツとの統一交渉の一翼を担った後、一九九一年からはCDU／CSU連邦議会議員団長としてコール政権の立法作業を支え続けていた。コールへの忠誠に厚いショイブレは「コール・システム」の下でも排除されることなく、重要な役割を果たしていたが、一九九七年になってもコールからの禅譲はなかなか為されなかった。これには二つの理由が指摘されている。一つは、保守主義者と目されていたショイブレの存在が選挙後の連立形成で障害になるとコールが考えていたというものである。「黒‐黄」の過半数割れが見込まれる状況でCDUが政権参加を果たすためにはSPDとの大連立も考慮しておく必要があるが、その際、保守的なショイブレを首相候補としておくことは不利であると考えられた。また、コール政権の停滞ぶりに対するCDU／CSU連邦議会議員団の鬱屈が「皇太子」ショイブレに向けられており、与党議員からの支持に不安が残ることも懸念材料とされた(近藤、二〇一三：一三六―一三七)。もう一つの理由は、ユーロ導入へのコールのこだわりである。ドイツ統一に際して「欧州の中のドイツ」を前面に押し出していたコールは欧州通貨統合にも前向きであったが、CDU／CSU党内にはドイツ・マルクを失うことへの反発や警戒感が根強かった。ショイブレも欧州統合推進という点ではコールと方向性を同じくしていたが、党内の反対論を抑え込むには力不足とコールは見ていた(Schwarz, 2014：835)。不安が残る禅譲への決断ができなかったコールは、一九九七年四月、党に諮ることなく、自らが首相候補として一九九八年選挙に出馬することを表明した。連邦党幹部会は異議なくこれを追認し、一〇月のライプツィヒ党大会でも承認された。首相候補という重要事項を独断で決め、党に追認させるという独善的な対応が成り立つということ自体、「コール・システム」の真骨頂と言えるものであったが、同時に「腐朽」の極みとも言えるものであった。それに対し、一九九四年選挙での失敗を教訓としたSPDは、「新しい中道」を掲げるニーダーザクセン州首相ゲアハルト・シュレーダーを首相候補に立て、「用意はできています(Wir sind bereit.)」というキャッチコピーを振りまいて一九九八年選挙に挑んだ。〝敵失〟に恵まれなかった一九九八年選挙で、コール率いるCDU／CSUの得票率は前回比六・三ポイント減の三五・一％にとどまり、前回比四・五ポイント増の四〇・九％を得票したSPDの後塵を拝する結果となった。「赤‐緑」は「黒‐黄」を上回って過半数を獲得し、シュレーダー政権が成立して、一六年にわたったコール政権はその幕を閉じたのである。

(4)「コール・システム」の終焉

選挙に敗れ、政権を失ったコールはCDU党首を辞任し、後任にはショイブレが選出された。だが、コールの影響力が失われたわけではなく、名誉党首として連邦党最高幹部会などへの出席権が与えられ、政治家としての活動は継続していた。ショイブレはコールの威光を借りつつ党運営を比較的円滑に展開した。シュレーダー政権が財政政策や国籍法改正問題などで失点を重ねていたこともあって、コールとショイブレの指導するCDUは攻勢に立っていたとすら言える。

そうした流れを大きく変えたのが、一九九九年一一月に発覚した不正献金問題であった。疑惑についての証言を拒んだコールは二〇〇〇年一月に名誉党首を辞任し、ショイブレも翌二月に党首・連邦議会議員団長を辞任した。後任の党首に選出されたのは、疑惑発覚後にコール路線との決別を新聞への投稿原稿で呼びかけて注目を集めたアンゲラ・メルケル幹事長であった。東ドイツ出身でプロテスタントの女性という、コールとは対照的な属性を持ち、「コール・システム」の本流にも入れてもらえずに「お嬢さん」呼ばわりされることもあった政治家が、「コール・システム」が最盛期を迎えていた一九九〇年代に為された不正献金を批判して党首の座を勝ち取ったのである。

4　おわりに

党人派地方政治家として出発し、中道右派の国民政党の党首となり、首相として祖国統一を成し遂げたヘルムート・コール。その点だけを見れば成功物語だが、その道程には多くの挫折と停滞が付随していた。しかし同時に、多くの挫折を経験しながらも、二五年にわたって党首の座を守り続け、一六年に及ぶ長期政権を築けたことは注目に値する。

そうしたコールのリーダーシップの特徴をまとめるならば、以下の二点を挙げることができるだろう。その第一は、環境の変化に伴って露呈した競争相手の構造的な弱点を察知し、その点を的確に衝いて勝利を引き寄せる能力である。政治的な勘といっても良いのかも知れない。一九八九年のブレーメン党大会を前にした「一揆」の策謀への対応や、ドイツ統一を引き寄せた「一〇項目提案」などはその発露と言えるだろう。第二の特徴は、第一の特徴とやや矛盾するように見えるが、緩やかな変化に対する操縦の巧みさである。コールの政治的経歴は、議員団長、党首、首相など、いわゆるジェネラリスト的な役割を旨とするポストで彩られている。多様な利益や主張が投げ込まれて争われる議員団や党、政府といった場において、利害関係者を比較的自由に争わせる一方、自らはその間、もしくは上に立ち、直接的な介入をできるだけ控えて自らの立場を守りつつ、一定の解決が見えてくるのを待ってから、その成果を収穫する、というのがその基本スタイルである。

これら二つの特徴は、非常時と常時の違いと言っても良いのかもしれない。コールのリーダーシップの常態は後者であり、基本的に「待ち」の姿勢であるが、非常時には積極的な攻勢に出る。両者の組み合わせが上手くかみ合うことによって、コールのリーダーシップを長期にわたって維持させることにつながった。だが、政権の長期化と「コール・システム」の構築によって「非常時」が見えにくくなると、「待ち」の名手であることは過剰な待機姿勢への耽溺を生む。そうした姿勢は政策革新を遅れさせたばかりでなく、対応の遅れが累積したことによって、構造的な破局の芽を生み出すことになった。「統一宰相」となった後のコールは、まさにその轍を踏んでしまったと言えるだろう。

【文献】

近藤正基(二〇一三)『ドイツ・キリスト教民主同盟の軌跡——国民政党と戦後政治一九四五—二〇〇九』ミネルヴァ書房
妹尾哲志(二〇一一)『戦後西ドイツ外交の分水嶺——東方政策と分断克服の戦略、1963—1975年』晃洋書房
高橋進(一九九九)『歴史としてのドイツ統一——指導者たちはどう動いたか』岩波書店
高橋進(二〇〇八)「政権交代の政治学——一つの試論」高橋進・安井宏樹編『政治空間の変容と政策革新4：政権交代と民主主義』東京大学出版会、一七九—二〇四
安井宏樹(二〇〇八)「ドイツ——ブラント政権の成立」高橋進・安井宏樹編『政治空間の変容と政策革新4：政権交代と民主主義

主義』東京大学出版会、四三―七一

若松新（二〇〇二）『ドイツ保守野党の再建――ＣＤＵ／ＣＳＵ：１９６９―１９８２』行人社

Christlich Demokratische Union Deutschlands (1989) *Protokoll: 37. Bundesparteitag der Christlich Demokratischen Union Deutschlands: Niederschrift*, Bremen, 11.–13. September 1989 (http://www.kas.de/upload/ACDP/CDU/Protokolle_Bundesparteitage/1989-09-11-13_Protokoll_37.Bundesparteitag_Bremen.pdf　最終アクセス日：二〇一九年四月二六日)

Dreher, Klaus (1998) *Helmut Kohl: Leben mit Macht*, Stuttgart: Deutsche Verlags-Anstalt

Gassert, Philipp (2006) *Kurt Georg Kiesinger 1904–1988: Kanzler zwischen den Zeiten*, München: Deutsche Verlags-Anstalt

Genscher, Hans-Dietrich (1995) *Erinnerungen*, Berlin: Siedler

Kohl, Helmut (2004) *Erinnerungen 1930–1982*, München: Droemer

Kohl, Helmut (2005) *Erinnerungen 1982–1990*, München: Droemer

Kohl, Helmut (2007) *Erinnerungen 1990–1994*, München: Droemer

Kohl, Helmut (2014) *Bericht zur Lage 1982–1989: Der Kanzler und Parteivorsitzende im Bundesvorstand der CDU Deutschlands*, bearbeitet von Günter Buchstab und Hans-Otto Kleinmann, Düsseldorf: Droste

Langguth, Gerd (2009) *Kohl, Schröder, Merkel: Machtmenschen*, München: Deutscher Taschenbuch Verlag

Lees, Charles (2002) "Coalitions: Beyond the Politics of Centrality?" In Stephen Padgett and Thomas Poguntke eds., *Continuity and Change in German Politics: Beyond the Politics of Centrality? A Festschrift for Gordon Smith*, London: Frank Cass, 117–134

Schwarz, Hans-Peter (2014) *Helmut Kohl: Eine politische Biographie*, München: Pantheon

第3章

フェルホフスタットの政治的リーダーシップ

——なぜ異質なリーダーが登場したのか

松尾秀哉

ヒー・フェルホフスタット

1953-

フランデレン，ヘント近郊の街デンデルモンデ生まれ．ヘント大学卒．弁護士．1976年ヘント市会議員，79年フランデレン自由党青年部リーダーを経て，82年から党首．1985年副首相兼予算相．1999年から2008年までベルギー戦後初の自由党首相．2009年以降，欧州議会議員(自由民主連合党首)．特にイギリス離脱交渉担当役となった．

1　はじめに——「妥協の政治」の国の変容

なぜ長い間野党の党首に過ぎなかったヒー・フェルホフスタットはベルギーの首相になれたのか。多言語、多民族によって構成されつつもそれらが共存し、「多極共存型デモクラシー」の代表とされてきた西欧の小国ベルギーは近年「分裂危機」を繰り返す国に変容したかのように映る。本章は、ちょうどその転換点である一九九九年から同国の首相を二期八年の間務めたヒー・フェルホフスタットの政治的リーダーシップを考察するものである。

ベルギーは一八三〇年にオランダから言語クリーヴィッジを抱えて独立した。二つの言語(民族)はしばしば対立しながら、卓越した政治的エリートの「妥協」によって国の統一を維持し、ベルギーは多極共存型(ないし合意型)デモクラシーの古典的な例として知られてきた(Lijphart, 1977)。

ところが近年言語対立が再燃し、二〇〇七年以降選挙のたびに分裂危機に直面するようになった。また二〇一四年の選挙では分離主義を掲げる政党が躍進して右派連立政権が成立し、緊縮財政政策が強行され、労働組合のデモ、ストが生じるなど、近年騒々しい。本章は、ベルギー政治の変容の一因が一九九九年に生じた歴史的政権交代にあるとして、それを主導したフランデレン自由党党首のフェルホフスタットの政治的リーダーシップを考察する。そしてそれを通じて、ベルギー政治社会の変容を把握する。

本章は、しかしながら、フェルホフスタットが超人的な資質を有していたと論ずるものではない。明らかにするものはむしろその逆で、挫折を繰り返す政治家の姿である。では、なぜ万年野党にすぎなかった自由党の政治家が首相に上り詰めることができたのか。本章が明らかにするのは、行き詰まったベルギー政治社会の姿である。つまり、ベルギー政治社会が変質しつつあったからこそ異質なリーダー、フェルホフスタットがトップに立ちえたのである。

以下、本章はまずベルギー政治史の概要とその特徴を整理する。また、そこにおけるフェルホフスタットの位置づけを説明し、論点を確認する。次に、フェルホフスタットの政治的リーダーシップに関する先行研究を取り上げ、本章の視点を検討する。続いて彼の少年期から青年期の体験を通じて彼の「個性」を導き、その後のフェルホフスタットの政治的リーダーシップとその時のベルギー政治社会の変化の連関とを読み解きたい。

2　ベルギー政治とフェルホフスタット

(1)ベルギーとは

ベルギー王国はウィーン体制下の一八三〇年、複数の民族・言語で構成される国としてオランダから独立した。北方はオランダ語を話す人びとが暮らすフランデレン地方、南方はフランス語を話す人びとが暮らすワロン地方である。このような社会的亀裂を抱えた国として、第二次世界大戦後のベルギーは分権化を進め、一九九三年には連邦国家であることを宣言した。ここではそれぞれの言語・地域に可能な限り自治を認め、さらに国全体に関わるような重要事項については一方的に多数決で政策を決定せず、少数派に拒否権を付与して話し合いに時間をかけ、多数派の譲歩によって少数派の利益を保護する慣例が定着して制度化されてきた。

ところが連邦制導入後およそ二〇年を経て、再び言語問題が政治化した。特に二〇一〇年の選挙ではフランデレンの経済的優位とワロンの停滞を背景に「ベルギー分裂」「フランデレン独立」を主張するフランデレンの分離主義勢力が台頭して連立交渉において既成政党と対立し、選挙後一年半もの間新政権が決まらなかった。この時期を一般に「分裂危機」と呼ぶ。

ベルギーが「妥協の政治」の国から「分裂危機」の国に変質したことは、直接的には分離主義政党の台頭に要因が求められるが、分離主義政党が躍進した背景には、おそらく一九九九年の選挙で野党だった自由党が、長く与党だったキリスト教民主主義政党(CVP)に勝利したことにある。結果的にCVPが野党に転落し、その後政権に返り咲くために、CVPは分離主義政党と連携してフランデレン主義化した。そしてそれがその後の連立交渉における合意形成を困難にして長引かせたからである(松尾、二〇一五a)。

もし一九九九年の政権交代を分水嶺として考えることができるのであれば、この時、戦後初めて自由党を勝利に導いたのが他ならぬフェルホフスタットである。本章ではこの時代を変えた政治家、フェルホフスタットに注目する。

(2)多極共存型民主主義と「妥協の政治」という特質

周知のように、ベルギーは多極共存型ないし合意型民主主義と呼ばれる国の古典的代表例である。実は後述するように、フェルホフスタットの台頭の要因を考えるとき、その特質を理解しておくことは不可欠である。ここで簡単に特質を要約しておきたい。

かつての政治学においては、ベルギーのように深遠な社会的亀裂を抱える国家において安定的な民主主義は維持できないと考えられていた。しかし、長い時間をかけて対立と和解を繰り返した結果、それぞれの宗教や階級的イデオロギーにもとづく「柱」が形成され、その頂点にたつ既成政党による「政党支配体制」が確立されて、さらにそれぞれの「卓越したエリート」間の「妥協」による合意形成によって、政治的、社会的安定が維持されていると考えられてきた。このような、社会的亀裂を前提とした「政党支配体制」とエリート間の「妥協」を特徴とする民主主義を多極共存型民主主義と呼ぶ。

これは多民族国家において少数派の拒否権を伴うことが多く、少数派の利益を政治過程から排除しない政治のスタイルであり、即断即決を旨とする多数決型民主主義とは異なり、相互に落としどころを探り、話し合いに十分に時間をかける。こうした少数派の保護による合意形成の慣習と制度を「妥協の政治」と呼び、これが戦後のベルギー政治の特徴であり、多極共存型民主主義が成立するための鍵であった。

多極共存型民主主義国家が政治的安定を維持できている理由の一つとして留意しておかなければならないのは、これらの国家が「柱状化社会」を形成しているという点である。これらの小国は、独立までに様々な大国に支配されてきたため、民族、宗教、言語、イデオロギーなどで深く分断された社会を有している。さらにその後の国内における政治的対立の歴史を通じて、それぞれの分断区画は、政党を頂点とし下位に労働組合、共済組合、文化団体、マスメディアを含んだ「柱」を形成していくようになった。このようなイデオロギー的に規定された社会組織の一団が柱と呼ばれ、それぞれの政党の支持組織として機能した(松尾、二〇一〇)。この構造が強固で安定的であるために、分断社会は、逆説的にエリートによる調整によって安定しうるのである。ただし柱状化した社会が安定的であるということは、例えば新参者が政策決定過程から排除されやすいとか、閉塞感がうっ積しやすいというマイナスの面もある。この点を念頭に置きつつ、以下ではフェルホフスタットの政治的リーダーシップについて検討していこう。

(3)フェルホフスタットという政治家──「対抗的」な政治家の栄光と挫折

ヒー・フェルホフスタットは一九五三年にフランデレン、ヘント近郊の古い街デンデルモンデに生まれた。一九七一年にヘント大学法学部在学中、フランデレン学生自由主義連合(LVSV：Het Liberaal Vlaams Studentenverbond)のリーダーとなり、一九七六年に大学卒業後、市会議員に当選し、同時に当時ヘントを地盤にしていた自由党党首、ウィリー・デクレルクの秘書となる。

一九七九年に党青年部のリーダーとなると同時に新自由主義的なマニフェスト案を打ち出し「ベイビー・サッチャ

ー」と呼ばれ、党のイデオロギーの刷新に尽力した。一九八一年に党がそのマニフェストで躍進すると、翌年には二九歳の若さで自由党党首に就任する。さらに三年後にはCVPとの連立政権で副首相兼予算相を務めるなどスピード出世を果たす。当時の首相だったCVPのウィルフリート・マルテンスは、自身はおよそ一三年間、九期にわたりベルギーの首相を務めた大政治家であったにもかかわらず、若きフェルホフスタットの政治家としての才覚に驚き「ベルギー政治のモーツァルト」と称している(Martens, 2006 : 148)。

その後、一九九一年の選挙で当時「極右」と呼ばれた政党、フラームス・ブロックが台頭すると、対抗するため自由党の党改革を強行した。しかし、一九九五年の選挙で下馬評が高かったにもかかわらず自由党が敗北すると、責任を取って党首を辞すが、一九九七年に再任され、ついに九九年の選挙でCVPを破り、戦後初の自由党首相となったのである(主要な経歴については、ベルギー官邸HPの紹介に従った)。

その後一九九九年から(暫定期間を含めて)二〇〇八年までベルギーの首相を務め、今なお欧州議会を中心に活躍し、ジャン=クロード・ユンカーが欧州委員会委員長になるさい、また欧州議会議長がアントニオ・タイヤーニになるさいには、それぞれ有力な対抗馬として名の挙がった人物でもある。またイギリスの欧州連合離脱が国民投票で決定されたことに伴い、欧州議会側の交渉責任者にも就いている。ヨーロッパ政治についても積極的に発言し、「言っていることがわかる政治家に出会うのは新鮮」(*Flanders Today*, 09/11/2011)、「口頭弁論においてカリスマ性と天賦の才を発揮する類稀な政治家」(*White House Consultancy*, 2015)、「欧州議会でヒー・フェルホフスタットの弁舌の火力にかなう人はほとんどいない」(*POLITICO* 10)と評価されている。

一方で、辛辣なコメントのため「人気が高いが、常に周りに敵がいる」と評価されることもある(*Flanders Today*, 09/11/2011)。彼についていた記者の一人は、フェルホフスタットを「料理が提供されるや否や、周りに目もくれず食べ始める。食事を終えると同時に、テーブルが片付くのを待つことなく、読みたかった本を読み始める」とせっかちな面を紹介している。またフェルホフスタットにとって友人は目標を獲得するさいの「障がい物」にもなり、頑固で短気、そして「ありがとう」ということもなかった、とその人柄を描かれることもある(Mouton et Vanpeteghem, 2003: 9–11)。

こうした記述からは、彼が忍耐強い交渉を必要とする「妥協の政治」とは無縁の人と映る。むしろ「対抗的」である。では、なぜ彼がベルギーの首相になりえたのか。

彼のリーダーシップの出処を探そうとするとき、第一に、マルテンスをして「モーツァルト」と言わしめた「スピード出世」の要因、第二に、それでもなお九五年に挫折して下野したのはなぜかという点が問題になるだろうと思われる。もしスピード出世が彼の類まれな資質によるのであれば、彼は時代を変えたカリスマ的リーダーである。しかし彼は幾度か挫折を経験している。たとえ「口頭での弁論」や「遠慮なく物を言う」ことには長けていたとしても、その才能だけでのし上がったわけではなさそうである。ではなぜ彼は立ち直り、首相になりえたのか。本章では、この「栄光と挫折」の連関に注目してフェルホフスタットのリーダーシップを読み解いてみたい。

フェルホフスタットの計画
闇雲に「この国を模範的な国家にしなければならない！」と言いながら走るフェルホフスタットのせっかちな面を描いている：Erik Meynen, https://www.lambiek.net/artists/m/meynen_erik.htm

3　先行研究と視点

現役の政治家であるためか、フェルホフスタットの政治的リーダーシップを分析的に検討したものはほとんど見当たらない。ヤヘルスとワルグラーヴは、ポピュリズム研究の範疇で彼を取り上げ、勝利した一九九九年の選挙で「移民排斥」を訴えた点でややポピュリスト傾向があったとする(Jagers and Walgrave, 2007: 332)が、一時の言説分析に留まる。

興味深いのは、「大統領制化」の文脈でフェルホフスタットが扱われている点である。ファイアースとクロウェルによれば、自由党の党改革において、フェルホフスタットは党の意思決定の民主化を進め、派閥の影響力を大いに弱めた。また首相になると政官の癒着による政治腐敗を断ち切るため、官僚の終身雇用制の廃止、スタッフの削減等の急進的な改革を進めた(この改革についてはPelgrims, 2007)。これらの改革のさい彼が多用していたのが、首相と数名の副首相によって構成されるトップダウンの閣内意思決定機関「閣内内閣(kernkabinet)」であった。これは一九六〇年代の言語紛争時に設置され、一九七〇年代に重用されたが、決定過程の不透明性という観点から一九九〇年代初頭には廃止された。しかしフェルホフスタットは非公式に、二〇〇〇年には六六回も開催し、「閣議はその決定を追認するだけの場合もあった」(Claes, 2000)。こうしてフェルホフスタットは代表的な「大統領制化」した首相だとされる(Fiers *et al.*, 2005: 6; Poguntke and Webb, 2007)。

ファイアースらの議論は、フェルホフスタットの「大統領制化」を、主に①連邦制導入により、連邦構成体間の利益調整役として首相の機能が重要になったこと(国家の肥大化)、②欧州連合の中心地としてマスコミに登場し、首相が国際的に注目されること(マスコミ構造の変化)、つまり制度的コンテクストによって説明している。しかし、もしそうだとすれば、その後のベルギーの首相たちにおいても「連邦制」や「EUの首都としてのブリュッセル」の地位は存続しているので、「大統領制化」しているはずである。しかし続く「分裂危機」という、政党間対立の激しい、短命政権かつ政権形成に手間取った時期の首相が、政党政治から自律してトップダウン型のリーダーシップを発揮していたと単純には考えにくい(この点については松尾、二〇一九で検討している)。つまり制度的要因だけではなく、「個性」にも目を向けなければフェルホフスタットの政治的リーダーシップは明らかにできないのではないだろうか。

以上の議論を前提に、本章では主に彼の「個性」に注目をしつつ、それとの関連で「状況」を検討し、そこからベルギー政治社会の変化の可能性を検討する。(1)

4　ベルギー政治のモーツァルト

(1)「弁論」という武器

フェルホフスタットは一九五三年四月一一日に、父マルシェル、母ハビーの第二子、長男として生まれた。(2) 父マルシェルはルーヴェン大学卒業後、弁護士となり企業の顧問弁護士として労使問題を専門に扱った。それを通じて自由主義系労働組合の活動にかかわり、その顧問弁護士となる。ここで一九七〇年代のフランデレン自由党を率いることとなる政治家、ウィリー・デクレルクと懇意になる。ただし、マルシェル自身は敬虔なカトリック信者であり、非常に穏やかな人で、詩を好む思索家と伝えられており(Mouton et Vanpeteghem, 2003: 19–21)、自由主義との接点や、好戦的な性格の萌芽は見いだせない。

仕事が忙しくなると二週間に一度しか家に戻らなかった父に代わり、家事の一切は母が取り仕切った。ハビーは、地域のダンスパーティーを取り仕切るなど、当時のベルギーの女性としては非常に活動的だった。フェルホフスタットは父の聡明さと母の活発さの両方を受け継いだと言われて育った(Mouton et Vanpeteghem, 2003: 20–21)。自分が育った家庭を、フェルホフスタットは「一二—一四歳の頃、……家でテーブルの周りに座り、家族と政治について議論していた。ケネディのことや色々なことについて話した。……政治について話すことは家庭の一部だった」と紹介されている(*POLITICO* 10)。彼の「弁論」の基礎は家庭において形成されたと言える。

さらに重要なのは、幼少期におけるフェルホフスタットは背が小さく、「坊や(petietje)」とクラスで呼ばれていたことである。記者によれば、周囲の体格のいい子供たちに突き飛ばされまいと、「彼は「言葉」を武器として磨いた」(Mouton et Vanpeteghem, 2003: 19)。つまり、彼は「学校の友達よりも成長が遅かったことに悩んだかもしれない。しかし友人たちの間でも飛びぬけて目立った彼の弁舌能力で補われた」のである(Mouton et Vanpeteghem, 2003: 9)。

このような一種のいじめに対抗する防御手段として弁論術が磨かれたので、彼の言葉は攻撃的であったろう。建前を一切言わない、率直で歯に衣を着せぬモノの言い方のため、一〇代の頃、教師には「反抗的」と言われた(*Agora-Vox*, 23/05/2014)。

高校時代の成績は平凡で、彼自身が後に「正直、遊び以外のことを学校でしなかった」と回想しているが、演劇に興味をもち演じる側にも挑戦した。またビートルズやディープ・パープル、レッド・ツェッペリンに傾倒し、髪を伸ばしてギターを弾いた。多くの体験が彼の——友人と群れるというよりも、孤高の——弁論力そして人前で演じる力を磨いたと考えられる。

大学進学前になると考古学に関心をもった彼であったが、父の強い勧めで、一九七〇年にヘント大学へ進学し、法学を学んだ。結局フェルホフスタット三姉弟は、全て弁護士資格を持っている(Mouton et Vanpeteghem, 2003: 23–26)。

(2)自由主義

先も触れたようにフェルホフスタット家は敬虔なカトリックの家庭であった。最初の転機はフェルホフスタットが七―八歳の頃である。一九六〇年まで、戦後のベルギーにおいてフランデレン自由党はCVPとワロン社会党(PS)の圧倒的優位の下で万年野党の地位に甘んじていた。ところが当時の自由党党首オメール・ファンアウデンホーフが主導し、党の伝統的イデオロギーである「反教権主義(反キリスト教主義の意)」を見直し、キリスト教を容認するよう方向を転換した。これが功を奏し、特にCVPの支持者を獲得して、自由党はしばしば連立パートナーとみなされるほどの勢力となっていく。この時からフェルホフスタット家は自由党を支持するようになる。一九六五年に父マルシェルは、自由党のヘント支部の設立メンバーの一人として尽力した(Mouton et Vanpeteghem, 2003: 19–20)。

フェルホフスタットは父の影響で幼児洗礼を受けたが、中学生になると自らの意思で「道徳」の授業を選択した。[3]「信仰はあくまで個人的なことだ」と考えるようになり、教会も離れた。両親もその選択を認めた(Mouton et Vanpeteghem, 2003: 22–23)。「坊や」と呼ばれたことで芽生えた反抗心が伝統的な権威や文化に対して向かっていったとも映る。

しかしフェルホフスタットが教会を離れた最大のきっかけとなったのが、先のデクレルクの存在である。デクレルクは一九二七年生まれ(二〇一一年没)で、ファンアウデンホーフを引き継ぎ、一九七〇年代のフランデレン自由党をけん引した政治家である。党首として党の躍進を支え、七八年、八一年には社会党に替わって政権に加わり、予算相、財務相、副首相を歴任した。その後欧州へと活躍の舞台を移してヨーロッパの協調に尽力した(*Knack*, 28/10/2011)。

フェルホフスタットにとっては、当時暮らしていたヘントがデクレルクの地盤であり、さらに父親マルシェルが仕事でデクレルクと懇意になったことが最大の契機であった。フェルホフスタットが一〇代の頃には、デクレルク一家と家族ぐるみで交流するようになる。デクレルク家の長男ヤニックはフェルホフスタットの一つ年下で、のちに政治家となり、少年時代はフェルホフスタットの遊び仲間、のちに政治家としてのパートナーであり続けている。デクレ

自伝の刊行を喜ぶデクレルク(左)とフェルホフスタット(右) Gazet van Antwerpen, https://www.gva.be/cnt/aid1088135/de-clercq-overleden-un-grand-monsieur-humaniste

ルクは既に一九六〇年には予算相を担っており、党首、副首相と出世していく(Mouton et Vanpeteghem, 2003: 26–27)。仕事で関わりのある父マルシェルは当然だが、自宅に地元の「名士」、大臣と家族が遊びに来れば、一〇歳足らずの少年フェルホフスタットは大いに憧れただろう。フェルホフスタットは後に「私が大学に進んだとき、私は自然に自由主義学生連合に加わりました」(*POLITICO* 10. 傍点は松尾による)と答えているが、デクレルク・ファミリーとの結びつきが、「自由主義者」になることを彼にとっての「自然」にした。

大学二年(一九七一年)になると、デクレルクの依頼で自由党の学生部会であるLVSVに加入し、ヘント支部の設立に奔走する。ただし当時は「六八年」の余波で、「自由」を否定するものも多く、これを標榜する運動は「死んだも同然」であった。というのも、「六八年」には、ベルギーにおいても学生を中心に反体制的運動が活発になり、「反資本主義」「反カトリック」運動に言語問題が絡んで激しい闘争が広がり、資本主義を容認する自由主義派は若者の間でも軽視されたからだ(Mouton et Vanpeteghem, 2003: 27–28)。

この頃、フェルホフスタットもデクレルクの選挙キャンペーンや演説会に同行するようにもなるが、地域主義政党の民族同盟(Volksuni)の一団と遭遇したさいに「フランデレンの病原菌」呼ばわりされ、喧嘩沙汰になるなどトラブルを起こしていた(Mouton et Vanpeteghem, 2003: 27)。一九六〇年代に急激に勢いを増していたフランデレン主義運動に対して、当時の自由党は「言語の自由」を認める立場から、言語の使用について何らかの法的制約を設けることになる言語政策そのものに反対していた。しかし言語主義運動から見れば、それは単なる現状容認の政策でしかなかった。双方は対立した。その先頭に立つ血気盛んな若者をデクレルクは大いに褒めていたようである(Mouton et Vanpeteghem, 2003: 27)。

一九七二年からフェルホフスタットは、ヤニックとLVSVの執行部に加わり、再編を試みた。時代はなお自由主義には厳しい時代であった。周囲の社会主義ないしキリスト教民主主義の学生連合に加わった学生たちに対する評判が高いことに嫉妬し、「背が小さかった子ども時代のように彼は闘う理由を見つけた」(Mouton et Vanpeteghem, 2003: 28)。機関誌を発行し勧誘に力を入れた。

(3)新自由主義へ

フェルホフスタットは大学卒業後、デクレルクの長兄であり親友であるヤニックの強い勧めもあり、デクレルクの秘書として政策評価などの仕事に携わる。すなわちデクレルクの後継者としてデビューしたのである。後に政治家になるヤニックであるが、当時はまだ政治の世界に関心がなかった(Mouton et Vanpeteghem, 2003: 40)。

一九七八年に言語問題をめぐる混乱でティンデマンス内閣が総辞職し、その後の選挙で下院に当選したフェルホフスタットは、デクレルクの指示で党のイデオロギーを見直す作業グループに加わる。日中は党首の秘書として働き、晩はヘントやブリュッセルで学生たちと語り合う日々が続いた。そのなかでフェルホフスタットは、一九七九年七月に後の配偶者となる、オペラ歌手で幼馴染のドミニクとローマ旅行に向かう。その車中で読んだアンリ・ルパージュの『資本主義の明日(*Demain le Capitalisme*)』(一九七八)に大きなヒントを得た。それによれば、一九六〇年代に生じた混乱は、一部の左派が主張していたような、自由主義が生み出した格差だけが問題だったわけではない。既得権益に縛られたエリートが問題であった。つまり「自由が行き過ぎた」からではなく、「まだまだ自由が足りない」ことが問題だったのだ(Mouton et Vanpeteghem, 2003: 36)。この言葉に魅せられた彼は、その後ハイエクなどを学び、やがて

「新自由主義こそ借金に苦しみ漂流しているこの国の最後の頼みの綱」(Mouton et Vanpeteghem, 2003: 51)と考えるようになる。やがて党マニフェストの改革に邁進する中で、「フランデレンでは、ヒー・フェルホフスタットは最も早く新しいリベラリズムに関心を持った人の一人」(Mouton et Vanpeteghem, 2003: 49)と呼ばれるようになった。

彼はその後ヤニック、ディレクらを巻き込んで、党のあらゆる重要な会合に顔を出し、「私たちの問題は、自由主義の行き過ぎによるのではなく、自由主義の欠如によるのだ。国家は過度の介入をやめて……市場メカニズムの良き機能に委ねなければならない」(Mouton et Vanpeteghem, 2003: 53)と主張した。党の大御所にはいい目で見ない人もいたが、何よりデクレルクが微笑ましくヘントの若手の台頭を見ていた。

フェルホフスタットが練り上げた『ラディカル・マニフェスト(*het Radicaal Manifest*)』は、テクノクラートと官僚に支配された社会を敵視した。その敵意は特に既成のカトリックに向けられる。彼によれば、フランデレン社会にキリスト教の結びつきが深く根をおろしているが、個人が自ら適切な道を選択できるようにならなければならない(Mouton et Vanpeteghem, 2003: 57)。ベルギーが言語対立と憲法改正を争点に大いに揺れている時、彼の関心は新自由主義にあった。

彼が掲げたマニフェストは、やがて一九八一年の党大会において採択された。これが採択に至る経緯は定かではないが、デクレルクは変わらず「ヘントの若手が党の闘いに加わるのをみて幸せだった」と述べており、その庇護は大きかったと考えられる。また、デクレルクのライバルだったフランス・フロートヤン(4)も若い世代の台頭を喜んだという(Mouton et Vanpeteghem, 2003: 61)。世代交代のタイミングであったということだろう。

フェルホフスタットは党大会後、「……自由主義はもう疑われてはいない。逆に、強固な官僚に支配された社会主義を変える好機の到来だ。自由主義者こそが政策を決定し、信頼を得るのだ」(Mouton et Vanpeteghem, 2003: 71)と高らかに宣言した。

このマニフェストが採択されると、党は次の選挙で過去最高の躍進(得票率一〇・三%から一三・一%)を果たした。党は連立に加わり、閣僚入りしたデクレルクに変わり、フェルホフスタットは、とうとう一九八二年に、二九歳になる年に党首の座を射止めることになる。

5　「騒々しい奴」の挫折と復帰

(1)最初の挫折

フランデレン自由党は、この間一九七〇年代から八〇年代前半にかけて得票率を堅調に伸ばし(一九七四年の九・六%から一九八一年に一三・一%)、政権の一角を担うようになったが、一九八一年からベルギー経済は深刻な不況に入った。第五次マルテンス政権は緊縮政策を進めようとしたが失業者のストライキが頻発し、政策の刷新はままならなかった。一九八五年の選挙でフランデレン自由党は票を減らし、デクレルクは政界から身を引いた。

党首のフェルホフスタットは後を継いで新政権の連立交渉に加わった。この時首相のマルテンスは、前述のように彼を「モーツアルト」と呼んでいた。しかし交渉が終わる頃になると「……彼[フェルホフスタット]は財務相のポストを熱望した。私としてはその実力が疑わしかったので、フランス・フロートヤンとワロン自由党のルイ・ミシェルに打診したが、両者ともいい顔はしなかった。二人とも予測不能な新米にそのような重要なポストを預けるべきではないとのことだった。結局彼は副首相と予算相を兼務した。こうして血気盛んなヘントの秘蔵子は私の内閣に入ったのだ。しかしその責任は一年と持たなかった」(Martens, 2006: 145)と、閣僚に任命しつつも、敵の多いフェルホフスタットと距離を取るようになった。

また、キリスト教労組系の大物政治家として知られていたのちの首相ジャン゠リュク・デハーネは、「フェルホフスタットは、しきりに「福祉国家のあるべき姿について」アングロサクソンモデルか、スカンジナヴィアモデルなのかと問うて来た。……彼は現状から議論を始めていなかった。過去とは全く異なるものを提案してきた」(Dehaene, 2012: 223-224)と、福祉国家改革を訴えるフェルホフスタットのことを苦々しく回想している。

一九八六年春になると、フェルホフスタット予算相による大幅な支出削減政策が実行されるという噂が広がり、組合(ワロン)の対抗的なストライキが始まり、マルテンスが「キリスト教労働組合と政府の間の緊張が徐々に高まっていった。政府内にも「ヒー・フェルホフスタットを閣外に」という意見が高まっていった。他の閣僚は「この人はおかしい。閣議決定したことでさえ反対する」と叫んでいた。……実際のところキリスト教労働組合はもうフェルホフスタットを支えることを望まなかった」(Martens, 2006: 147-148)と述べるように、閣内にフェルホフスタットを支持する者は誰もいなかった。

結局組合はフェルホフスタットの辞任を要求した。ボードゥアン国王も同意して「カトリック政党は「フェルホフスタットの自由党との連立を辞めて」社会党との連立を急ぐように」とマルテンスに命じた(Belien, 2005: 277)。マルテンスはフェルホフスタットを解任し、自由党との連立を解消した。ここにおいてスピード出世してきたフェルホフスタットは最初の挫折を経験する。

デクレルクなきフェルホフスタットは脆かったと映る。新参者が後ろ盾なく話しているだけでは、得意の弁舌も煙たがられるにすぎなかった。

(2)党改革と二度目の挫折

ベルギー政治学者のクリス・デスハウアーは「……一九八七年に与党を離れ、再び旧来のカトリックと社会党の連立に道を開いたことが、彼の不満を爆発させ、二大政党とそれを支える圧力団体に対する敵視に結びついた」(Deschouwer, 2009: 82)と下野後のフェルホフスタットを評する。つまりこの挫折を通じて、彼はいっそうキリスト教民主主義勢力や社会主義勢力を敵視し、自らが望む「自由な社会」の達成と権力に貪欲になった。「坊や」と呼ばれても食い下がった姿と重なり合う。彼は、自分と自由党が連立から外されたことを「連立パートナーでしかなく、立場が弱かった」ことに大きな弱点があると受け止めた(Belien, 2005: 276)。そして「連立パートナー」ではなく、「第一党」を目指すよう、大胆な党改革を進めるようになる。

党改革について詳しくは拙稿を参照されたい(松尾、二〇一五b)が、第一に『市民のマニフェスト(*Burgermanifesten*)』と題したマニフェストを刊行した。これは「市民と政治の間に深く危険な亀裂が生じている」というシンプルなメッセージから始まり、直接に市民が政治に関与をすべきことを主張したもので、「彼はベルギーの政治システムを、あらゆる利益をカトリック系と社会主義系の圧力団体が閉鎖的に支配しているシステムとみなし……市場志向で、[圧力]団体の特権を排除し、より直接的な市民の政治参加を求めた」(Deschouwer, 2009: 11-12)。これが有権者から注目された。

第二に、それに従い、党の意思決定過程を改革した。『市民のマニフェスト』を実践し、党首選出、マニフェストなどの意思決定における圧力団体の影響力を排除した。そして党名をPVV(自由進歩党 Partij voor Vrijheid en Vooruitgang)からVLD(フランデレン自由民主党 Vlaamse Liberalen en Democraten)へ変更して、党名に「フランデレン」を掲げて、かつて路上で喧嘩したVU(民族同盟)の前党首を党に迎えた(Deschouwer, 2009: 82)。つまり地域主義を掲げた。その結果他にも著名な政治家が自由党へ鞍替えして世論調査での支持が高まった。一九九四年の春には、あらゆる世論調査が、翌年の選挙においてフランデレンにおける自由党の勝利とCVPの敗北を予想していた。

しかし結果は逆だった。この選挙ではCVPが辛勝した。これは特に与党だったCVPが一九九三年に「待望されていた連邦制を導入したこと」(Downs, 1996: 168)が評価された結果とされる。連邦制を導入した直後の有権者は穏健だったということだろう。急進的な党改革を主導してまで第一党を目指した彼は、それが叶わなかったことで党内の保守勢力からの批判にさらされた。さすがの彼も党首を辞し、「政界から引退することも考えていた」という(Mouton et Vanpeteghem, 2003: 16)。

(3)復帰と政権獲得へ

こうして挫折した彼が復帰したのはなぜだろうか。「挫折」の後、彼は第一に家族との時間を過ごし、ゆっくりと読書に時間を費やした。またこの時期彼は議員としてルワンダで生じた虐殺事件の調査委員会に加わった。そして、彼を含む調査団は、ベルギー、および国連の双方にミスがあったことを明らかにして、これ以上介入すべきではないとの報告書を作成し、人道的な政治家としての評価を高めた[5]。

また記者によれば、彼は、この挫折後、家族との時間、読書と内省を通じて、彼の性格のとげとげしいところを治した(Mouton et Vanpeteghem, 2003: 16)[6]。では、なぜ今までの「モーツァルト」と言われた個性を失った彼がその後党首に復帰し得たのか[7]。

それは自由党の党内の混乱によるところが大きい。一九九五年選挙後のフランデレン自由党は、フェルホフスタットのライバルだったヘルマン・ド・クローが、フェルホフスタットの新自由主義的政策から中道寄りの政策を目指す「復古主義」を掲げた。特に言語問題について、フラームス・ブロックの台頭に対抗して、フランデレン地域主義から「ベルギー主義」を打ち出すが、党は「急進的なイデオロギーの党から、はっきりしない党にかわった」とマスメディアから批判されただけであった(Mouton et Vanpeteghem, 2003: 200)。これはまさにベルギーが言語問題を抱える国だからこそ生まれた混乱である。フランデレンの政党としてフランデレン主義を重視するのか、それともベルギーの政党としてベルギー主義を重視するのか。少なくとも連邦制を導入して、政党は次の目標を模索していた。

さらに、彼の復帰を後押しした最大の原因は、ベルギー政治社会の行き詰まりが露呈したことにあるだろう。特に一九九六年にヨーロッパ中を震撼させたドゥトルー事件が発覚した。何度も幼児に対する誘拐、強姦、殺人を繰り返す犯人を恩赦するベルギーの警察と司法の怠慢が露呈し、ベルギー市民の怒りを招き、翌年にはベルギー史上最大のデモが生じた。首相デハーネは、警察と司法という責任閣僚二人の辞任で乗り切ろうとしたが、ベルギー政治社会全般の「改革」が必要だという機運が高まったのである。

実はこの時フェルホフスタットは、この事件の犠牲者は「[言語で分断された治安]システムの犠牲」であり、単に閣僚の交代ですむ問題ではないと主張した。デハーネを「首相、あなたと政府は私たちの国に大きな損害を与えた。辞すべきだ。何も取引するつもりはない」(Mouton et Vanpeteghem, 2003: 225)と、野党のリーダーとして対峙した。さらに国全体が対応策で混乱するなか、「極端な方策ではなく、建設的な提案をしよう」と述べて、主要八政党による司法・警察制度の改革案「オクトパス合意」を取りまとめた。特にオクトパス合意での働きによってフェルホフスタットそしてフランデレン自由党は「闇雲に反対する野党」から有益な改革を実現するというイメージを得たことは大きかった(Mouton et Vanpeteghem, 2003: 224–226)。(8) そしてこの時期に党幹部は一致してフェルホフスタットの党首再任を求め、フェルホフスタットはそれを受けた(Mouton et Vanpeteghem, 2003: 223)。つまりベルギー政治の混乱の時に「対抗的」な政治家は、ただ口うるさい政治家から、歴史ある野党の党首へと認められたのである。

一九九九年の選挙戦では、当初再び僅差でカトリックが勝利するとの見込みが優勢であった。しかし選挙キャンペーン期間中に、ベルギー産鶏肉と鶏卵にダイオキシンが含まれていること、それを当時の与党カトリックが隠蔽していたことが暴露され、カトリックは急速に支持を失った。その結果第二次世界大戦後初めて自由党が第一党となったのである。

この時の選挙結果は「第二次世界大戦後初めて自由党が最大政党となった。しかし最大の勝利者は環境政党だった。

一度の選挙でこれらは、ワロンで八％増(一八・三％)の得票率、フランデレンで五％増(一一・二八％)の得票率を得た」(Delwit and Pilet, 2004 : 33)と評価されている。すなわち長期政権を続けたカトリック政党に対する不信感の高まり、そして環境問題への関心の高まりが一九九九年選挙の決め手になった。この評価に従えば「ダイオキシン疑惑」の影響は非常に大きい。そしてこの勝因である「ダイオキシン・メモ」を入手し公表したのが他ならぬフェルホフスタットであった。

フェルホフスタットは当時の政府の食肉衛生管理責任者の報告書を一九九九年四月末に手にした。しかし急いでそれを公表したわけではない。実はそれをいったん首相デハーネに示し、対応策の検討を要求している。しかしデハーネは二人の担当閣僚の交代でこの事態を乗り切ろうとした。それは先のドゥトルー事件の政府の対応と同じであった。そこで国民の動揺を危惧したフェルホフスタットは結局情報を入手してからおよそ一ヶ月後の五月末に、この情報を各紙に伝えた(Mouton et Vanpeteghem, 2003 : 226–229)。それが投票日のすぐ前だったのである。

以前のフェルホフスタットであれば、即この情報を公にしていたように思われる。少なくともデハーネに打診するという「妥協的」な行動を採ることはなかっただろう。二度目の挫折以降、フェルホフスタットはベルギーの伝統的な政治の手法を覚えたと映る。しかしその結果、選挙戦の真っ只中というタイミングでスキャンダルを公表することとなった。

選挙後、僅差ではあったが、「一九九九年六月一三日の選挙以降、新しい政治の風が国中に吹いていることがはっきりとした」(Borghs and Eeckhout, 2009 : 6)。カトリックを率いたデハーネは党首を引責辞任し、リーダー不在となった(Dumont, 2011 : 181)。この時、フェルホフスタットはワロン自由党のルイ・ミシェルと話し合い、言語問題やそれに伴う国家改革よりも、ダイオキシン疑惑への対応が重要として、三分の二議席以上の改憲政権を作らないとした(Dumont, 2011 : 182)。フランデレン自由党は再びフェルホフスタットが党首に就いて「特に社会保障財源を中心として一層分権化を進める」こと、つまり言語問題にコミットしていくことを党の公約にしてはいたが、不況に喘ぐワロンの政党がそれを支持しないことは明らかだった。そこで言語問題の対応について「政府・地域間交渉委員会」を設置するにとどめ、実質的に封印したのである(Mouton et Vanpeteghem, 2003: 232)。この行動も彼が政権形成のために「妥協的」であったことを示している。

カトリックを除いた新政権成立のもう一つの鍵は社会党である。新自由主義を掲げる自由党と社会党の連立は本来難しい。しかし社会党はこの時期、八〇年代末に生じた汚職事件の引責で主要なリーダーたちが挫折し、党の立て直しに動いている最中だった。フェルホフスタットはフランデレン社会党の党首、フランク・ファンデンブルクと話し合い、「社会保障を守るために雇用創出を急ぐ」よう「活動的な社会的国家(État social actif)」を共に目指すことで合意した。[9]これもまたフェルホフスタット流の新自由主義と社会民主主義の「妥協」の産物であった。

結局、情報提供者に指名されたワロン自由党のミシェルが一週間の協議を経て、「CVPが与党にふさわしくない」と報告し、フェルホフスタットが組閣担当者に指名された。その後自由党を首班に、社会党、そして環境政党による「虹色(青・赤・緑)」連立が、「妥協」を覚えた「対抗的」な政治家によって誕生した(この経緯は、Dumont, 2011: 181)。

(4)フェルホフスタット政権と分裂危機

フェルホフスタットは施政方針で「六月一三日の選挙は既成の政治的関係を覆した」(Gouvernement Fédéral, 1999)と、新しい時代の到来を宣言した。[10]第一次政権では、「新しい時代」を明示するため、若手閣僚を登用し、閣僚の平均年齢は五〇・七歳から四二・五歳となった(Fiers *et al.*, 2005: 15)。また、カトリックの時代の終わりを印象付けるため(Borghs and Eeckhout, 2009: 18)、「今議会では、より正確には性的志向に基づくあらゆる差別に反対する、反差別法が提案されるだろう。そしてより包括的な法的パートナーシップについての規定が検討されるだろう」(Gouvernement

Fédéral, 1999)と宣言して同性婚を認め、安楽死を認める法律を成立させた。(11)

さらにオクトパス合意に基づいて警察組織の改革を断行し、「ベルギーの政治制度に対する信頼は持ち直し、警察への支持率も高まった。……新しいベルギーが登場した。フェルホフスタット首相に対する信任は高く、彼はベルギーを新しい模範的国家に替えることができた」(Deschouwer, 2009: 232)と評価された。

ただし、結果論ではあるが、フェルホフスタット政権が進めた選挙区改革は、両語圏の選挙区の線引きを政治化し、二〇〇七年以降の選挙においてフランデレンとワロンを対立させる最大の争点になった。またこの時導入した五%条項によって、小さな地域主義政党と既成政党との選挙連合が進み、既成政党の地域主義化を促した。こうして二〇〇七年選挙、続く二〇一〇年選挙は、言語問題が再び重要な争点となり、すなわち分裂危機にベルギーが陥ったのである(松尾、二〇一五a)。彼にとっては、政権獲得のための『市民のマニフェスト』と改革が言語問題を政治化したことは、意図せぬ結果だったかもしれないが、結果的にベルギーは分裂危機に陥り、長きにわたる新政権不在の時期に直面せねばならなかった。行き詰まりを打破するために新しさ、刷新を求めたベルギーの有権者は、予期しない事態に陥ることになった。

6　考察と結論——フェルホフスタットのリーダーシップ

ここまでフェルホフスタットの台頭を追ってきた。なぜフェルホフスタットのような「対抗的」な政治家が「妥協の国」ベルギーの首相になり得たのだろうか。第一に、なぜ彼が「スピード出世」し得たかという点を考えよう。まず、幼いころのコンプレックスから防御的に獲得した「弁論」術が挙がる。そして彼のこの資質は、家族でなされた議論で一層育まれたし、彼自身もそれを無自覚のうちに得意として、演劇やバンド活動で育んでいただろう。加えて、自己防衛的であったがゆえに、非常に攻撃的でもあった。彼は「対抗的」な人間になった。

しかし彼のスピード出世の最大の要因は、ウィリー・デクレルクとの関係である。フェルホフスタットにとってデクレルクは最も身近な、憧れの存在であった。本来保守的な社会で地元の名士から寵愛を受けていたことは彼の誇りであっただろう。デクレルクがいたからこそ彼は自由主義者になった。また、まだ若い秘書にすぎなかった彼が党のイデオロギーを改革し、党首になったのはデクレルクという後ろ盾があったからである。

二〇一一年のデクレルクの葬儀におけるフェルホフスタットの弔辞を記す。


私は寂しい。フランデレン、ベルギー、そしてヨーロッパの自由主義運動はすべて彼のおかげだ。ありがとう。彼の勇気、確信、疲れを知らないタフネスぶり、技術、橋渡しの役割、そして彼が自由主義者であったという事実にありがとうと言いたい。彼の死を前に、私の政治の父、彼の偉業に「さようなら」と言わなくてはならない。ウィリーは卓越した指導者であり、どんな人でも確信させるように訴えることができた。とりわけ彼は人々の問題に耳を傾け、そのために時間を割いた。暖かい人だった。(*Gazet van Antwerpen*, 28/10/2011)

デクレルク側は、自分を慕う若者が台頭していく様を微笑ましくみていた。それを党内の権力基盤にしようとしていたのかもしれない。しかし先の写真から察する生前の二人の関係は、筆者(松尾)には、それ以上の親子のような関係があったように思われる。

さらにそれを可能にした、いくつかの「状況」がある。スピード出世がかなったのは、自由党が世代交代の時機にあったからである。同年、ワロン自由党も三四歳のルイ・ミシェル[12]を党首に指名しており、この点はフランデレン自由党に限ったことではない。世代交代の時機であった。

次にフェルホフスタット政権が成立した要因を考えよう。実は二度目の挫折以降のフェルホフスタットは、かつてほど「対抗」者というイメージがない。オクトパス合意を取りまとめたり、ダイオキシン疑惑の情報を入手したさいも、いったんデハーネ首相に相談したりするなど「妥協的」で思慮深い面が見える。そして実際の交渉のさいもワロンとの合意形成のために「言語問題」を封印するなど、連立形成に向けて慎重に行動している。

これは、二度目の挫折が彼の政治家としての方向性、戦略を変えたからかもしれない。もしそうだとすれば、ベルギーの政治は、本質的に、単に「改革」を叫ぶ、騒々しい政治家では担えず、まだ「妥協できる政治家」でなければ頂点に登れない、「妥協の政治」のままであると見ることができる。つまり合意型デモクラシーはなお存続している。

他方で、当時の与党におけるドゥトルー事件やダイオキシン疑惑の対応、連立交渉時の社会党の態度などを見れば、既成のベルギー政治を支えてきた諸勢力が限界にあったことも事実である。つまりフェルホフスタットは従来のベルギーの「妥協の政治」の伝統が崩れさろうとするときに、闇雲に「改革」を叫んで首相になったというわけではない。むしろ挫折を経て伝統的な「妥協」の手法を身につけたからこそ、古い時代と新しい時代をつなぐ「仲介者」として首相になり得たと言えるだろう。

フェルホフスタットはいかなる政治リーダーであったか。彼を支持する記者は「彼は金もうけのために政治をしているのではない。根っからの改革者なのだ。……彼は物事を改革し、水たまりに石を——できるだけ大きな石を——投げいれたかったのだ」(Mouton et Vanpeteghem, 2003: 13)とまとめている。しかし、繰り返すが、「改革者」がそれだけで成功することは難しい。デクレルクの引退以降、彼は後ろ盾を失い、挫折を経験し、「妥協」できる政治家となった。そしてまさにこれと並行してベルギー政治は行き詰まっていった。

換言すれば、ベルギーが多極共存型民主主義国家だったからこそ、そしてまさにそれが成熟期を迎えてきたからこそ、彼に台頭する機を与えたのである。万年野党の党首に過ぎなかった彼を首相にした、否、「妥協」できる「対抗者」として首相にならしめたのは、行き詰まり変容しつつあるベルギーの多極共存型民主主義であった。この点を強調するならば、フェルホフスタットは「改革者」というよりむしろ古い時代と新しい時代の「仲介者」として位置づけられるべきなのかもしれない。

[謝辞]

●注7に記載したインタビューについては、二〇一九年八月二三日午後二時より、欧州本部近くのカフェにて、元スピーチライターのKoert Debeuf氏と行った。なお、コンプライアンスのため、臼井陽一郎(新潟国際情報大学)、小松﨑利明(天理大学)両先生にご同席いただいた。ご協力に深謝する。

●本書は科学研究費補助金基盤(C)「なぜブリュッセルはテロの巣窟と化したか――もう一つの「連邦制の逆説」?」(研究代表者・松尾秀哉)の成果の一部である。

[注]

(1)なお、上述の通り、執筆時点でフェルホフスタットは首相から降りてはいるが、欧州議会で活躍している現役の政治家である。よって資料の制約もあり分析の焦点や範囲が限定されるので、本章では主に「なぜ万年野党の党首に過ぎなかった彼がベルギーの首相になったのか」という問題について注目することにしたい。

(2)姉はクリスティーヌ、弟はディレク。弟はベルギーのヘント大学教授。哲学者で、新自由主義を支持する。代表作に『人間的な自由主義(*Het menselijk liberalisme*)』。

(3)一九六〇年代以降、ベルギーの公立の学校においては「宗教」と「道徳」のいずれかを選択して履修することになっていた。かつては「宗教」が必修であったが、一九五〇年代末の学校教育をめぐる政党間対立と協議で、宗教色のない「道徳」との間で選択必修になった。

(4)『新報(*De Nieuwe Gazet*)』編集者からアントウェルペン市議を経て政治家になり、デクレルクが政権入りした時に党首となった。当時キリスト教政党との与党連立を重視して中道を主張し、デクレルクやフェルホフスタットと対立した。

(5)後の二〇〇〇年、首相のフェルホフスタットは、ベルギー兵の家族とルワンダ政府に、ベルギーの名前で「適切に行動できなかったこと」を謝罪している(Deschouwer, 2009: 181–182)。

(6)こうしてフェルホフスタットの気質の変化を強調するものは多い。それは確かだが、彼がここまでの「騒々しい奴」、「対抗的」という気質を一八〇度転換させたと言い切ってしまうのは言い過ぎで、むしろ一旦身を引かざるをえなかったが、虎視眈々と機を探っていたと見るべきかもしれない。例えばこの一九九五年の組閣において既に退陣を決めていたマルテンスは「社会党との連立が試みられた。……しかしこの試みは、フランデレン社会党の早々の撤退によって、うまくいかなかった。ヒー・フェルホフスタットが動き、言語問題が再燃する気配が高まったからだ」(Martens, 2006: 161)と回想している。具体的な「動き」についての情報は明らかではないものの、この時期、静かに家族と過ごし、読書に耽っていたというわけではなく水面下で動いていたようである。ただし、後述のように、彼が「対抗的」という「戦略を変えた」ことは事実だろう。

(7)当時フェルホフスタットのスピーチライターを務めていたクルト・デュブフ(Koert Debeuf)氏によれば、この時期、フェルホフスタットは確かに内省のなかにあり、家庭を大切にした。他方で、それを九九年の選挙で「戦略」として用いたことも事実で、この時キャンペーンの写真には、家族写真を用いていた。「改革者」のイメージから脱却をはかったのである(インタビュー)。

(8)この改革案は、後の自分の政権で実施された。

(9)雇用を創出するために職業教育と失業給付を結びつけるワークフェアの推進などで合意した。

(10)施政方針の骨子は以下の通り。①慎重かつ効率的な行政、②市民の民主主義(選挙制度改革)、③信頼できる社会(司法制度改革)、④開かれた社会(移民の受け入れ)、⑤都市の活性化と治安強化、⑥活発な社会的国家(税制改革)、⑦近代的な社会保障(年金制度を守るための全般的な縮減)、⑧持続的な発展(環境対策)他、外交(Gouvernement Fédéral, 1999)。

(11)ベルギーでは、特に性的少数者の権利について、キリスト教民主主義政党の長期政権下で、AIDSの拡がりなどもあり、他の西欧諸国と比べて法的整備が遅れた。しかし、一九九三年に連邦制を導入したことで、マイノリティ支持運動と密接に結びついた各構成体からの要望が明らかになった。また、オランダに近いフランデレンでこうした運動が盛んだったが、一九九〇年代にワロン社会党の(のちに首相になる)エリオ・ディ・ルポが同性愛者であることを告白した(Borghs and

Eeckhout, 2009: 4–6)。

(12)外務大臣、欧州委員などを歴任した政治家。歯に衣を着せぬ発言で知られる。執筆時の首相、シャルル・ミシェルの父親でもある。

[文献]

●首相に関する文献や資料

Dehaene, Jean-Luc(2012) *Memoires*, Leuven: Uitgeverij van Halewyck

Gouvernement Fédéral(1999) *Accord de voie vers le XXIe siècle*, Bruxelles

Martens, Wilfried(2006) *Mémoires pour mon pays*, Bruxelles: Lannoon

Mouton, Olivier et Boudewijn Vanpeteghem(2003) *Numero uno. Guy Verhofstadt, itinéraire d'un Premier*, Éditions Racine

●新聞

Flanders Today/ *La Libre Belgique*/ *Knack*/ *Gazet van Antwerpen*

●ホームページ

ベルギー首相官邸ＨＰ　https://chancellerie.belgium.be/en/guy-verhofstadt

AgoraVox "Europe: pourquoi Guy Verhofstadt?"（フランスのCybion社が設立した市民ジャーナリズムサイトで、経産省でも参照されて注目されている）https://www.agoravox.fr/actualites/europe/article/europe-pourquoi-guy-verhofstadt-152314

POLITICO 10 "Guy Verhofstadt, THE LIBERAL LION", https://www.politico.eu/list/politico-28-2018-ranking/guy-verhofstadt/（*POLITICO*による人物紹介、二〇一九年三月三〇日）

White House Consultancy（イギリスのシンクタンク）https://www.whitehouseconsulting.co.uk/project-brexit/key-negotiators/guy-verhofstadt/

松尾秀哉(二〇一〇)『ベルギー分裂危機　その政治的起源』明石書店
松尾秀哉(二〇一五ａ)『連邦国家ベルギー　繰り返される分裂危機』吉田書店
松尾秀哉(二〇一五ｂ)「ベルギー分裂危機への道――フランデレン・キリスト教民主主義政党の党改革」吉田徹編著『野党とは何か――組織改革と政権交代の比較政治』ミネルヴァ書房
松尾秀哉(二〇一九)「多極共存型民主主義における大統領制化とその後――ベルギーの場合」岩崎正洋編著『大統領制化の比較政治学』ミネルヴァ書房

Belien, Paul(2005) *A Throne in Brussels. Britain, the Saxe-Coburgs and the Belgianisation of Europe*, Exter: Imprint Academic
Borghs, Paul and Bart Eeckhout(2009) "LGB Rights in Belgium, 1999–2007: A Historical Survey of a Velvet Revolution", *International Journal of Law, Policy and the Family*, Vol. 24, No. 1, 1–28
Claes, Willy(2000) "Vice-Premiers en kernkabinetten. Een evaluatie van deze innovaties", *Res Publica*, 42, 33–44
Coffé, Hilde and Patrick Stouthuysen(2006) "The Discourse of internal Party Renewal", paper prepared for presentation at the 2006 *IPSA Conference*, July 9–13, 2006, Fukuoka(Japan)
De Lange, Sarah L. and Tjitske Akkerman(2012) "Populist parties in Belgium: A case of hegemonic liberal democracy?" Mudde, Cas and Kaltwasser, Cristóbal R., eds., *Populism in Europe and the Americas: Threat or Corrective for Democracy?* Cambridge: Cambridge University Press
Delwit, Pascal and Jean-Benoit Pilet(2004) "The Belgian Federal Elections, 18 May 2003: A First Step Towards Bipartism?" *Representation*, Vol. 41, No. 1, 31–41
Deschouwer, Kris(2009) *The Politics of Belgium. Governing a Divided Society*, New York: Palgrave Macmillan
Downs, William M. (1996) "Federalism Archieved: The Belgian Elections of May 1995", *West European Politics*, Vol. 19, No. 1, 168–175
Dumont, Patrick(2011) "The Belgian 'Rainbow coalition': optical illusion or mechanical phenomenon?" Rudy B. Andeweg, Lieven De Winter, and Patrick Dumont eds., *Puzzles of Government Formation, Coalition theory and deviant cases*, London:

Routledge.

Fiers, Stefaan, Régis Dandoy, and Patrick Dumont(2005) "The Selection and Deselection of Belgian Federal Ministers, 1946–2005", paper prepared for Workshop 10 "*The Selection and Deselection of Ministers*". *ECPR joint sessions of workshops*, Granada 14–19 April 2005

Jagers, Jan and Stefaan Walgrave(2007) "Populism as political communication style: An empirical study of political parties' discourse in Belgium", *European Journal of Political Research*, Vol. 46, No. 3, 319–345

Lijphart, Arend(1977) *Democracy in Plural Societies: A Comparative Exploration*, New Haven: Yale University Press

Luther, Kurt Richard and Kris Deschouwer eds. (1999) *Party Elites in Divided Societies: Political Parties in Consociational Democracy*, London: Routledge

Magone, José M. (2017) *The Statecraft of Consensus Democracies in a Turbulent World: A Comparative Study of Austria, Belgium, Luxembourg, the Netherlands and Switzerland*, London: Routledge

Pelgrims, Christophe(2007) "The impact of politicians on administrative reform process. Analyzing the introduction and implementation of mandates for top civil servants", paper for *Leading the Future of the Public Sector: The Third Transatlantic Dialogue*, University of Delaware, Newark, Delaware, USA, May 31 – June 2, 2007(http://steunpuntbov.be/rapport/s2BA006001_3TAD_pelgrims.pdf)

Poguntke, Thomas and Paul Webb eds. (2007) *The Presidentialization of Politics: A Comparative Study of Modern Democracies*, Oxford: Oxford University Press

第4章

ヨーロッパの辺境から世界の中心に

――アイルランド・ヴァラッカーの野心・個性・多様性の政治

小舘尚文

レオ・ヴァラッカー

1979–

アイルランド・ダブリン生まれ．ダブリン大学トリニティカレッジ卒．医師．2003年フィンガル・カウンティカウンシル議員，2007年，下院初当選(ダブリン・ウェスト選挙区)．2011年，運輸・観光・スポーツ大臣に就任し，その後，保健大臣，社会保障大臣を歴任．2017年，38歳で首相に就任．移民の子，同性愛者であることを公表している政治家としてアイルランド初の首相．

"Difference is the essence of humanity. Difference is an accident of birth, and it should therefore never be the source of hatred or conflict. Therein lies a most fundamental principle of peace: respect for diversity." (John Hume)

我々に違いがあるということ、それは、人類の本質です。違いは、生まれに左右される偶然なのですから、決して、憎しみや紛争の原因にされてはなりません。そして、そこにこそ平和の非常に基本的な原則、すなわち、多様性への尊重があるのです。

――ジョン・ヒューム(ノーベル賞平和賞受賞スピーチ。筆者翻訳)

一九九八年一二月一〇日

1　はじめに――何故、いまレオなのか?

アイルランド共和国(Éire/Ireland)は、独立した議会制民主主義の国民国家としては、まだ一〇〇年も経たない「若い」国である。国としては若いものの、西ヨーロッパの先住民族といわれるケルト人が作った歴史は長く、移民を多く輩出してきたため、アメリカを中心とする新世界の社会形成に与えた影響も大きい。また、他の西ヨーロッパ諸国と比べて、世俗化や経済発展の時期が遅く、カトリック教会の影響力が教育や医療などの社会政策にも及んできたという特徴も持っている。その結果、元イギリス帝国の英語圏諸国と地中海の南欧諸国の掛け合わせのようなユニークな福祉社会を形成している。離婚が合法化されたのは一九九五年であり、中絶の合法化は未だに国民を二分するイシューである。中絶の是非に関する国民投票は、二〇一八年五月二五日に行われ、容認派が過半数(六六・四%)を占めて圧勝した(河口、二〇一九)。

保守的で若いというある種の矛盾を抱え込んできた国アイルランドにおいて、近年みられる社会改革や急激な多様化は、世界的にみても目を見張るものがある。一九九五年から二〇〇七年にバブルが崩壊するまで続いた「ケルトの虎」の時期に経験した著しい経済発展が、アイルランドにグローバル化の波をもたらし、社会・文化の変容にもつながった。二〇〇八年から一三年までは、大不況や緊縮財政に苦しんだものの、西ヨーロッパにおける最貧国との異名はもはや過去のものとなり、一人当たりGDPも七万二四八五米ドル(二〇一六年データで、ルクセンブルクに次いでOECD世界二位、OECD Data)、そして、移民流出国から受け入れ国に変化した。

そんなアイルランドで、二〇一七年六月、史上最年少三八歳の首相が誕生した。レオ・ヴァラッカー(Leo Eric Varadkar)は、インド出身の父を持つアジア系で、同性愛者であることも公表しており、保守的な社会で急進的勢力の存在が目立たないとされてきたアイルランド政界では異例の存在である。

ヴァラッカーは、アイルランドの一四番目の首相とされるが、就任してまだ二年(二〇一九年八月現在)である。下院議員になったのも、二〇〇七年と一〇年ほど前のことである。つまり、異例のスピードで首相に上り詰めたユニークな人物だ。そのため、冒頭にあげたジョン・ヒュームのような政治家と比べれば、外交舞台あるいは国内政治においても経験はさほどなく、優れた政治リーダーと呼ぶにふさわしいのかどうかには議論の余地のあるところだろう。しかし、一方で、ヴァラッカーは、アイルランド社会が今、求めている変化を体現している人物であるといえる。「時代が求める人間はやがてやって来る」(Paxman, 二〇〇七：三六八)、まさにその一例といえる。

一九七九年一月一八日生まれのヴァラッカーは、インドのムンバイ出身の医師である父(アショック)、看護師をしていたアイルランド南東部ウォーターフォード（ダンガーヴァン）出身の母（ミリアム）の長男（末っ子）として、ダブリンに生まれ育った。首相に就任した時点では、弱冠三八歳であり、首相としてはアイルランド史上最も若く、国家代表としては、エイモン・デ・ヴァレラ（当時三七歳）やマイケル・コリンズ（当時三一歳）に次いで若いとされる。ちょうど、二〇一七年五月に、三九歳の若さでフランス大統領となったエマニュエル・マクロンと同世代といえる。同性愛者を公言している政治家としては、アイスランド、ベルギー、ルクセンブルクに続いて、世界四人目の首脳ともなった。

本章では、アイルランドで、現在、首相を務めているヴァラッカーを題材として政治的リーダーシップに関する一考察を行いたい。ある意味では、まだ試されていない、現役の政治指導者を分析対象として採り上げることには、リスクとともに大きな限界もある。しかし、外交（イギリスのEU離脱決定をきっかけとする北アイルランドとの和平協定の危機）・内政（バブル崩壊後の経済不況からの脱却）が絡み合い、イギリスからの独立が果たされて分断国家となってからおよそ一〇〇年という、いわゆる大きな転換点を迎える中で選ばれたリーダーが、ヴァラッカーであることには間違いない。

世界的に見ても、アメリカ中心の国際秩序に疑問符が付き、ポピュリズムの台頭によって、欧州連合の将来も不透明である。まさに、国内だけではなく、国際社会を意識するアイルランド社会の変化が、ヴァラッカーという、これまでにはいなかった政治家を首相の立場にまで押し上げた、一つの原因だと考えられる。負の側面に脚光があたる傾向が強い、昨今のグローバル化だが、ポジティブなメッセージを彼は体現している。その意味において、ヴァラッカーが首相に選出されるまで、そして、選出されてから約二年間の歩みを、個人、政治文化、そして、社会環境という側面から考察する意義は十分にあると考えられる。

2 リーダーシップ論と優れた政治家の資質

ポリティシャンという言葉が、時折、「政治屋」の意味で使用されることがあるのに対して、ステイツマンという言葉は、それとは対照的に、政治家の優れた資質を暗示する場合が多い。ステイツマンの定義は、オックスフォード辞典によれば、「A skilled, experienced, and respected political leader or figure(スキルを持ち、経験が豊かで、尊敬される政治リーダーもしくは人物)」(Oxford Dictionary)である。この定義からすると、ヴァラッカーは、まだ経験不足、ということもいえるかもしれない。しかし、政治リーダーとしては、大学時代から頭角を現し、シャイでどちらかというと口数が少ないが、演説は雄弁、「スターとしての資質」を持つと多くの政治家が感じてきた異質の存在である(Ryan & O'Connor, 2018)。本章では、ヴァラッカーの政治的リーダーシップが、今後、ステイツマンシップに変わっていくのかどうか、ということを意識しながら考察を進めていきたい。

バーンズは、政治的リーダーシップについて研究し、類型化を試みた(Burns, 1978)。まず、政治リーダーの中には、自らが行動するのではなく、フォロワーの自発性に任せる自由放任型(laissez-faire)や逆に、相互に利益を得られるような取引を積極的に行う交流型(transactional)、そして、フォロワーのモティベーションを高めることで自らが求める方向性を共有してもらう変形型(transformational)と、三つの政治的リーダーシップのタイプがあるとした。政治家と有権者の間のコミュニケーションのあり方も激変した現代社会において、上記のリーダーシップから一つのパターンだけを採用するリーダーが、国を効率的に治められるとも思えない。

しかし、政治においてリーダーシップが語られることが多いのは、政治家にとって意思決定が、彼らの職務の中でも非常に重要な位置を占めるからであろう。そして、彼らの決定によって、多くの人々の生活や、国家または国際社会全体の将来が影響を受ける。年金、医療、生活保障再配分といった問題をめぐる内政における妥協・交渉・意思決定については、福祉国家研究を通じて分析されてきた(Titmuss, 1958; Pierson, 1994など)。また、政治家の意思決定と政策決定の過程との相互関係についても、オルセンやリンドブロムなど、研究(Lindblom, 1959; Olsen, 1985)に事欠かない。そして、世界平和をも左右しかねない、危機的状況における政治家の意思決定については、国際関係論、国際政治分野で研究が積み重ねられてきた(Allison, 1971; Morgenthau, 1985; Waltz, 1959)。

また、エンターテインメントの領域でも、政治的リーダーシップは注目されている。二〇一〇年に、デンマークの政治テレビドラマBorgen(『コペンハーゲン/首相の決断』)が人気番組となり、世界七〇ヶ国以上で放映された。フィクションではあるものの、大変リアルに、デンマーク初の女性首相となる主人公の政治闘争や葛藤、ワーク・ライフ・バランスや意思決定を描いている。連立政権が恒常化する多党制の小国における政治リーダーシップをめぐるドラマが興味を掻き立てる。歴史映画のジャンルでも、二〇一七年に、第二次世界大戦時のイギリス首相ウィンストン・チャーチルを題材にした映画が、二本[1]も公開されており、ノルマンディー上陸作戦にむけて苦渋の決断をするチャーチルの姿が描かれている。

そして、近年では、選挙戦も様変わりし、ソーシャルメディアを含む新たなキャンペーン様式が用いられるようになっている。政党、労働組合、教会を含む伝統的組織のあり方にも変化が起きて、政治家のキャリアパスや前職なども一様ではない。政策イシューごとに政治家と有権者が契約を結ぶような関係や、ポピュリスト政党の台頭、国民投票のような直接民主主義のツール使用が頻度を増している今、ステイツマンとは何を意味しており、政治家に求められる資質とは一体何なのか、という問いかけは欠かせないものになってきているように思われる。

メディア映りのよさ、ワン・フレーズ・ポリティックスといった、キャッチフレーズをレトリックとして、有権者の心をつかむというスキルは今ではポピュリスト政党だけではなく、広く用いられている。さらには、有権者の志向をソーシャルメディア上の言動や行動に関するデータから収集し、分析することで、推進する政策を決め、選挙戦に臨むという、独自のアイディアやビジョンよりも、勝利ありきの選挙戦術も常套手段となりつつある。後者の場合、リーダーシップといっても、世論調査における支持率や議会における多数派勢力(数の力)をどこまで保ち続けることができるかが、鍵になってくる。そのため、リーダーシップスタイルにも個人の経験や哲学などを表に押し出していくことはなかなか難しい。その一方で、リーダー個人の「顔」としてのイメージや体現するメッセージは以前よりも大きな位置づけを占めている。高い支持率をいかに失わずに、政策運営をしていくか。信念を貫き、決断力を示すにも、地味で目立たない議論や討議を通じた説得よりも、劇場型で華々しいパフォーマンスに気を取られがちである。政治リーダーは、現代社会のコミュニケーション手段に適した才覚を持たなくてはならないという意味で、ツールや様式に制約される側面が大きく、それゆえ、リーダーのタイプが、多様化するよりもむしろ画一化に向かっているとも捉えることができる。

エルジーは、政治的リーダーシップには、個人と環境の両方の要素があり、環境もまた、公式の制度要因だけではなく、より広い意味での社会的要因が作用すると主張した。「政治的リーダーシップとは、政治指導者が意思決定過程の流れを形作るだけでなく、同時に、政治指導者自身が、その他の一連の要因によって形成され、制約されるからこそ、その過程の中で、政治指導者が重要となってくる、まさにそこに生まれるものである」(Elgie, 1995: 13)。ヴァラッカーという政治家が、リーダーシップを発揮できるかどうかは未知数の部分が大きいが、彼がアイルランド政界に登場し、首相の座についた過程を振り返る作業は、現代政治家のリーダーシップとは何かについて考える一つのヒントとなろう。そして、その際、個人の持つ資質やパーソナリティとともに、アイルランドという国の政治文化やアイルランドの世界における立ち位置ということが重要であることも見えてくる。

以下、本章では、ヴァラッカー個人について記す前に、日本ではあまり知られていないであろう、アイルランドの政治制度および政治文化についてまとめる。こうした文脈を解説することで、ヴァラッカーという政治家がアイルランドという環境の中でいかに「アウトサイダー」的存在であるのかを示すことができる。そして、ヴァラッカーには、「アウトサイダー」としての要素が一つや二つではなく、多数あったことこそが、野望の階段をここまで早くに昇り詰めるうえで、プラスに働いたということもわかるだろう。

次にヴァラッカーの現在までを主に四つの時期(議員になるまで、大臣になるまで、カミングアウトと同性婚をめぐるレファレンダム、首相就任後)にわけて紹介する。ヴァラッカーは、二〇〇七年に下院議員として初当選し、二〇一一年、自身の政党フィネ・ゲール(FG)が政権につくと、早速、運輸・観光・スポーツ大臣となった。二〇一四年から一六年には政治家として出世への登竜門ともいわれる保健大臣も務め、二〇一五年同性愛婚をめぐるレファレンダムでも顕著な動きを見せて、一気にFGの党首選を制した。首相就任後は、イギリスのEU離脱(通称、Brexit/ブレグジット)をめぐって積極的にEU首脳と会談し、欧州議会演説も行っている。本章は、新聞や二次文献、二〇一八年八月三〇日に刊行された伝記(Ryan & O'Connor, 2018)を主な資料とした考察であることも記しておきたい。

3　アイルランドの政治制度・政治文化

アイルランドの政治制度は、独立前からの遺産を引き継いでいるため、イギリスとの類似点が多い。実際、立法府(Oireachtas、ウレクタス)は、イギリスのウェストミンスター議会をモデルとしている。しかし、立憲共和制となった一九四九年以降のアイルランドには、直接選挙(任期は七年)によって選ばれる大統領もいるため、「半大統領」(Duverger, 1980; Elgie, 1995)とも称される。アイルランド大統領には、実質的権限はないものの、象徴としても、共和国憲法の擁護者としても高い権威を持っており、議会で成立した法案の違憲審査を最高裁判所に委託する権限を持つ(小館・千葉、二〇一九b)。君主制と一線を画する大統領の存在は大きいといえる。二〇一一年にエリザベス女王が、イギリスの君主として初の訪愛を果たした際には、メアリー・マカリース大統領(当時)が、女王とともにダブリンの戦争記念碑を訪れて話題となった。大統領選挙も、地方議会からの推薦や政党の支持の取り付けなど、独特の盛り上がりを見せる。その一方で、実質的政治権限が、首相にあることは明らかだ(Elgie, 2014)。アイルランドの政治的指導者のトップは、ウレクタスの下院(国民議会、Dáil Éireann、ドイル・エアラン)から選出される首相(Taoiseach、ティーシャック。アイルランド語で「一族の頭」「リーダー」を意味)である。

選挙制度もイギリスとは一線を画する。クォータ計算式を用いて、全有効投票数を議席数+一で割ったものに、一を加える単記移譲式投票(Single transferable vote)である。これは、北アイルランドでも、ストーモント議会選挙で使用されており、共和国では、主要なすべての選挙(下院選挙、上院選挙の大半(間接選挙)、欧州議会選挙、地方選挙)で用いられている。小選挙区ごとに最も得票が多かったものだけが当選し、それ以外への票は、無駄になってしまうと票割れを抑制するという特徴があり、国民の声をよりよく反映しているといえる。その一方で、各選挙区から三―五人が選出されるため、政党や政策本位ではなく、人物で選ぶ選挙になりやすい(Farrell, 1984)。「教区の共同井戸」(池田、二〇一〇)ともいわれてきたのはそのためである。

政党政治や政党間競争を眺めてみると、アイルランド自由国が生まれる過程の中での対立意見がもとになってできた二つの政党(フィアナ・フォイルとフィネ・ゲール)が、政治を動かしてきたことはよく知られている(Coakley, 2017; 小舘・千葉、二〇一九a)。まず、アイルランドの独立を目指して活動してきた政治グループ、シン・フェイン(ゲール語で「我々自身」という意味、SF)が、一九二一年の英愛条約の締結による南北分離や、イギリス国王への宣誓規定をめぐって対立し、分裂した。そのうち、英愛条約に賛成する穏健派グループの流れが、フィネ・ゲール(ゲール語で「アイルランド人の家族」、FG)となり、強硬派・反対派のうち、SFと袂をわかって、デ・ヴァレラが中心となって立ち

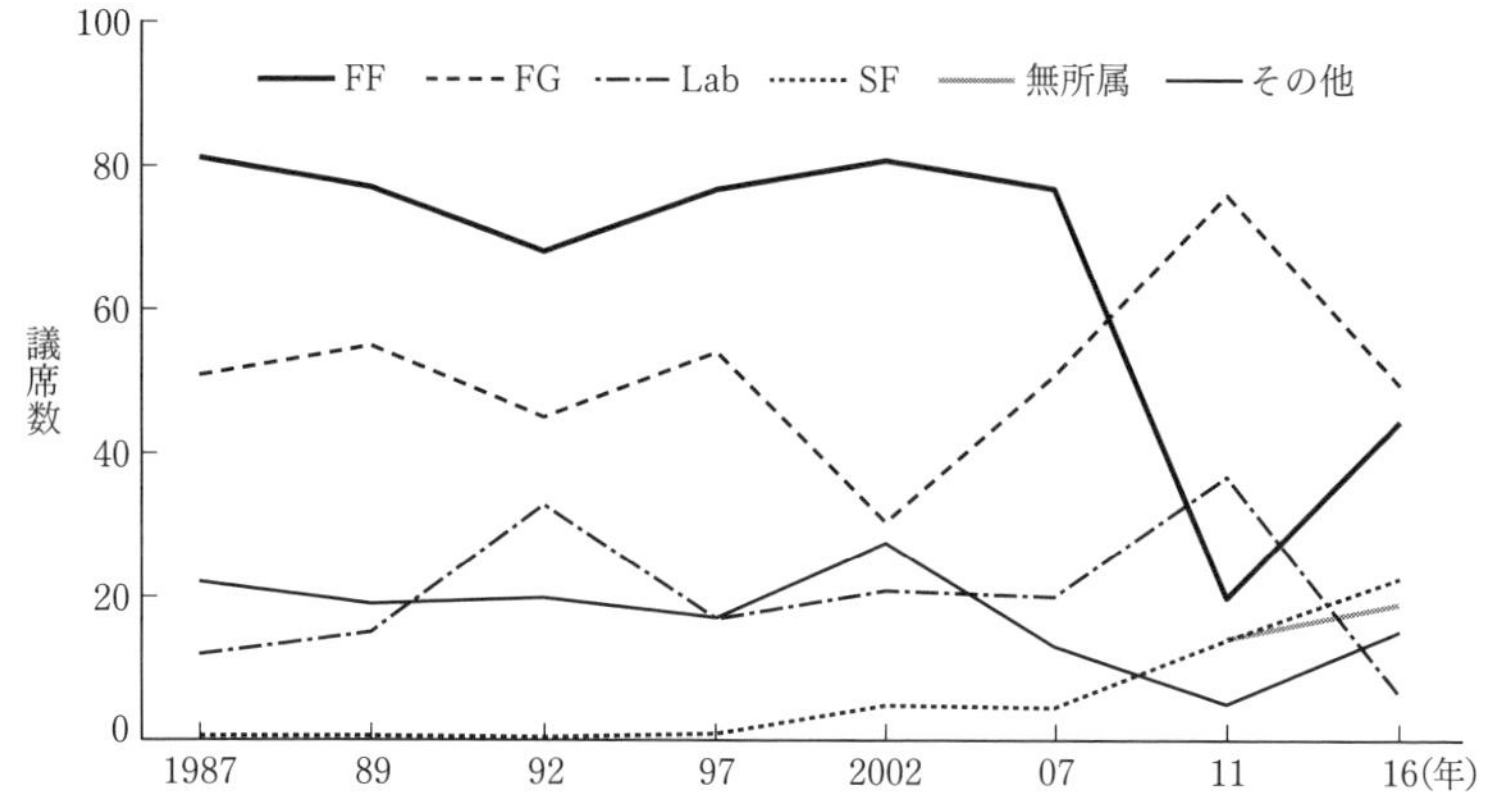

図 4-1　アイルランド下院選挙結果(主要政党の議席数，1987-2016 年)
出所：How Ireland Voted(1987 年以降)をもとに筆者作成.

上げた政党が、フィアナ・フォイル(ゲール語で「運命の戦士」、ＦＦ)である。ＦＧ／ＦＦは、一九三二年以降、ともに包括政党として、議会制民主主義の確立に貢献した(小舘・千葉、二〇一九ｂ)。

その結果、政党システムは、西欧諸国でみられるような資本家・労働者間や、保守主義と革新主義の間の対立といった社会的諸集団の亀裂には対応してこなかった。ただし、職業基盤で見た際に、大規模農家と中産階級は、ＦＧを、小規模農家や農業セクターを含む労働者などはＦＦを支持する傾向にあることもわかっている(Gallagher, 1985; Laver, 1986)。社会的イシューでは、ＦＧもＦＦもともに保守的傾向が強いものの、包括政党としては、ＦＦの方が歴史的に規模も大きく、幅広い社会階層からの支持を集めていたことで、ＦＧの方がより保守的だと言われる。

第三政党としては、労働党(Ｌａｂ)が存在するものの労働組合の基盤(農業労働者と分裂化傾向にある労組の影響)は弱く、社会民主主義系の政党が弱いのもアイルランドの政党システムの特徴の一つである(Mair, 1979)。アイルランドには、キリスト教民主主義系の政党はないが、ＦＧが欧州議会ではその一翼を担ってきた。一方のＦＦは、イギリスの自由民主党が参加している会派、欧州自由民主同盟(ＥＬＤＲ)に加盟しており、ＦＦ、ＦＧともに親欧の傾向が強いことがわかる(小舘・千葉、二〇一九a)。

図4-1を見ても明らかなように、二〇一一年の選挙でFFが歴史的大敗を喫するまで、FFがFGよりも優位という状態が恒常化していた。FFは単独政権、FGは連立相手を模索という政権交代のスタイルであった。

ヨーロッパとの関係では、一九七三年にイギリス、デンマークとともにEC加盟を果たした三ヶ国の中では、アイルランドのみがその後、ユーロにも参加し、農業や構造基金といった経済援助を享受しながら、ヨーロッパ統合の枠組みの中で、イギリスとは異なる、独自のアイデンティティを模索し、築いてきた。

一九九五年から二〇〇七年にバブルが崩壊するまで、「ケルトの虎」と呼ばれる急激な経済成長を経験し、イギリスとは一線を画した政治経済体制および社会政策レジームを形作ってきた。しかし、二〇一六年六月にイギリスがEU離脱を決めたことによって、ここにきて再び、北アイルランドとの国境やイギリスとの密接な経済依存関係が不安定化する恐れがあると危惧されている(小舘・千葉、二〇一九b)。以上が、ヴァラッカーが登場する背景として重要なアイルランドの政治経済的文脈である。

4 アイルランド政治文化

アイルランドの政治家が、イデオロギーや政策ではなく、人物本位で選ばれる傾向が強いということは先述したが、ヨーロッパ一五ヶ国の比較研究からもそのことがわかる。選挙区における国会議員の活動についての以下のデータは、選挙戦が行われていない時期において、冠婚葬祭、自宅訪問、選挙区相談所、選挙区向けのPRという四つの活動のうち、二週間に最低一回は行うと答えた政治家の割合を示している(André, Gallagher & Sandri, 2014: 174)。

四つの活動のうちどれかは行っていると回答した政治家の割合では、アイルランドが一位(九三・七%)になっており、

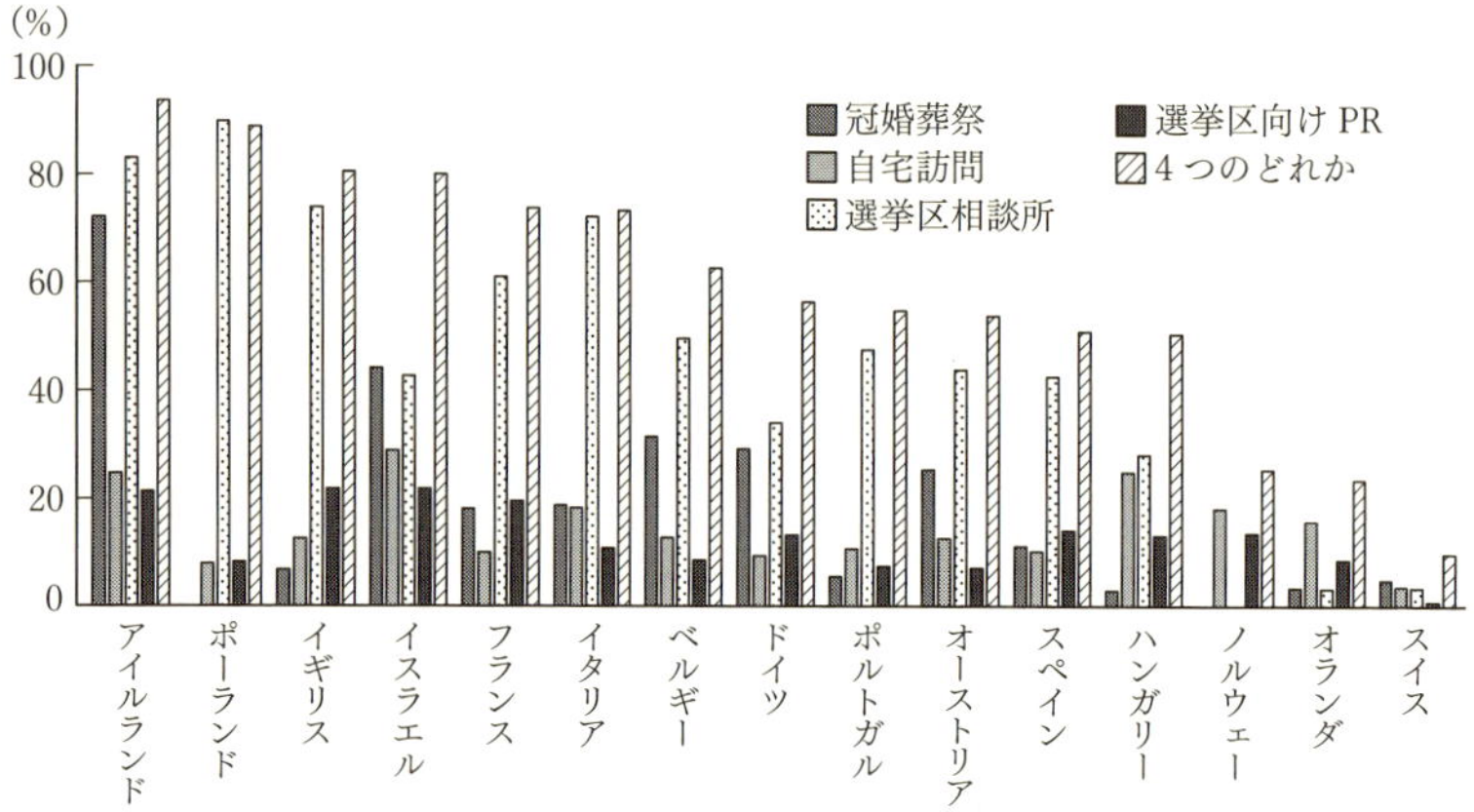

図 4-2　国会議員と選挙区における活動
出所：André, Gallagher & Sandri, 2014: 174 をもとに筆者作成

次いで、ポーランド(八八・八%)、イギリス(八〇・七%)である。二位のポーランドは、選挙区相談所を開いている政治家が九割近いことが、この結果に反映されており、イギリスは、選挙区相談所および選挙区での新たな企業誘致や資金援助といったPRの活動が多数を占めている。一方、アイルランドは、七二・五%の政治家が冠婚葬祭に出席したと答えており、次点のイスラエル(四三・九%)を引き離して、ずば抜けた傾向を示している(イギリスは六・七%、ポーランドで〇・四%)。選挙区に自らがどのくらい貢献しているかというPRも、イギリス(二一・八%)とほぼ並んで(二一・五%)、二位になっており、選挙区における活動に国会議員がいかに密接しているかがわかる。このような政治文化を持つ国でのリーダーには、選挙区でのアピール度が大切であることもわかってくる(小舘・千葉、二〇一九a)。

また、政党候補者の職種についてだが、ここでは、アイルランドの下院選挙(一九九七年と二〇一一年)のデータを主要政党間で比較してみたい。FFとFGの比較でみると、やはり、FGの方が農業関係者の割合がやや高いほか、ビジネス関係者はFGからの出馬の比率が高いことがわかる。医師・弁護士では、FFの方がFGよりも多くを占める一方、教員・看護師では逆転し、FGでより高い比率を占めている。ヴァラッカーは、医師であり、FGの中では珍しい

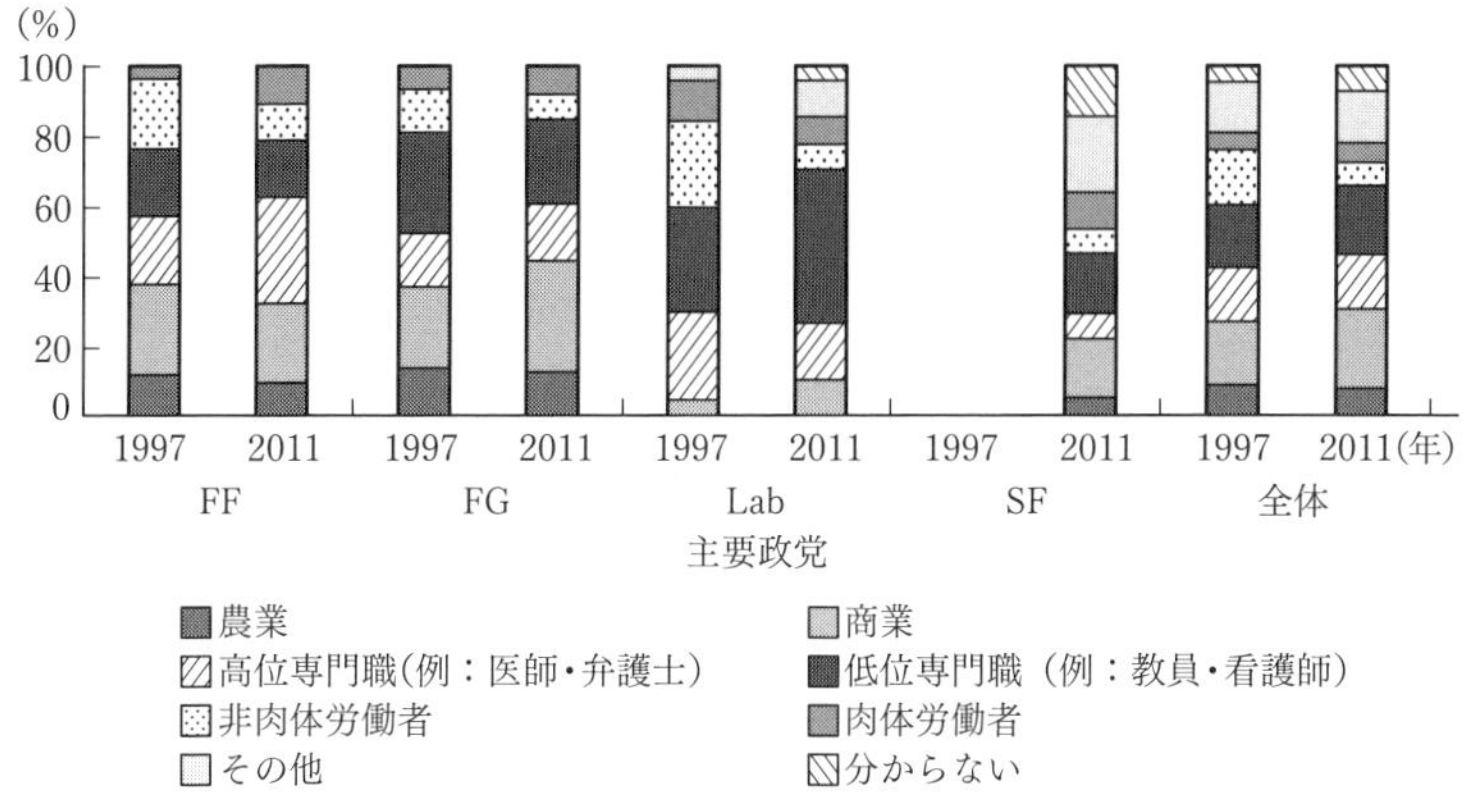

図 4–3　国会議員候補者の職業別割合
出所：Marsh & Mitchell, 1999: 72; Reidy, 2011: 62 をもとに筆者作成

存在であることがわかる。一方、前首相のエンダ・ケニー(Enda Kenny)は、元小学校教師であり、ヴァラッカーと対照的に主流といえる。

さらに、人物本位、選挙区密着型の政治ということから考えると、当然、世襲を含む家族の影響もありそうである。その観点では、一九九七年には、全体で五一名の政治家一族(家族のうち誰かが国会または地方議会の政治家)からの出馬があったが、そのうち、FFが三〇名(五八・八%)、FGが、一六名(三一・四%)であった(Galligan, 1997: 76–77)。これが二〇一一年になると、全体七四名のうち、FFが三一名(四一・九%)、FGが二一名(二八・四%)であり、全体の中で、主要二大政党が占める割合は減ったものの、総数は増えており、実際、各々の政党では、FFで四一・三%、FGで二〇・二%の候補者が政治家一家からの出馬であった(Reidy, 2011: 65)。傾向として、政治家一家からの出馬の傾向は弱まっていないこと、そして、それがFGよりも、FFで強いことがわかる。この点では、政治一族には属さない、ヴァラッカーは、FGにより親和性がある。FGの党首選で一騎打ちとなったヴァラッカーの対抗馬サイモン・コーヴニー(Simon Coveney)の父ヒュー・コーヴニーは、ジョン・ブルートン連立内閣で財務大臣(一九九五—九七年)を務めた人物であった。こうしたことからも、ヴァラッカーの「アウトサイダー」としての多面性が見えてくる。政治家一族ではないばかりか、アイルランド人とインド人の移民の子であり、父と同じ医師の道をいったんは選びながら、政治家に転向した。そのうえ、入党したのは、FFよりも社会的保守派であったFGだった。一方で、医師・元看護師の一人息子として大切に育てられ、ダブリン出身のエリートとして、アイルランド社会での立ち位置は確立してもいる。言い換えると、インサイダーの中でのアウトサイダーといえる。次節では、このことを念頭に置きながら、ヴァラッカーのこれまでの歩みを振り返る。

5 ヴァラッカーのこれまで

(1)議員になるまでのヴァラッカー

ヴァラッカーは、まず一九九七年七月七日に、『アイリッシュ・タイムズ』紙に記事を投稿している。バーティ・アハーン首相(当時、FF)の閣僚任命についての批判である。平等(Equality)担当ポストが、副大臣級に格下げされたことを強く批判するとともに、聖金曜日協定(Good Friday Agreement)の時の外相になる、(FF一族として名の知れた世襲政治家)デイヴィッド・アンドリュースの任命にも名指しで依怙ひいきとして批判していた。メディアに対しても、政権へのクリティカルな視線が足りない、と厳しいコメントを寄せている(*The Irish Times*, 一九九七年七月七日)。当時のヴァラッカーは、一八歳であった。

その後も、数年間は、投稿記事として、主に、政府の汚職関連事件について批判を行っている。[2] 免税物品に関するEU委員会の取りきめへのアイルランド政府の対応(一九九九年二月)や最高裁判事オフラハティの政治介入ともとらえうる事件(フィリップ・シーディ事件)について(二〇〇〇年八月)の記事がある。そして、翌年一九九八年には、ダブリン大学(トリニティカレッジダブリン)医学部に入学する。そして、一九九九年には、医学部在籍中(二年次)に、ダブリ北部郊外の、フィンガル地区、ムルハダード(Mulhuddart)から自治体の議会選挙に出馬し、落選した。
同じ頃、ＥＵ議会の中道右派、欧州人民党(ＥＰＰ)グループの青年ユニット[3]の副代表も務めており、「青年フィネ・ゲール」(Young Fine Gael)ユニットのリーダー的存在として、頭角を現すようになる。医学部生のころから、すでに政治家を目指していたことがわかる。実際、ヴァラッカーは、そもそも医者を目指していたわけではなく、法学部志望だったとも明かしている(Ryan & O'Connor, 2018 : 38)。当時を振り返り、ヴァラッカーは言う。「正直言って、ひどい医学生だった。本当に最低限の勉強しかせず、試験にも落第点を一つか二つとって、追試となった。……能力的にできなかったということではなかった。おそらく、本当に自分がやりたいと思っていたコースではなかったのだ。」(Ryan & O'Connor, 2018 : 38)
二〇〇〇年初頭には、アイルランドは、国民投票を通じて、ニース条約の批准を否決した。二〇〇一年五月二九日には、ＥＵ拡大と、ＥＵ閣僚委員会における投票数の規約改定に「小国に不利」との主張があることを挙げて、これを誤解に基づく主張と断じている(*The Irish Times*, 二〇〇一年五月二九日)。ＥＵ拡大による多くの小国の参加によって、アイルランドの位置づけは不利にはならないとし、ＥＵ改革に強い賛成の立場を示している。二〇〇二年五月二八日には、再び自主投稿で、ＦＧの振るわない選挙結果の分析を彼なりに行っている。
「フィネ・ゲールの近年の衰退は、そのリーダーたちだけのせいにはできない。組織的、戦略的、支持者層、そして政治的要因など多数の原因がある。最大の要因は、党内のキリスト教保守派とフィッツジェラルド時代に築かれたリベラルで、社会民主主義の信奉者たちとの間での内紛である。フィネ・ゲールの再生は、フィアナ・フォイルの代替政権政党というだけではなく、独自の党としてのアイデンティティを作り上げることから始まるということに気づかないといけない。党は、窮地から抜け出すことを導いてくれる救世主を求めるべきではない。そんなリーダーはおらず、現れもしないのだから。」(*The Irish Times*, 二〇〇二年五月二八日)

六月三日には、FG党首選について、議員のみの投票から決めるという決定についての不満を、「青年フィネ・ゲール」の副代表だったルシンダ・クレイトン(Lucinda Creighton)と共同でぶちまけている。若者を含む党内の声を真摯に受け止めて党首を選ぶべきであるという主張だ。

ヴァラッカーの親欧州の姿勢は、当時の投稿記事からも見てとれる。二〇〇二年九月六日には、ニース条約の二度目の投票について、条約反対派を指して「EUからの脱退をも辞さない」人々とヴァラッカーは断じている。そして、「親ヨーロッパのアイルランド」キャンペーン("Ireland for Europe")を展開し、元首相のギャレット・フィッツジェラルドやアイルランド国立大学ダブリン校でEU政治を教えていたブリジッド・ラファンなどの賛成派の運動をサポートした(Ryan & O'Connor, 2018: 35)。

二〇〇三年になると、アメリカのイラク戦争、大学への進学率、ごみ回収への課税など、政策上の争点はミクロからマクロの次元、ガバナンスに関するものに広がってくる。この年、ダブリン大学医学部を卒業し、その後、二〇一〇年にGP(家庭医)の資格を取得するまで、セント・ジェイムズ病院やコノリー病院などで勤務した。医師としての研修時代に身に着けたスキルを振り返り、ヴァラッカーはこう述べている。「多くの点で、政治にとってよいトレーニングだった。感情のゆれが他のことに影響しないようになるのだ。死にたえる患者を診た五分後には、瀕死とまではいかない患者も診なくてはならない。その患者に、自分のすべての注意を向けてあげなくてはいけない。そうしていると、問題や事柄を一つ一つ片付けて、次のことに影響させないというスキルが身についてくる。」(Ryan & O'Connor, 2018: 40) そして、問題(病気)について診断する際に、表層的な、目に見えるもの(症状)だけから判断してはいけない、ということもこの時期に学んだと回想している。

政治家としてのキャリアは、二〇〇三年に、アイルランドで市議会と国会議員のかけもちが禁じられた際、市議会の議席を空け渡したシーラ・テリーの議席(キャッスルノック選挙区)をヴァラッカーが埋めることとなったことでスタートする。二〇〇四年の地方選挙で、四八九四票で最多票を集め、ダブリン西選挙区で初当選し、ダブリン北部フィンガルのカウンティ・カウンシル議員となる。

（2）下院議員から大臣へスピード出世と「ヴァラッカー・ファクター」

新聞で、ヴァラッカーが頻繁に登場するようになるのは、やはり二〇〇七年五月二四日の総選挙で下院議員になってからである。FGの若手ユニットでの活躍もあり、すでに将来のリーダー候補との呼び声は高かったが、議員になると、早速二〇〇二年からFG党首となっていたエンダ・ケニーによって若手ホープとして重用されることになった。まず、産業・貿易・雇用担当のスポークスパーソンという役職を与えられた。二〇一〇年まで務めて、その後は、コミュニケーション・エネルギー・天然資源の担当となる。

二〇〇七年から二〇一一年までの四年間は、バブル経済が弾けて不況となった時期で、アイルランドは失業や住宅問題でさいなまれることとなる。二〇〇八年には、産業・雇用を担当する影の大臣として、「①新しい従業員を雇うために企業をサポートするような税制を提供する。②銀行がビジネスや住宅購入者への貸し付けを行うことを条件として銀行を再資本化する。③アイルランドの経済競争力を再びつけるために国家賃金契約を再検討する。④国の職業訓練機関であった（二〇一三年に廃止）FASの一〇億ドルの予算をふり分け、職を失った数万人に質の高い訓練を提供する。⑤ガスと電気の価格増を拒否する。⑥政府および地方自治体のサービス料金および課徴金の増加に対抗する。⑦赤字カットと企業の規制コストを削減する。⑧国民年金基金を使用して、道路、鉄道、ブロードバンド、代替エネルギーなどのインフラに投資する。」といった提案を行っている（*The Irish Times*, 二〇〇八年一一月二四日）。

二〇一〇年、不動産バブルの崩壊で、アイルランドが債務危機に陥ったことは世界中でよく知られている通りである。不良債権を抱えた銀行を救済するため、二〇一〇年一一月、アイルランド政府は、EUと国連の専門機関である国際通貨基金（ＩＭＦ）に金融支援を要請することを決定する。その後、欧州委員会、ＩＭＦおよびユーロ圏の金融政策を担う欧州中央銀行（ＥＣＢ）の通称「トロイカ」との交渉を経て、融資と引き換えに二〇一〇年から一三年にわたって、経済調整計画を指示通り、実行することを約束した。こうした中で、アイルランドは、二〇一一年はじめの総選挙を迎えることになった。

二〇一一年二月二五日総選挙では、選挙直前に党首となったミホール・マーティン（Micheál Martin）率いるＦＦが、七一議席から五一議席を失って、二〇議席獲得にとどまるという歴史的大敗を喫し、二〇〇八年の経済危機の責任を取らされる形となった。ヴァラッカーは、再び四人選出区で、全体の二〇％近くともなる八三五九票を集めて、トップ当選した。党首として二度目の総選挙となったエンダ・ケニーは、地滑り的勝利を収めて、ＦＧを一九二七年以来初めての第一党（五一→七六議席）に導いた。そして、初めて第一党に躍り出たＬａｂ（二〇→三七議席）との連立政権を樹立したのである。これは一四年ぶりの政権交代であったが、ケニー政権の下で、二〇一一年三月九日、ヴァラッカーは、三二歳の若さで運輸・観光・スポーツ大臣に就任する。五月二七日新聞のインタビューは、この抜擢を運輸やスポーツとかけて、「レオのファスト・トラック」（出世街道まっしぐら）と題した記事となった（*The Irish Times*, 二〇一一年五月二七日）。

ヴァラッカー自身も驚いたという昇進だったが、この決定は、ケニーだけではなく、マーク・モーテルやトム・カランといった党のアドバイザーたちが、ヴァラッカーの「若さ」と「スターとしての資質」を認めたうえで強く推した結果だったようだ（Ryan & O'Connor, 2018 : 116）。さらに、「若い」国の中でも特に若者の割合が高い首都ダブリンの選挙区の代表としても、ヴァラッカーを大臣として登用することが重要だった。

大臣に就任したのち、ヴァラッカーは、すぐに選り抜かれたアドバイザーたちを任命した。ヴァラッカー同様、ＦＧの青年ユニットで議長も務めたことがあり、党内組織やネットワークについても知り尽くしたといわれていた人物ブライアン・マーフィーをチーフ・アドバイザーに破格の給与で迎え、プレス・アドバイザーとしては、敏腕で知られていたニック・ミラーを据えた。以前から選挙区対応などをしていた、信頼の厚いチームに、この二人が加わったことは、その後、二〇一七年の党首選につながる準備が、この時点から始まっていたことも示唆している。党のベテランアドバイザー、カランも「もっとも政治的にシャープな動きの一つ」だったと振り返っている(Ryan & O'Connor, 2018: 118–119)。野心を実現するための布石をしっかりと打つ、戦略家としてのヴァラッカーがここに見られる。

アイルランドの首相(または外相やアメリカ大使)が、セント・パトリックス・デーにアメリカ大統領にシャムロックを届けるという外交儀礼が始まったのは一九五〇年代といわれるが、一九八〇年代レーガン大統領以降は、慣例となっている。大臣が、その他の国々に派遣されることも多く、アイルランドの貿易や観光などを世界にアピールするソフトパワーを発揮する好機とされ、近年ではすっかり定着している。大臣になった二〇一一年三月、ヴァラッカーはこのセント・パトリックス・デーのミッションのため、父の故郷インドのニューデリーに派遣された(*The Irish Times*, 二〇一一年三月一八日)。そこで、インドとアイルランドの相互関係を投資や観光を通じて深めていくことについて述べている。一方、自らがインド系であることの誇りと、インド系に優れた医師が多いことや、ムンバイのキング・エドワード記念病院で二ヶ月間インターンをしたことに触れるとともに、クリケットという英帝国の遺産でもあるスポーツを通じて、インドが、英国を負かし、存在感を世界に示したことなどについて語っている。セント・パトリックス・デーは、国外に住むアイルランド人が、帰郷する時期でもあるが、インドに「帰った」ヴァラッカーは、「私にとっては、逆・帰郷」となるセント・パトリックス・デーだとも述べ、自らのユニークなプロフィールについてアピールを欠かしていない(*The Irish Times*, 二〇一一年三月一八日)。

そもそもの出自やキャリアからも、ヴァラッカーが、従来のアイルランド政治家と異なり、協調性を重んじるタイプではないことは、当初からも指摘されてきた。二〇一一年五月には、財政再建のために、アイルランドは、ＥＵや

IMFからさらに資金提供が必要となるだろうとの発言をして物議を醸した。

二〇一四年七月の内閣改造で、ケニー首相は、ヴァラッカーを保健大臣に任命する。アイルランドの医療制度は、西ヨーロッパにあっては特殊で、プライマリーケアのアクセスが一部の国民以外、保障されていない。国民のほぼ半数が、民間保険に加入しており、国民皆保険を実現できるか、また、不足する医療資源の充実が図れるかといったことが長い間政治的争点となってきた。そのため医療行政を担う保健大臣という立場は、医師免許を持っているか否かに拘わらず、厄介な大臣職[4]であるといわれてきた。そんなポストを任されたわけである。

二〇一四年七月二六日には、ヴァラッカーが、ケニーの後の党首(首相)ポジションを狙っているとの憶測が記事になっている。イギリスのトニー・ブレアが、一九九八年、北アイルランド担当相を務めて人気を博したモー・モーラムに危機感を感じて、翌年大臣職から外してしまったという例を挙げて、ヴァラッカーの先行き不透明な将来にコメントしている。しかし、警察における内部告発(マッケーブ事件)でも、歯に衣着せない物言いで、告発した警部を褒めたたえたり、前保健大臣(ジェイムズ・ライリー)の診療所設置に関する決定が、自らの選挙区に有利な判断で進められたことについても批判したり、当時の法務大臣や保健大臣とも衝突した。率直な物言いが、一般の人々から好感を持たれ、また、テレビ映りのよさも人気のもととなっており、FGへの支持を支える「ヴァラッカー・ファクター」にもなりうると、裁判官かつ政治ジャーナリストの(故)ノエル・ホウィーランが記している。

(3)絶妙のタイミングでのカミングアウト――国民投票と首相交代劇

そして、二〇一五年一月一八日、三六歳の誕生日に、ラジオ番組で同性愛者であることをカミングアウトする。

そもそもアイルランドの政界には、一九八七年以降上院議員となり、LGBTも含めた市民権擁護活動家として著名な労働党政治家デイヴィッド・ノリス(David Norris)がいた。ノリスが立ち上げた同性愛法改革キャンペーンの活動が中心となり、アイルランドでは、一九九三年に同性愛が合法化されている。さらに、二〇〇九年には、シビルパートナーシップを合法化する法律も施行されている。ノリスのように、同性愛であることを公にした政治家が存在したわけだが、ヴァラッカーは、現職大臣として初めてカミングアウトし、大いに話題となった。翌日の国会では、SFほか野党を含むすべての政党から、「勇気ある決断」と絶賛する声が発せられた。大々的なメディアでの採り上げられ方には、批判もあったが、先に述べたホウィーランは、「同性愛に対する世間一般の態度について考えると、アイルランドは、短期間で長い距離を一気に縮めた。この姿勢にみられる変化がいかに大きかったかは、ヴァラッカーのインタビューにどれほど温かく世論が反応したかをみればわかる」と記している(*The Irish Times*, 二〇一五年一月二三日)。また、このラジオ番組で、ヴァラッカーが「パーソナル」な部分を淡々と語るという手法がとられたことがよかったとも指摘されている。興味本位なセンセーショナリズムに流されることがなかったことで、ヴァラッカー自身の好感度アップにつながった。そして、インタビューでは、ヴァラッカーの別の側面である、インド系であるということには触れられなかった。アイルランドに生まれ、アイルランドに育ったインサイダーとしてのヴァラッカーが、同性愛者であることを国民に告げたのである。中道右派政党であるFGの伝統的支持者にも受け入れられるためには、プロフィールが、あまりに国民とかけ離れていることを示すのは得策ではない。しかし、このリスクを伴う行動が逆に、FGの保守的で冷たいイメージに人間味を添えることに一役買うこととなった(Ryan & O'Connor, 2018 : 196)。

実は、ヴァラッカーが同性愛者ではないか、ということは、以前から時折、メディアでは語られていた(Ryan & O'Connor, 2018)。重要なのは、この時期を選んでカミングアウトしたのは何故か、ということである。ヴァラッカーは、(ゲイである自分も)「自分の生まれ育った国で、平等な権利を享受できる国民となりたいので、国民投票で賛成が多数派となってほしいと思う」とこのインタビューで述べている。二〇一五年五月に実施が決まっていた同性婚の合法化をめぐるキャンペーンが本格化する前の絶妙のタイミングでの意思表明でもあった。ヴァラッカーは、キャンペーンで、医師団体(王立内科医協会や看護・助産師会)の賛成派グループとも連携しながらリーダーの一人として運動した。国民投票の結果は、投票率六〇・五%、賛成六二・一%、反対三七・九%で賛成派が勝利したが、その立役者の一人となったわけである。

一方、二二ヶ月の短い期間務めた保健大臣としての具体的な政策実績は、というと、皆保険を断念し、六歳以下の子供と七〇歳以上の高齢者には、プライマリーケアを無償にするということを決定したことくらいであった。公的医療サービスの提供主体であるＨＳＥ(Health Service Executive)代表トニー・オブライアン(Tony O'Brien)からは、危機がないと動かず、「将来に向けた計画やリーダーシップ」に欠けている(二〇一五年一一月二六日)、と批判され、副大臣をしていたキャサリーン・リンチ(Kathleen Lynch)からも「とても優れたコミュニケータ」だが、「宣伝ばかりに夢中になりすぎ」(*The Journal*, 二〇一六年三月二一日)と揶揄された。

そうした批判も受けながら、ヴァラッカーは、二〇一六年二月二六日の総選挙を経て、五月に社会保障大臣に任命される。この任命は、降格ではないかとの指摘もあったが、本人は否定している(*The Journal*, 二〇一六年五月七日)。メディアが指摘したように、イギリスのモーラムのように、ヴァラッカーが大臣職から外されるという待遇を受けることはなかった。ケニー内閣にとって重要な存在ともなっていたことを示していた。そして、社会保障大臣として、失業保険など社会扶助給付金の不正受給を厳しく取り締まるキャンペーンを展開し、イギリスのサッチャー元首相を彷彿させる「階級闘争」をあおるやり方との批判も浴びた。大臣として、政府の中核メンバーとしての立場も板につき、社会的イシューではリベラルに転向したが、経済的スタンスでは、ネオリベラルというイメージもできつつあった。それでも、ヴァラッカーは、緊縮財政で皆が苦しんできたからこそ、不正を正すことは意味があることと主張した(*Irish Independent*, 二〇一七年七月六日)。

二〇一六年二月の総選挙は、おおむね、政権政党(ＦＧとＬａｂ)にとって厳しいものだった。警察組織の不正疑惑や水道料金徴収開始などがひびいて、政権両党の支持率は低迷していた。選挙結果は、第三党にまで落ち込んでいたFFが、議席数を四〇まで回復させる一方で、FGは五〇議席まで後退し、その差は、大きく縮まった。なお、同じく多くの議席を失ったLabは、党の再建を理由に、FGとの連立政権からの離脱を表明した。こうして、二大政党のうち、どちらの政党も多数派を採れなかったことから、首班指名が難航することにつながった。

前政権与党であったFGは、同党少数政権成立に向けてFFおよび無所属議員らと約七〇日間に及ぶ協議を行った。政権安定化のため協力協定[5]を結んだ結果、四回目の首班指名において、ケニーが首相に指名され、FG少数政権が二〇一六年五月六日に成立した。

党首交代論が、公に語られ始めたのは、選挙後のことであったが、世論調査では、この時点ですでに、ヴァラッカーとコーヴニーが人気を二分していた。コーヴニーは、アイルランド西部の第二の都市コークの出身であり、農村部で支持を固めていた。しかし、全国区でみれば、ヴァラッカーが、コーヴニーよりも高い人気を維持しているというのがメディアでのもっぱらの評判だった(*The Irish Times*, 二〇一六年七月八日)。同年七月には、ヴァラッカーが、社会保障大臣として、インフレ率と社会保障給付を結び付けることで、拡大する不平等を阻止したいと発表したところ、党首選にむけたキャンペーンが始まった、との憶測を呼び、公に否定しなくてはならない事態となったのも、ヴァラッカーの人気が故だった(*The Irish Times*, 二〇一六年七月二三日)。また、イギリスのEU離脱をめぐるレファレンダム結果を受けて浮上してきた、統一アイルランドの実現については、FGが目指すところであり、将来、実現する可能性もあるとしながらも、北アイルランドも巻き込んだ、国民投票は現時点で実施すべきではない、とその構想自体に反対を表明した(*The Irish Times*, 二〇一六年七月二三日)。

一方のケニーは、二〇一六年の年末までには、党首交代の時期を表明するのではないかと思われていたが、なかなかその姿勢を示すことはなかった。イギリスのEU離脱交渉が始まり、北アイルランドの政治情勢も不透明な中で、アイルランドに政治空白を作るのは得策ではないというのが、公式の理由であった。しかし、党内では、党首交代への準備は進められ、ケニーの辞任を求める圧力も強まっていた(Ryan & O'Connor, 2018)。FG党首として、最も長期間首相を務めた記録を二〇一七年四月二〇日に達成した後、五月一七日に、ケニーは、辞任の意向を表明し、党首選が六月二日に行われることとなった。五月二〇日、「アイルランドを前進させる(Taking Ireland Forward)」というスローガンを掲げたヴァラッカー・チームがキャンペーンをスタートさせる。

党首選は、見立て通り、ヴァラッカーとコーヴニーの一騎打ちとなった。ともに私立の名門高校出身で、どっちもどっちと評する新聞(*The Statesman*, 二〇一七年六月二日)もあったものの、コーヴニーが、政治家一家の世襲候補であるのに対して、ヴァラッカーが一代目であるという違いや彼のこれまでの可憐な経歴が報道された。党首選の決定方法は、(下院・上院・欧州議会)議員から構成される議会内政党の票が六五%、「青年フィネ・ゲール」を含む一般党員が二五%、そして、地方議員やゲール語地域機構(Údarás na Gaeltachta)のFGメンバーが一〇%となっている。政党の会員と比べて、議会内政党の持つ力の比重が大きいわけだが、五月二四日には、次々とヴァラッカー支持を表明する議員たちが現れ、キャンペーンは勢いづき、流れはその時点でできてしまっていたといってよい(*The Irish Times*, 二〇一七年五月二四日)。

結果は、全七三名の議会党議員のうち五一名(七〇%)から票を集めたヴァラッカーが党首となった(全体では五九・六%の支持)。対する住宅相コーヴニーは、一般党員で六五・二%と、ヴァラッカーの二倍近い票を集めたものの及ばず、副党首となった。党首選の翌日には、二人の選挙チームの違いについての分析がなされたが、ヴァラッカーのキャンペーンは、「四、五年かけて入念に行われた」ものであるという結論だった(*The Irish Times*, 二〇一七年六月三日)。ヴァラッカーは、「有権者は愛されたいと思っており、票は求めなければ得られない」という政治の鉄則を実践する中で、強い個人的関係を(議員の中で)築いていった。コーヴニーは、自分の大臣としての役割に没頭する一方、票集めのために人々を訪ねて歩くという活動を怠ったという評価である。

こうして、二〇一七年六月一四日、レオ・エリック・ヴァラッカーは、アイルランド第一四代首相に就任した。

（4）首相就任後──イギリスのEU離脱を背景に、ヨーロッパのステイツマンを目指す

アイルランドの首相交代は、小国でもあり、世界的に話題にはならないことの方が多いが、ヴァラッカーは、早速、七月二四日に、「世界の中心にある島(An island at the center of the world)」というタイトルとともに雑誌 *TIME* の表紙を飾った(6)。英米を中心に広がっている、反グローバリゼーションへのアンチテーゼとして、そして、また、これまでの伝統的なアイルランドのイメージを覆す、移民の子であることや、多様性、多言語主義を自ら意識的に体現している。まさに、アイルランドの「顔」である。

一方、ウェッブ夫妻、ジョージ・バーナード・ショーらが一九一三年に創設した中道左派系の雑誌 *New Statesman*（ニュー・ステイツマン）では、六月二日号で、「アイルランド初のゲイ、初の混血リーダーという特徴は持っているが、いわゆるサッチャー信奉者のヴァラッカーは、実は型破りとは程遠い、まったくの従来型政治家」と辛口のコメントを掲載している。

しかし、まさに、インサイダーで保守本流でありながら、自らが持つアウトサイダーとしての多面性を時代の風を捉える形で打ち出し続けてきたからこそ、ヴァラッカーは、アイルランド政治家としてここまでの成功を収めることができたのだ。実際、そうしたマイナスのコメントはものともせず、首相就任後も、ヴァラッカーは、特に外交で、積極的な「パフォーマンス」を見せている。EPPで同じグループに所属するメルケル独宰相（当時）や、同世代のリーダーとして、マクロン仏大統領と、親欧州統合のスタンスを確認し、イギリスのEU離脱交渉でも、北アイルランドとの国境問題や和平に悪影響がでないよう、EUにも積極的に働きかけている。

アイルランドにとって、イギリスとの間の貿易依存率は、乳製品、家畜類、肉類、野菜・果物などの農産物で特に高い。そして、人・資本・物品・サービスの自由移動、イギリスとの間の人的交流は、これまでずっと当然視されてきた「資源」といっても過言ではない。さらに、英語という同じ言語と綿々と続く歴史的なつながりを持つ両国にとって、この国境問題は、貿易・通商だけの問題ではないことは明らかである。伝統的な慣習から、共通通行地域(Common Travel Area, CTA)と呼ばれる特別な協定のお蔭で、これまで、長さ約五〇〇キロメートルの国境で、税関や検疫を行ってこなかった。国境の通過地点は、道路上で約三〇〇ヶ所もあり、一日の車両通過数は約六万台、通勤・通学も一万五千人近くいるといわれる。

ヴァラッカーは、独自にEUとの交渉を行い、イギリスとEUの交渉結果で、Hard Brexit(強硬離脱)[7]を可能な限りにおいて回避することを強く要求した。これに対して、当時のEU理事会議長/大統領ドナルド・トゥスクやミシェル・バルニエ(イギリスの欧州連合からの脱退に関するEU側の首席交渉官)は、アイルランド政府の立場に賛同を示したのである(*The Guardian*, 二〇一七年一一月一七日)。

二〇一八年一月一七日には、欧州議会の本議会で、「ヨーロッパの将来」について、四ヶ国語(フランス語、ドイツ語、英語、アイルランド語)を交えたステイツマンらしい演説も行い、(EU議会やアイルランド国内で)好評を博した。以下、演説を一部抜粋する(European Parliament ウェブサイト)。

(英語)

……ヨーロッパの理想は、常に楽観主義の精神とより良い未来への信念に触発されてきました。その理想は試されてこそいますが、壊されてはいません。過去に積み上げてきた業績に基づいて、私たちは未来の課題に直面しようと意思を新たにしています。一九四七年には一六ヶ国からの代表がパリで会い、ジャン・モネがかつて言ったように、経済衰退に抵抗し政治的自由をいかに保つことができるかを議論しました。……

（ここからフランス語）

アイルランドはその一六ヶ国のうちの一つでした。モネは、「欧州連合以外に、ヨーロッパの人々には未来がない」という予言をしましたが、これはすぐに正しいことが明らかになりました。小国は当初から欧州の発展に大きく貢献してきました。……

（ここからドイツ語）

コンラート・アデナウアーやハンス・ディートリヒ・ゲンシャーのような政治家たちの和解と統合のビジョンがヨーロッパ全土にとって非常に重要だったこと、そして、彼らが残した遺産の中にヨーロッパ的価値の強固さが見いだされます。

私たちは、ヘルムート・コールの功績と、彼が信じた小国の要求と平等な権利の中に、ヨーロッパ的価値の強固さを見つけることができるのです。

ジャック・ドロールのビジョンと、彼のより深い意味を持つヨーロッパという存在やヨーロッパの魂への信念の中に、ヨーロッパ的価値の強固さを見いだします。それらがなければ、プロジェクト全体は頓挫していたことでしょう。……

大統領、最後に、私の国の第一公式言語で締めくくらせてください。

（ここからアイルランド語）

私は、よりよい未来を信じる前向きの哲学と信念によって、ヨーロッパの理想は挑戦を乗り越えられると信じています。ヨーロッパ以外に、アイルランドが、世界の国々と肩を並べて存在するという場はなかったのです。そして、イギリスのEU脱退というこの時期に、アイルランドに目を向けてくれ、加盟国が連帯を示してくれたことに感謝します。

今、我々は、未来のヨーロッパについて想像するチャンスを得ています。……

過去の成功に貢献することによって、想像力と勇気をもって臨めば、私たちはヨーロッパに魂と心を与え、すべての市民に機会を創造できると信じています。

――EU議会演説（二〇一八年四月一六日）より。（訳は筆者）

小国アイルランドのリーダーとして、また、ヨーロッパのビジョンを世界にも発信できる、統合推進派として、ヴァラッカーの演説が受け止められた瞬間であった。

6　おわりに――変容するアイルランドの「いま」を捉えたアウトサイダーとしての政治家、ヴァラッカー

「求められる時代に生まれて来ることこそ、政治家にとっては最大の強みなのだ」(Paxman, 二〇〇七：三六八)。ヴァラッカーの特徴を見ると、これまでのアイルランド政治家には見られない個人的属性が多数ある。その多数の属性を巧みに打ち出しながら、ヴァラッカーは、一気に首相の座を摑んだ。一党優位ともいえるFFの大敗というタイミング、グローバル化と急激な経済発展の後のバブル崩壊の中で取り組まれた人種や性的マイノリティの社会包摂への動きなど、社会の劇的な変化の中で、アイルランドの新たな「顔」となることに成功した。ヴァラッカーほど、アイル

Ian Knox Cartoons - Sea Border（*The Irish Times,* 2017年2月8日掲載）
アイルランド島内に物理的な国境を設けず，イギリス本土とアイルランド島を隔てるアイリッシュ海をEUとの境界とすることが提案された．これを受けたテレーザ・メイ英首相とヴァラッカー愛首相間の想定会話に，北アイルランド民主統一党のリーダーたちが憤る様子を描いた風刺画．https://irishnews.myshopify.com/collections/just-released/products/sea-border

ランドのマイノリティでありながら、アイルランドの今を映し、国際的には、モダンと映る首相はいないだろう。

しかし、彼がここまで成功したのは、単にパーソナルな要因だけでも、野心に裏付けられた戦略だけでもない。イギリスやドイツでは、首相の「大統領化」と称されて、研究対象ともされてきた(Poguntke & Webb, 2005 ; Samuels & Shugart, 2010)が、アイルランドの政治文化やそれを支えていた選挙制度は、そもそも人物本位の側面が強いものであった。その意味では、ヴァラッカーの成功の裏には制度的要因が働いていたともいえる。「アウトサイダー」としての多様な顔を見せながらも、アイルランドの制度を知りつくし、その中で「インサイダー」として確固たる立場を築いてきたのである。

国際舞台では、アイルランドは、小国でありながら、アメリカとの強いつながりやセント・パトリックス・デーなどのソフトパワーを活用しながら、国力以上の立ち位置を獲得することに成功してきた。イギリスのEU離脱決定後の動きの中で、FGが、欧州議会の最大会派のEPPグループに所属していたことも、ヴァラッカーにとっては優位に働いている。首相になったいま、ヨーロッパの辺境から世界の中心に、というヴァラッカーの次なる野心が、どこまで実現されるのかは分からない。イギリスとの国境問題、多国籍企業誘致と低法人税、経済格差の拡大など問題は山積みで、前任者のような安定した長期政権を築ける保証もない。しかし、北と南に分かれる分断国家、そして、アイリッシュ・ディアスポラとして知られ、世界各地に根を下ろす人々を本国と緩やかに結びつける、ティーシャック(アイルランド首相)が、世界中でリベラルデモクラシーに疑問符が付けられる中、グローバル化の「正の側面」を体現していることの意味は大きい。多様性を個性として、包み隠さずに打ち出す、ヴァラッカーの登場は、アイルランドが内向きの社会から脱却し、いま、まさに混沌とする世界秩序の中で、方向性を示せるリーダーを希求していることを示している。ヴァラッカーが、その期待に応えて、冒頭のジョン・ヒュームの言葉のように、平和の維持、社会の協調をもたらせるかどうか。当初二〇一九年三月二九日に予定されていたイギリスのEU離脱が延期となり、四月には、北アイルランドの(ロンドン)デリーで暴動が起こるなど、国境周辺を含めて揺れ始めている。小国アイルランドが、政治的リーダーシップを発揮しながら、世界の中心(centre)とはならずとも、中軸(pivot)としての役割を果たせるかどうか、今後の行方を見つめていかなくてはならない。

〔謝辞〕
本稿の執筆にあたり、UCDの同僚David Farrell(政治・国際関係学科)教授から参考文献に関するご助言を頂いた。また、ヴァラッカー氏が何度も足を運んでくれているExperience Japanフェスティバルの実行委員およびUCD Japan Groupの仲間たちにも感謝したい。そして、高橋直樹(東京大学名誉教授)には、卒業論文で御指導を頂き、イギリス/ヨーロッパ政治研究の道に足を踏み入れ、今日まで続く先輩・後輩や仲間たちとの交流のきっかけを作って頂いた。ここに深く感謝申し上げたい。

[注]

(1)『チャーチル(原題:Churchill)』(ジョナサン・テプリツキー監督)と『ウィンストン・チャーチル/ヒトラーから世界を救った男(原題:Darkest Hour)』(ジョー・ライト監督)である。

(2)オフラハティは、後に、ヨーロッパ投資銀行の副会長として、アイルランド政府が推薦を決めたが、世論の反発から結局、取り下げとなった。

(3)そもそも、Young Fine Gael は、一九七七年に結成されたものだが、EPPグループの青年ユニットの創設にも関与していた。

(4)二〇〇八年から一一年までFFの党首および首相を務めていたブライアン・コーウェン(Brian Cowen)は、在職中に保健省を地雷がそこら中に埋まっていて、いつ爆発するかわからないという比喩から「アンゴラ」と呼んだとされ、物議を醸した。

(5)「協力協定」とは、Confidence and supply のアレンジメントのことを指し、政府信任と予算案など重要議決の際に政府を支持する約束のことである。

(6)アイルランドの首相で表紙を飾ったのは、デ・ヴァレラ(一九四〇年三月)、ショーン・レマス(一九六三年七月)、エンダ・ケニー(二〇一七年一〇月)に次いで四人目である。

(7)Hard Brexit とは、イギリスがEUを離脱する際に、移民規制を最優先させて、欧州単一市場からも離脱すること。これに対する Soft Brexit は、離脱後も単一市場へのアクセスを維持することを指す。

[文献]

●ウェブサイト

European Parliament. http://www.europarl.europa.eu/ireland/en/news-press/taoiseach-leo-varadkar-s-speech-to-the-european-parliament(二〇一八年四月一六日アクセス)

OECD Data Ireland. https://data.oecd.org/ireland.htm(二〇一八年四月二六日アクセス)

Oxford Dictionary. https://en.oxforddictionaries.com/definition/statesman(二〇一八年四月八日アクセス)

池田真紀(二〇一〇)「アイルランド・北アイルランド」馬場康雄、平島健司編『ヨーロッパ政治ハンドブック』(第二版)、東京大学出版会
河口和子(二〇一九)「カトリックのモラルと女性――離婚、中絶、避妊、婚外子」海老島均、山下理恵子編著『アイルランドを知るための七〇章』(第三版)明石書店
小舘尚文・千葉優子(二〇一九a)「アイルランド・北アイルランド」松尾秀哉、近藤康史、近藤正基、溝口修平編著『教養としてのヨーロッパ政治』ミネルヴァ書房
小舘尚文・千葉優子(二〇一九b)「国の「かたち」をめぐる対立と協調――南北の政治体制」海老島均、山下理恵子編著『アイルランドを知るための七〇章』(第三版)明石書店

Allison, Graham T. (1971) *Essence of Decision: Explaining the Cuban Missile Crisis*, New York: Harper Collins(アリソン著、宮里政玄訳『決定の本質』中央公論社、一九七七)
André, Audrey, Gallagher, Michael & Sandri, Giulia(2014) “Legislators’ Constituency Orientation,” In: Deschouwer, K., Depauw, S. (eds.), *Representing the People: A Survey Among Members of Statewide and Sub-State Parliaments*, Oxford: Oxford University Press, 166–187
Burns, James MacGregor(1978) *Leadership*, New York: Harper & Row
Coakley, John(2017) “The Foundations of Statehood,” In: Coakley, John & Gallagher, Michael(eds.), *Politics in the Republic of Ireland*, 6th Ed., New York: Routledge, 3–29
Duverger, Maurice(1980) “A New Political System Model: Semi-presidential Government,” *European Journal of Political Research*, 8, 165–187
Elgie, Robert(1995) *Political Leadership in Liberal Democracies*, Basingstoke: Palgrave
Elgie, Robert(2014) “Executive Leadership in Semi-presidential Systems,” In: Hart, Paul & Rhodes, R. A. W. (eds.), *Oxford*

Handbook of Political Leadership, Oxford: Oxford University Press, 472–486

Farrell, David M. (1984) “Age, Education and Occupational Backgrounds of TDs and ‘Routes’ to the Dáil: The Effects of Localism in the 1980s,” *Administration*, 32(3): 323–341

Gallagher, Michael(1985) *Political Parties in the Republic of Ireland*, Manchester: Manchester University Press

Galligan, Yvonne(1997) *Women and Politics in Contemporary Ireland: From the Margins to the Mainstream*, London: Pinter, 76–77

Irish Independent 二〇一七年七月六日

Laver, Michael(1986) “Ireland: Politics with Some Social Bases: An Interpretation Based on Survey Data,” *Economic and Social Review*, 17, 3, 193–213

Lindblom, Charles(1959) “The Science of ‘Muddling Through’,” *Public Administration Review*, 19, 79–88.

Mair, Peter(1979) “The Autonomy of the Political: The Development of the Irish Party System,” *Comparative Politics*, 11, 4, 445–465

Marsh, Michael & Mitchell, Paul(eds.)(1999) *How Ireland Voted 1997*, Boulder, Colorado: Westview Press

Morgenthau, Hans J. (1985) *Politics Among Nations*, New York: Alfred A. Knopf(モーゲンソー著，現代平和研究会訳『国際政治――権力と平和』福村出版，一九九八)

New Statesman: https://www.newstatesman.com/world/2017/06/who-leo-varadkar-irelands-next-taoiseach(アクセス日 二〇一八年四月八日)

Olsen, Mancur(1985) *The Logic of Collective Action: Public Goods and the Theory of Groups*, Boston, Massachusetts: Harvard University Press

Paxman, Jeremy(2002) *The Political Animal*, London: Penguin Books(パックスマン著，小舘尚文訳『ポリティカル・アニマル――「政治家」という奇妙な種族の生態学』アドスリー／丸善出版，二〇〇七)

Pierson, Paul(1994) *Dismantling the Welfare State? Reagan, Thatcher and the Politics of Retrenchment*, Cambridge: Cambridge University Press

Poguntke, Thomas & Webb, Paul(2005) *The Presidentialization of Politics: A Comparative Study of Modern Democracies*, Oxford: Oxford University Press
Reidy, Theresa(2011) "Candidate Selection," In: Gallagher, Michael & Marsh, Michael(eds.), *How Ireland Voted 2011: The Full Story of Ireland's Earthquake Election*, Basingstoke: Palgrave Macmillan
Ryan, Philip & O'Connor, Niall(2018) *Leo: Leo Varadkar: A Very Modern Taoiseach*, London: Biteback Publishing
Samuels, David J. & Shugart, Matthew S. (2010) *Presidents, Parties, and Prime Ministers: How the Separation of Powers Affects Party Organization and Behavior*, Cambridge: Cambridge University Press
The Guardian 二〇一七年一一月一七日
The Irish Times 一九九七年七月七日、二〇〇一年五月二九日、二〇〇二年五月二八日、二〇〇八年一一月二四日、二〇一一年三月一八日、二〇一一年五月二七日、二〇一五年一月二三日、二〇一六年七月八日、二〇一六年七月二三日、二〇一七年二月八日、二〇一七年五月二四日、二〇一七年六月三日
The Journal 二〇一六年三月二一日、二〇一六年五月七日
The Statesman 二〇一七年六月二日
The TIME 二〇一七年七月二四日
Titmuss, Richard(1958) *Essays on 'the Welfare State'*, London: Allen & Unwin
Waltz, Kenneth N.(1959) *Man, the State, and War: A Theoretical Analysis*, New York: Columbia University Press(ウォルツ著、渡邉昭夫・岡垣知子訳『人間・国家・戦争——国際政治の三つのイメージ』勁草書房、二〇一三)

第2部
状況を生きる政治リーダー

第5章

トニー・ブレア
――稀代の政治家の盛衰

今井貴子

トニー・ブレア

1953-

スコットランド・エディンバラ生まれ．名門パブリック・スクール，フェテス・コレッジを経て，オクスフォード大学セント・ジョンズ・コレッジ入学．卒業後，法廷弁護士資格を取得．1975年労働党入党．1983年総選挙で庶民院議員に初当選．影のエネルギー問題担当大臣，影の雇用大臣，影の内務大臣．1994年労働党党首に選出，1997年第73代首相に就任，2007年辞任．首相退任後，イングランド国教会からカソリックに宗旨替えをした．

開戦時に公開した情報は結果的に誤りであった。(サダム・フセイン体制崩壊後の)イラクでは、我々の予想をはるかに超えて敵対状況が長期にわたって泥沼化し、流血にまみれた事態が続いた。…我々はイラクの人々をサダム(・フセイン)の悪から解放し安全を確保しようと目指したのだが、それどころかイラクは宗派間対立によるテロリズムの犠牲になってしまった。これら全てについて、私は、あなた方が知り得る以上の、また信じる以上の深い悲しみ(sorrow)、悔恨(regret)、そして謝罪(apology)の念を表明します。

――トニー・ブレア　イラク戦争に関する独立調査委員会報告書を受けた記者会見での声明

(*The Independent*, 6 July 2016)

1　稀代の政治リーダー・ブレア

トニー・ブレア。労働党史上最も成功した党首であるばかりでなく、英国政治史を通じてみても、特筆すべき足跡を残した政治家であった。二〇一〇年に英国リーズ大学が英国史・英国政治史研究者を対象に実施した第二次世界大戦後の歴代首相の業績評価調査で、ブレアは福祉国家の基礎を築いたクレメント・アトリー、ネオ・リベラリズムを掲げた改革で戦後世界を一変させたマーガレット・サッチャーに次ぐ三位にその名が挙げられた(The University of Leeds, 2016)。しかし、彼に対する評価は毀誉褒貶相半ばする。社会、経済、デモクラシーへの貢献といったカテゴリーでは、サッチャーを大きく上回るのだが、対照的に、自党との関係、そして何よりも外交および世界での英国の役割に関する評価はすこぶる悪い。

じっさい、政治家ブレアのキャリアには、栄達と失墜とが甚だしい落差のうちに刻まれている。一九九四年七月二一日、党首として戦後最も若い四一歳で労働党党首に選出されたブレアは、党にとっても英国政治にとってもまさしく新風であった。現職党首の急逝を受けた予定外の党首選で、彼は次点に大差をつけた。一九九七年五月一日、党首として初めて臨んだ総選挙では、総議席数六六〇中四一九(議長席含)を獲得する歴史的大勝を収め、一九七九年以来一八年ぶりの労働党政権を発足させた。労働党はブレアのもとで党史上初の三期連続の政権を維持した。少なくとも彼がまずもって選挙に圧倒的に強いリーダーだったことは間違いない。

二〇〇七年六月に任期途中で財務相ゴードン・ブラウンに首相の座を譲るまで、一〇年にわたったブレア政権下では、アイルランド和平合意の達成、EU(欧州連合)との関係改善、スコットランド・ウェールズ・北アイルランドへの権限移譲、経済成長の持続、大規模な公共サービス改革、年金受給者や子ども貧困の削減など、外政・内政両面でいくつもの目覚しい成果が生まれた。後述するようにこれらの実績のどこまでがブレアのリーダーシップに拠るものなのかは議論の余地があるにせよ、ポスト冷戦とグローバル化、知識基盤型経済の到来といった大状況の変化の中で、経済的効率と社会的公正の両立を旨とする「第三の道」を掲げたブレアは、英国政治史における一つの画期を記した。

他方、自らの確たる信念にもとづいてなされた二〇〇三年三月のイラク戦争参戦の決断は、ブレアの評価を完膚なきまでに傷つけた。参戦に至るまでの瑕疵が次々と明るみになり、複数の調査委員会によってその正当性が問われた。五つ目の独立調査委員会(通称、チルコット委員会)の最終報告書が発表された二〇一六年七月六日、ブレアはついに冒頭に引用した声明を出さざるを得ない状況にまで追い込まれた。稀代の政治リーダー、ブレアは何を成し遂げ、何に、そしていかに躓いたのか。以下ではその手がかりを考えたい。

2　ブレアの政治スタンス

(1)党内での立場——規格外の労働党党首

ブレアが政治家として頭角を表したのは、サッチャー率いる保守党政権の影で、労働党が党史上最も深刻な低迷の只中にあった時である。一九八〇年代初頭、労働党では急進左派勢力が決定権を握り、主流派を占めていた議会党右派(社会民主主義)グループとの対立が鮮明になった。ロイ・ジェンキンスら後者の有力議員が集団で離党し結成したのが社会民主党であり、同党は一九八三年総選挙にさいし中道の自由党と連合を組んで躍進を遂げた。一方、急進左派主導のもと社会主義色の強いマニフェストを掲げた労働党は、戦後最低となる得票率二七・六パーセント、二〇六議席に終わる歴史的惨敗を喫した。党の低迷を決定づけたこの選挙で、ブレアは、のちに権力を二分することになるブラウンとともに初当選を果たす。法廷弁護士であったブレアは、有能であることはもとより、際立った弁舌の巧みさによって当選直後から一目をおかれる存在となった。もっとも先に要職に抜擢されたのはブラウンであって、ブレアは彼よりも格下の地位に甘んじた。

労働党は、新党首ニール・キノックのもと中道化を図ったものの、一九八七年に続いて一九九二年総選挙で党史上ワーストとなる連続四度目の敗退を喫する。続く党首ジョン・スミスは党内左派、労働組合の支持を取り付けつつ、党組織の集権化を進め、社会的投資を主軸に据えた包括的な福祉国家改革案をまとめあげた。スミス個人も世論の支持を集めていたのだが、持病の心臓疾患により急逝する。ジョン・メージャー保守党政権の任期満了は三年後に迫っていた。次の負けられない総選挙に臨むにあたり、労働党が党首に選出したのは、すでに影の財務相としてその手腕を評価されていたブラウンではなく、党にとっては「規格外」の若手ブレアであった。

中間層にもアピールする階級中立的な政党、これがブレアの抱いていた新しい労働党像であった。彼は、党派性の払拭を試み、結党以来の支持母体である労働組合からも意識的に距離を置き、市場主義にもとづく改革を進めたサッチャー政権の実績を、その枠組みにおいて支持する姿勢を示した。そうした異色の政治スタンスをとるブレアが、党首選で労働組合叩きあげのジョン・プレスコット(後の副首相)を大きく引き離して勝利したのである。彼が選ばれたのは、一九八〇年代に左傾化した労働党を警戒して投票しようとしない中間層にアピールできる、すなわち選挙に勝てる候補者だとの判断が、党内にあってのことだった。

ところが、ブレアが手がけた党改革は、「規格外」を承知していたはずの党関係者の予測をもしのぐ革命的と呼び得るスケールで遂行された。ブレアの目的は、党の「再編、再配置、再定義」、つまり労働党をまったく新しい政党へと変えることであった(Foley, 2002: 126)。党首就任後ブレアがただちに採用したニュー・レイバーという非公式の党名は、労働党の新生は事実だと示す不動の象徴となった。

大胆な党改革を目指すブレアであったがニュー・レイバー路線への同調者は党内では少数派にすぎず、彼の議会労働党での権力基盤はじつのところ脆弱であった(Minkin, 2014: ch. 4)。だからこそブレアは、信頼する側近や一部の厳選した影の内閣のメンバーだけで、党運営の方針や政策を決定し、それをトップダウンで実行しようとした。幸運なことに、彼が党首に就任した一九九四年の時点で、党の政策の中道化、急進左派の周辺化と党内組織の集権化という一通りの改革が前任の二人の党首によってひとまず実行されていた。そこでブレアは党規律を強めることで、分裂した党という有権者やメディアが抱くイメージを一新しようとした。イデオロギー論を排し、「何が結果を生むか」を前面に出す徹底した実践主義を重んずるブレアにとって、優先されるべきは政策よりも戦略であった。

ブレアは、労働党のタブーを次々と破る党改革を断行した。党首就任からわずか一〇ヶ月後の一九九五年四月末、一九一八年以来一度も改定されなかった党綱領の「社会主義条項」(生産手段の共同所有を掲げた第四条)の改定案を党大会で採択させた。彼はその後、一般の個人党員を大幅に増加させることで党の大衆化を進め、労働組合の発言力を押さえ込んでいく。

(2)経済軸・社会文化軸からみたブレア

ブレアの政治スタンスが従来の労働党のそれと大きく異なることは、経済軸(再分配重視――市場重視)上からも、社会文化軸(コスモポリタン=リベラル――権威主義)上からも明らかにみてとれる。

経済政策では、市場重視の立場に接近する中道寄りの立場をとり、国家が過度に介入主義的になることをきらった。ブレアはサッチャリズムを真っ向から否定することはせず、経済軸上の左右に分けて物事を捉えること自体が時代の要請にそぐわないと一貫して主張していた(*The BBC*, 10 May, 2007, セッジフィールド選挙区での首相辞任演説)。戦後福祉国家の基底をなした社会民主主義と、一九八〇年代以降のネオ・リベラリズムとを超克するという「第三の道」の基底をなす考えである。しかし、中道を自認しながらも、一九九七年総選挙時点のブレアのスタンスは、少なくとも言説レベルでは、中道右派に限りなく近かった。労働党が伝統的に重視してきた再分配政策は、人々が警戒する「旧い労働党」を想起させまいとする戦略上の理由から封印される。彼は「増税と支出拡大路線」の政党だというイメージを拭い去るためにも、富裕層が懲罰的な課税に苦しむような事態は回避されるべきだとする主張を、決して譲ろうとはしなかった。そうして、一九九七年総選挙では、公約リストからいっさいの所得税増税案が除外された(今井、二〇一八)。労働党党首として異例の決断であった。

社会文化面からみると、ブレアは同性愛者など性的マイノリティの権利擁護に歴代首相の中で最も積極的な姿勢を示した(*The Independent*, 26 September, 2004)。彼のリベラルな態度は、個人主義に立脚しており、個人は権利と社会的責任との互酬性の原則を守ることを前提としていた(Blair, 2010 : 26–27)。そうしたブレアは、治安や安全保障に関しては、リベラルどころか保守的な性格が強い。善悪二元論に立脚して物事を判断する彼の道徳観は、内政においては、警察力の強化、テロ容疑者の取締りの厳格化、監視カメラの大規模拡充などに、外政では倫理外交、人道的介入として発現した。ブレアは、「相互依存が深まった世界」で不正義や脅威が存在する場合、「放っておくよりは介入する」準備があると述べ(Blair, 2010: 367)、国際協調主義に立脚しつつも好戦的なまでの姿勢を露わにした。選挙戦略からみれば、治安に強いイメージを前面に打ち出す方針は、大票田である中間層の支持獲得に有効であったし、労働者階級が抱くとされる権威主義的な志向にも響く主張であった(Sutcliffe-Braithwaite, 2013)。

(3)リーダーの「人格化」とポジショニングの移動

労働党の自己再規定を目指したブレアは、自身の新規性そのものを支持拡大のために効果的に用いようとした。彼がまずもって眼目においたのが、メディアを中心に彼のパーソナリティを焦点化することであった。いわゆる「人格化」である。政治リーダーの「人格化」は英国ばかりの傾向ではもちろんないのだが、ブレアはとくに、政党リーダーのコミュニケーターとしての資質の違いが選挙結果に大きく作用する傾向に着目し、彼個人を前面に打ち出す体制を作り上げた。メディア対策と選挙戦略を担当したアラステア・キャンベルやピーター・マンデルソンらブレアに最も近いフォロワーたちは、緻密な世論調査で人々の意識動向を探り、メディア受けの良い短くインパクトの強いフレーズを直接発信することで、支持者の裾野を押し広げようとした。「スピン」と呼ばれたこの政治手法は、オクスフォード英語辞典によれば、「人々に物事を発信するさいに、好印象を創り出す目的で情報のある側面だけを偏って取り上げたり歪めたりすること」である。キャンベルたちはスピン・ドクター、つまり、「自陣に都合の良い解釈をメディアに売り込むために雇われた広報戦略専門家」と呼ばれた。意図的な情報操作である「スピン」を繰り返す中で、スピン・ドクターたちはその効果にばかり気を取られ、事実の歪曲が生む深刻な陥穽には無感覚になっていった。言説から党派性を払拭し、「人格化」「専門職化」を進めたニュー・レイバーは、メディア、中間層、経営者団体といった新たな支持層の獲得に成功した。ブレア人気の高まりと支持層の拡大は、ブレア革命に反発する党内勢力への強力な圧力として働き、党内組織上の統一性、マニフェストの一貫性の確保が図られた(カリーゼ、二〇一二：六一、今井、二〇一八)。

そうしてブレアは、一九九七年総選挙を前にして、ついに政策ポジションを結党以来初となる中道の第三党・自由民主党を右側に飛び越える位置に移動させた。来たる総選挙で打倒すべきメージャー保守党は、ヨーロッパ問題で激しく分裂するばかりでなく、「スリーズ」と呼ばれた腐敗によって有権者からすっかり見放され、上向きの経済を追い風にすることもできなかった。保守党長期政権下で閉塞感を抱いていた英国民は、新しさを求めていた。総選挙を前にいくつもの好材料に恵まれたブレアであったが、有権者やメディアが依然として労働党への警戒心を忘れてはいないことを知っていた。だからこそ、総選挙マニフェストでは、公共サービス改革こそ謳ったものの、財政、経済政策においては保守党政権の政策枠組みを継承するという慎重姿勢を示したのであった(今井、二〇一八)。かくしてブレア労働党は総選挙で大勝を手にした。しかし、その華々しい勝利とは裏腹に、労働者階級が、彼らの代弁者たる伝統的役割を終えたかのように振る舞うブレア労働党から次第に離反していく。

3 「大統領制型」リーダーシップ

歴史的大勝によって首相に就任したブレアは、リーダーシップを発揮すべくすぐさま政府機構改革に着手した。首相ブレアのリーダーシップのあり方は、「大統領制型」と表現される(Foley, 2002; Heffernan, 2005)。「大統領制型」とは、①政府における首相府(首相官邸)の補佐機構の拡充と側近の重用、②政権党との関係における党首の自律性の強化、③首相個人への直接的な支持を有権者に働きかけるメディア戦略の駆使、に集約される(Poguntke and Webb, 2005)。そうしてブレアは、伝統的な規範の縛りをやすやすと乗り越え、政治制度上もともと強い首相への権力の集中をいっそう進め、政治過程における首相とその周辺の役割を突出させていった。具体的には次の通りである。

第一に、首相府の補佐機構の拡充である。ブレアは、内閣府を首相の補佐機構にするべく首相府との連携を緊密にした。首相府と内閣府の再編にさいして強化されたのが、コミュニケーション戦略、専門家からの政策アイディアの注入とその調整、政策の執行とその成果の監視であった(高安、二〇一八：七二)。首相府と内閣府に次々と設置された政策室には特別顧問が配置され、政策立案の方向性に決定的な影響力をもった。第二期政権(二〇〇一—二〇〇五年)に設置された政策供給(デリバリー)室の狙いは、各省の政策執行を首相自らが監視して確実に成果を生むことにあり、これによって各省の自律性は制約を受けた。

この首相府拡充にあたり、ブレアは側近を重用した。政権発足当初こそ閣僚人事で譲歩したブレアであったが、次第に自らの考えに近い人材で固めていくようになる。なかでもきわだっていたのが、首相や大臣を補佐する特別顧問の大幅増員である。特別顧問とは、選挙を通じて有権者の信任を得た議員でも、公務員試験による選考を経た職業公務員でもない、首相の承認だけを条件に、大臣を補助する目的で任用される臨時公務員である。彼らは政権とともに任期終了となるため、通常の公務員のような政治的中立と客観性確保などの規定は適用されない(宮畑、二〇〇六：六八—七〇)。政治的に任用された臨時の人員であるはずの特別顧問が、ブレア政権ではメージャー政権期のそれの二倍になり(二〇〇五年には七八名)、単なる補佐的業務を超えて政策立案で中心的な役割を担った(高橋、二〇一二)。官僚よりも側近を頼りにする。これがブレアの政権運営の大きな特徴となった。

特別顧問の積極登用は、ブレア政権の実績づくりに大いに貢献した。それというのも、登用された特別顧問の多くは、野党時代にブレアあるいは影の内閣のメンバーと政策立案にかかわっていた人物だったからである。野党時代から新政権中枢へと人材配置の継続性が保たれたことで、政権発足後、準備した政策を速やかに実践へと移すことが可能になった(宮畑、二〇〇六:六七)。

しかしながら、特別顧問の多用は、民主的正当性の観点からの論議を呼ばずにはおかなかった。なかでも問題視されたのが、首相府の特別顧問のうち上限三名に対して、新たに職業公務員への指揮命令権を認めたことである。[1] 政権発足直後にこの権限が与えられたのが、首相府の主席顧問を務め首席補佐官に任用されたジョナサン・パウエルと、首席広報官キャンベルであった。政治任用されたパウエルやキャンベルが職業公務員に対して上位者として権限をふるう立場になったことは、ルールを後ろ盾に権力を監視する官僚組織の機能を脆弱化する意味をもった(高橋、二〇一二)。

二人が手にした権力は強大であった。パウエルは、「首相、財務相につづく権力を有する」とみなされたし(宮畑、二〇〇六:七二)、キャンベルもまた閣議に出席することまで認められ、広報活動にとどまらず政策形成において中核的役割を担った(阪野、二〇〇四:一七四)。スピン・ドクター・キャンベルが重視したのは、政策の実質よりもメッセージ性であって、政府から発信される言葉が一貫性を持ち、なおかつ人々の印象に残るような効果を生むことがまずもって優先された(Mandelson, 2011: 196)。第二期政権に首相府の広報戦略局局長のポストを得たキャンベルは、いよいよ政府広報戦略の一元的管理を徹底させていった。

「大統領型」の第二の要素は、様々な政策調整のための協議の省略・迂回によるリーダーの自律性の強化である。まず閣僚との関係では、内閣委員会や閣議での合議よりも担当大臣との二者協議が重んじられた。官僚との関係では、外交、安保関連の事案について、官僚が担当閣僚ではなく首相に報告することを義務化した(Heffernan, 2005: 612–614)。こうした政策協議の手法は、大臣の自律性を弱め、首相の権限を増強させるに十分な効力を持った。さらに、ブレアらは議事録に残らない側近との非公式な会話のなかで物事を決めることを好み、そのスタイルは批判の意味を込めて

「ソファ政治」「キッチン内閣」とも呼ばれた(Kavanagh, 2007: 11)。実務的な手続きを軽んじる政策決定方式には、首相の権力へのチェック機能を大きく損なう可能性が伏在したのである。

協議の省略という点では、議会軽視もまた顕著であった。一九九七年、二〇〇一年と二度の総選挙で大勝し、議会で盤石な基盤を手にしたブレアは、週二回各一五分行われていた首相質問(PMQ)を週一回三〇分にまとめてしまった。その上、前任首相に比べて、首相質問以外の機会に議場へ姿を現す頻度は大幅に減少した。議員らとの議論を省略しようとしたブレアにとって、そのリーダーシップを発揮する前提条件とは、政権党の規律であった(近藤、二〇一六:二三〇)。党としてのまとまりをかろうじて保ち得ていたのには、ブレア個人の人気が非労働党支持層を取り込んだお陰で、党の支持率が高水準に保たれていたがゆえ、労働党議員の多くはブレアを支え、彼にダメージを与えるような批判を自制していたことがある(Heffernan, 2005: 611)。しかしながら、外形においては規律を保っていた労働党であったが、議員との議論を経ずに出来上がった法案が議会で自動的に通過することを与件とするようなブレアの態度に対し、強い不満が蓄積されていった。後述するように、首脳部への反発を強めていた労働党議員は、政権が長期化するにつれ激しい造反を繰り返すようになる(Cowley, 2005: 26–27)。

「大統領型」の第三の要素は、メディア戦略を駆使して有権者に支持を直接訴えるコミュニケーション戦略である。「旧い」労働党ではない、「増税」も「バラマキ」も行わない、市場や中間層の利益を促すニュー・レイバー。この看板を引っ提げたブレアは、一九九七年総選挙前には巨大メディア・グループ、ニューズ・コーポレーションの社主ルパート・マードックの個人的信頼を勝ち取り、保守系メディアを味方につけた。中間層を主な購読者にもつ保守系メディアの取り込みは、ブレア政権の生命線となった。政策立案で慎重を崩さず、発信にかんして積極的であったブレアのコミュニケーション戦略は、たしかに新たな支持層を掘り起こした。保守党の凋落も手伝って政権初期には七〇ポイントを超える高い支持率を実現した(図5-1)。ただし、新たに獲得した支持層は非常に浮動的であり、その移ろ

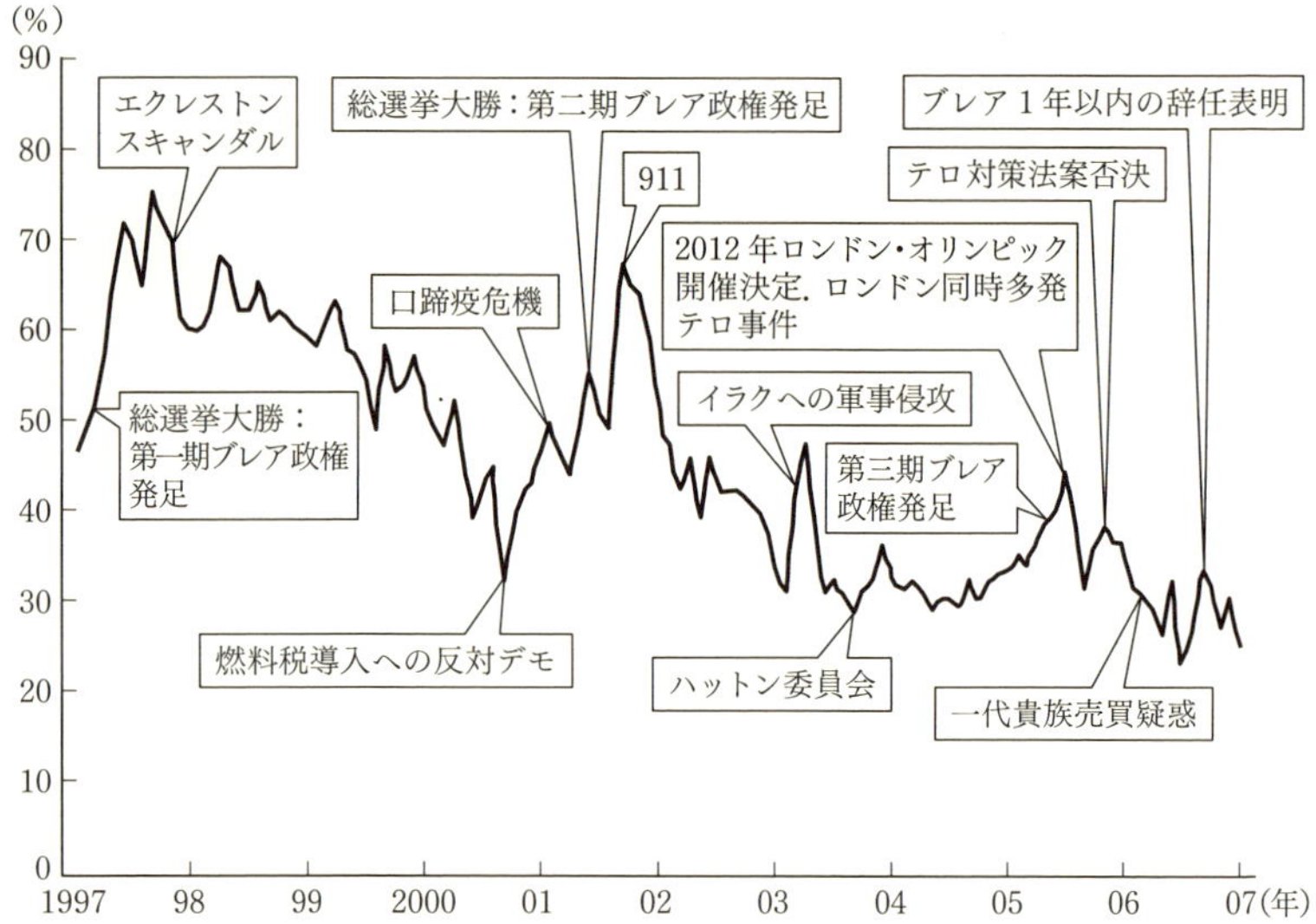

図 5-1　ブレアの支持率の推移(1997–2007 年)
出典：Ipsos/MORI.

いやすさがやがてブレアのリーダーシップに影を落とすことになる。

4　ブレアのリーダーシップへの制約

(1)ブラウンとの権力分有

首相府の機能強化と集権化、コミュニケーション戦略を通じた支持調達によって権力資源を増幅させたブレアであったが、それらはリーダーシップの自在な発揮を必ずしも保障しはしなかった。それというのも、彼が首相として権限を振るおうとしても、①財務相ブラウンとの関係、②議会労働党の動向、③移ろいやすい支持層とメディアからの牽制、といった多次元からの制約を常に意識せざるを得なかったからである。憲政改革などいくつもの実績を生んだ一方で、ブレアは、公共サービス改革やEU単一通貨(ユーロ)への加盟など、自らの大目標を先送りしたり断念したりすることにたびたび迫られた。ここでブレアに課された制約をみてみよう。

第一の、そして最大の制約は、ブラウンの存在である。

内閣でのブレアは単峰型リーダーだったわけでは決してなく、ペダンティックと言えるほど豊富な政策知識と構想力で知られ、後継首相になる密約をブレアとの間で結んでいたとされるブラウンが、ブレアと権限を二分していた(Seldon, 2004: 507)。政権発足後、予算を支配するブラウンの権限は、公共サービスおよび経済問題内閣委員会議長の地位や、予算編成機能をもつ財務省の機能拡大によって強められた。具体的には、①複数年度での予算管理を通じて財務省が各省庁の歳出上限を決定する権限をもち、財務相は各省庁の活動を政府の優先政策と照らしてゼロベースで評価するようになったこと(歳出見直しと公共サービス合意の導入。包括的歳出見直し)、②省庁別支出上限の枠内で達成すべき目標が設定され、各省庁はその目標に関して財務省と合意をかわすことが求められたこと、③金利政策をイングランド銀行に新設した金融政策委員会に移譲したことで、財務相と財務官僚が政策実施に人的・時間的資源を振り向ける余力を得たことである(Mullard and Swaray, 2006: 37; 今井、二〇一八：一五二)。かかる権力を後ろ盾にしたブラウンは、自らのチームが入念に練り上げた予算案にブレアが異論を挟むことを極端にきらって突っぱねる一方で、財源管理を盾にブレアの政策領分にさえも干渉した(Brown, 2017: 167–171)。

ブレアとブラウンはともにニュー・レイバーの中核として共通する点が多いのだが、二人の世界観には架橋しがたい隔たりがあった(Blair, 2010: 194, 210; Brown, 2017: 439)。二人の政策的な距離について手短に確認しておこう。まず両者の共通了解事項とは、グローバル金融経済における英国の競争力を強化すること、市場と中間層の信頼と支持を維持すること、経常収支の財政規律を守りつつ公共サービスへの投資を拡充すること、などである。

次に対立点である。ブラウンは、再分配による貧富の格差の是正は必要だとする立場を崩さず、全国法定最低賃金や給付型税額控除などによって貧困層への所得補償を重視する立場をとった。彼は財政規律を重んじたのはもちろんだが、それは決して社会的投資のための政府借入れを妨げるものではなかった。なぜなら、労働党が公約とした財政ルール「黄金律《ゴールデン・ルール》」とは、経常収支のための借入れを制限したが、投資のためのそれは対象外となっていたからである。ユーロ導入の必須条件となる対GDP比三パーセント以内に財政赤字を保っている限りにおいては、社会的投資の裁量が確保されるとしたのであった。ブラウンは、ネオ・リベラリズムへの懐疑を露わにし、教育、医療、治安といった公共の領域に市場原理が浸透することを拒否する姿勢を強調している(Brown, 2017: 81)。

ブレアは分配的正義を否定せずとも、垂直的な再分配に基づく平等主義は望まなかった。それゆえ、ブラウンの富裕層を対象とする増税案に反対し、税額控除を通じた事実上の現金給付が拡大していくことへの批判を隠そうとさえしなかった。公共サービス改革を進めるにあたりブレアが常に優先したのは、社会支出の抑制と、選択の自由を求める中間層を満足させることだった。ブレアは個人の責任範疇の拡大と国家の縮小こそが改革において目指されるべき目標だと認識していた。彼は公共サービス改革は中間層の利益に適うように実践されるべきだと主張した一方で、「福祉依存」にはブラウンよりもはるかに厳しい目を向けていた。

このように世界観の異なる二人が政権中枢で権限を分け合えば、当然に衝突と混乱が生じる。かくしてブレアが想定していた政治目標の要、内政では国民保健サービス(NHS)と教育の改革、外交では対欧関係の修復とユーロへの加盟、そして国際社会で主要な調整者の役割を担うこと、これらのいずれにおいてもブラウンは財政や成長戦略を盾に介入し、ブレアのイニシアティヴにブレーキをかけたのだった(Mandelson, 2011: 253-254)。

(2)議会労働党との関係

次に、ブレアと議会労働党との関係をみてみよう。議院内閣制における首相の権力の安定には、政権党が凝集性を保っていることが不可欠である。党議拘束が十分に機能しない政権党の行動は、首相のリーダーシップを制約し得る。議場で政権党による政府への造反が生じるのは政策をめぐる理念上の対立ゆえばかりではない。公約違反や世論の強い批判を受ける政策を推し進めようとする政府に対して、次期総選挙での支持層による懲罰的投票を懸念する議員が造反・棄権をすることもある。

ブレア政権下の労働党議員の造反は、頻度の多さでも、規模の大きさでも歴代政権に比べ突出していた。造反はすでに第一期政権から生じていたが、第二期には、一九四五年以降、もっとも多い造反を記録した(全採決の二一パーセント)。経済軸でも社会文化軸でも、従来の労働党のスタンスとは必ずしも馴染まない志向を抱くブレアに対して、政権党から振りかざされた反旗の勢いは、ヨーロッパ問題で党内分裂に苦しんだメージャー政権期の議会保守党をしのぐほどであった(Cowley, 2005: 27)。それでもなお、第二期政権前半までは、労働党が議席数で第二党以下を圧倒していたこともあって、議員による造反は、政府法案を廃案に追い込むほどの本質的な脅威となるまでには至っていなかった。しかし、二〇〇三年三月一八日、戦後最大の造反が生じた。国論を二分したイラク参戦に関する決議である。労働党議員総数の三分の一を超える一三九人が、党議拘束を破って政府案に修正を迫る法案に賛成票を投じた(HC Deb 18 March 2003, vol. 401, cc 858–911; Cowley, 2005: 5, 266)。

ブレアと議会労働党との関係は、第三期政権に一層悪化する。二〇〇五年一一月、ブレアはついに庶民院票決で初めての敗北を喫する。同年七月に五〇名を超える犠牲者を出したロンドン同時多発テロ事件を受けて、政府はテロ容疑者を令状なしで勾留できる期間を三ヶ月にまで延長するテロリスト改正法案を提出した。だがそれは、権威主義的な強硬策を警戒した労働党議員の大量造反によって否決された(Cowley, 2005: 241)。その後ブレアは票決で三度も敗退に追い込まれる。ブレアが結果を残そうと意気込んだ公共サービス改革では、大学の追加学費自由化を認める法案や、NHSで財団病院設立を可能にする政府法案に対して大規模な造反が起こった。これらの法案の採決で政府は敗北にまで至らぬものの、ブレアの威信が深く傷ついたことは言うまでもない。

(3)移ろいやすい支持層

ブレアにとって第三の制約とは、移ろいやすい支持層であった。ブレア労働党の政権奪取と長期政権の維持には、専門家チームによる徹底した世論調査に基づくコミュニケーション戦略が大きく寄与していた。しかしながら、戦略を尽くして新たに獲得した支持層は、広くあったとしても薄く、浮動的であった(Russell, 2011: 10)。伝統的支持基盤の労働者階級はといえば、中間層に目を向けてばかりいたニュー・レイバーに違和感を覚え、はやくも一九九七年総選挙から棄権が目立つようになっていた。彼らは、「階級」という言葉すら用いなくなった労働党は、もはや自分たちの代表たらんとすることを止めたのだとみなした(Evans and Tilley, 2017)。かといって、彼らは保守党にも自由民主党にもまた労働者階級の代弁者たる姿を見出し得なかった。投票先を失った彼らの唯一の選択肢が棄権であった。労働者階級の労働党からの離反は二〇〇一年総選挙で顕著に現れ、一九九七年総選挙での労働党への投票者のうちじつに二三パーセントが棄権した(Evans and Tilley, 2017: 87)。

規模が大きく縮小していたとはいえ、労働者階級票の相当数をあえて手放したブレアは、中間層という流動的な新しい支持層の信頼を繋ぎ止めることに注力した。しかしそのために彼とその側近は、「増税」「再分配」といった彼らに警戒されるような言説を慎重に除外しながら、「スピン」を次々と発信し続けなければならなかった。

支持獲得のための不断の努力を続けたにもかかわらず、ブレア人気は政権第一期後半に陰りが見え始めた。公約であった公共サービス改革、とくに教育やNHSの改善について国民は手応えのある成果を実感できずにいた。財政支出の抑制の公約遵守のために、ブレアが目指した公共サービス改革は手付かずのままだったからである。「白よりも潔白」と謳った清廉なイメージも長くは続かなかった。一九九七年一一月、F1製造者協会(FOCA)会長のバーニー・エクレストンによる党への献金と引き換えに、タバコ会社の広告禁止対象からF1グランプリを除外したことが発覚した。燃料税への運輸関係者の反発、口蹄疫への対策の不備、二〇〇一年総選挙を前にして、ブレアはいくつものマイナス材料を抱え、支持率を大きく落としていた。もはや一九九七年総選挙時の勢いはなかった。政権の業績次第で投票先を変える中間層の移ろいやすさが露呈した。良好だったはずのメディアとの関係も悪化した。「スピン」を駆使した戦略が裏目にでて、ブレアとその側近には「実質を伴わないスピン」との批判が高まっていた。

ところが、不利な状況に見舞われたにもかかわらず、ブレア労働党は、二〇〇一年総選挙で議席を五席減じただけの二度目の圧勝を収めた。好況の継続、安定した財政、若年失業者の減少といった公約遵守に対する信頼、政権第二期以降の公共サービス改革への期待、そして保守党の決定的な不人気、などに拠るものと考えられる。ただし、投票率は前回よりも一二ポイントも低い五九・四、戦後最低を記録し、ブレア政権が有権者の積極的信任からはいささか遠いことを示していた。続く二〇〇五年総選挙でも、イラク参戦の決断や次々と明るみにでたスキャンダルで政治不信が増していたものの、ブレア労働党は議席を一〇〇近く失いながらも、三度目の勝利を手にする。二大政党の一翼を担う保守党が政権を取って代わり得る政策立案力、統治能力を備えていなかったことが大きかった。

5 ブレア政権の実績(一)——広範な内政改革

(1)憲政改革

ブレアはいくつもの制約の中にありながらも、政権としては多くの実績を生み出した。まずあげられるのが歴史的な規模の憲政改革である。政権発足直後から着手された一九一一年の貴族院改革以来と目される憲政改革は、じつに広範に及んだ。主な改革を列挙するなら、イングランド銀行への金利設定権移譲(イングランド銀行の「独立」)、スコットランド・ウェールズ・北アイルランドへの権限移譲、欧州人権条約の国内法化、情報公開法、貴族院改革、ロンドン市長設置、選挙法改正に関する独立委員会の設置、最高裁設立である。欧州委員会といった超国家的な機関と、スコットランドなどの領域への権限委譲は、中央集権制を特徴とするウェストミンスター・モデルを変容させる大改革であった。

だが、本来的には政府の権限を自ら縮小する方向性をもつはずの一連の改革は、一貫性に欠け効果もさほど大きくはなかったとの見方もある(Russell, 2011: 20)。権限委譲はウェストミンスター議会の主権を温存するように設計され、欧州人権法の国内法化は絶対的制約としては機能せず、世襲貴族議員を大幅に減じた貴族院改革も、それ以上の進展をみなかった。じつは、憲政改革ではブレアのイニシアティヴに拠るところは少なかった。回顧録の率直な述懐からも明らかなように、彼は「決して熱心な権限移譲推進派ではなかった」(Blair, 2010: 251)。憲政改革の大枠は、ブレアの党首就任時点で既定路線化していたことに加え、自民党との連立政権樹立可能性、といった政権交代前の事情も作用していた(Russell, 2011: 8)。

自身の発案ではなかったとはいえ、ブレアは権限移譲をはじめとした憲政改革を公約に盛り込み、政権交代に備えて専門家を擁する独立委員会を設置するなどスムーズな施行のための入念な準備を重ねた。ブレアにしてみれば、膨大な数の立法と施行が滞ってしまえば、他の改革案の遂行が妨げられることにもなりかねず、そればかりは何としても避けたかったのである。憲政の見直しは、ブレアが当初想定した以上の変化に帰結した。権限委譲はスコットランド独立の機運を生み、二〇一四年に実施された住民投票では独立賛成が四四・七パーセントにのぼった。最高裁設立、欧州人権法などは、従来の政治的支配に法的手段による憲政支配の要素が組み込まれたことを意味した。

(2)公共サービス改革

次に、公共サービス改革である。包括的な就労支援策ニューディール・プログラム、税額控除の再編と拡充など、第一期政権の実績となった一連の改革で主導権を握ったのは、ブラウンであった。焦燥感を募らせたブレアは、政権第二期目こそは、彼が念願とした公共サービス改革でなんとしても主導権を握り成果を収めようとした。そこで彼がキーワードとしたのが、「デリバリー」＝実際に人々の手に改革の成果を届けることであった。ブレアは二〇〇一年に知己のマイケル・バーバーを首相府の政策デリバリー室長にむかえ、公共サービス改革で主導権を握る体制を整えた(Blair, 2010: 338–339)。

ブレアの熱意とは裏腹に、二〇〇一年九月一一日にアメリカで勃発した同時多発テロ(以下、九一一とする)の後、彼の政治的エネルギーは外交・安全保障に注がれることになる。ブレアがようやく公共サービスでの主導権を握ったのは、第二期政権後半から第三期にかけてであった。彼の目指した改革の要は、教育とNHSにおける多様性、利用者の選択の拡大、競争原理の導入であった。それこそが、中間層が望む公共サービスのあり方だと彼は確信していた。結果を出すことにこだわったブレアは、改革を首相府主導で進めるために、政策室に教育の専門家アンドリュー・アドニスをはじめ、野党期から個人的なつながりの強い特別顧問を集め、担当閣僚も政策志向を同じくする人材を配置した。

生徒の入学時の選抜や運営内容について自律的な学校経営を可能にするスペシャリスト学校、荒廃地区における学校教育の再興を目指したシティ・アカデミーが新たに設置された。NHS改革でも準民営化を推進する財団病院制度が設けられた(Shaw, 2007: 68–79, 104–105)。しかし首相府周辺では当然視された彼の方針も、一部の閣僚やバックベンチャーにとっては承服しかねる内容を含んでいた。ブレアに最も近いところで最も強い反発を示したのがブラウンであった。彼は財団病院設立に関する諸条件に強い難色を示し、病院の資金調達の権限に大きな制約を設けるようブレアに迫った。議会でも、学校の選択権や競争、NHSの準民営化を奨励する一連の政策案は、左派系労働党議員の強い反発を呼び込み、造反が相次いだ。ブレアは、保守党票に助けられてかろうじて採決に持ち込んだのだった。

内政についてもう一つ特記すべきは、二〇〇七年のノーザンロック銀行の破綻に端を発した金融危機まで続いた長い好況である。戦後稀にみる長期経済成長には、ブレアとブラウンがともに優先した金融部門の競争力強化を軸にした成長戦略の貢献があった。ロンドン・シティは世界金融の中心としては揺るぎない地位を誇るに至った。

6 ブレア政権の実績(二)——外交・安全保障

(1)ブレア・ドクトリン

内政で改革の主導権を握ることをしばしば阻まれたブレアは、ブラウンらの干渉の余地が相対的に少ない外交に活路を見出した。影の内閣でも外務相ポストに就いた経験はなく、外政に関する知識は決して潤沢とは言えなかったのだが、彼には外交・安全保障で画期的な成果を収めその名を歴史に残さんとする強い野心があった(Clarke, 2007)。それゆえ、外政にこそリーダーとしてのブレアの本質がはっきりと発現したといってよいだろう。彼には三つの大目標があった。ＥＵ改革で主導的な役割を果たすこと、単一通貨ユーロへ参加すること、欧州と米国との架け橋として行動すること、である(Kavanagh, 2007: 12)。

ブレア政権発足時、英国はポスト冷戦の国際社会における新たな役割を模索する最中にあった。メージャー政権期には、「人道的介入」という新たな基軸への流れができつつあった(Freedman, 2007: 615)。対欧州外交でも、世論の趨勢は、保守党政権下で冷え切った関係を改善するべきだとしていた(もっとも、世論あるいは保守系メディアがＥＵへの積極的賛意を示していたわけではない)(Kavanagh, 2007: 5)。

政権発足直後から、ブレアは次々と成果を収めた。マーストリヒト条約の付帯条項である社会政策協定への署名、欧州人権条約の国内法化を実現した。一九九八年四月にはアイルランド和平へと結実した「聖金曜日合意」の締結という歴史的成果を収めた。和平合意への道筋はメージャー政権下で整えられており、ブレアはそれを引き継ぐ幸運に恵まれた。とはいえ、和平合意までのプロセスにはデリケートな折衝が求められたことは言うまでもない。合意締結までの過程で、ブレアは「大統領制型」リーダーシップをいかんなく発揮した。交渉が頓挫すると、すぐさま北アイルランド担当相を腹心マンデルソンに交代させ、和平プロセスに関与する人員はパウエル、キャンベルら最側近のみに絞りこんだ。メディアに流される情報もキャンベルが慎重にコントロールした。そうして達成された歴史的な和平合意の成功は、ブレアに紛争調停者たらんとする自らの手腕に自信を深めさせた(近藤、二〇一六：二二二)。

翌一九九九年、ブレアは外政上の行動原則を世界に向けて打ち出した。訪問先の米国シカゴで行った演説で掲げられたのが、「公正な国際共同社会の構築」を実現するための介入——必要なら軍事介入——を肯定する「国際共同社会の原則《ドクトリン》」であった。人道的介入はメージャー政権下ですでに受け入れられていた方針であったが、ブレアははるかに熱心にそれを支持した(Freedman, 2007: 616)。「守るべき価値に基づく正しい戦争」があるのだとする立場を鮮明にしたブレアであったが、軍事介入の原則はあくまでも一国主義を排した多国間協調であった。彼が念願した新しい英国の役割とは、単独主義の傾向の強い米国と欧州諸国との間の調停役として国際協調を実現することであった(Clarke, 2007: 601)。

この原則が具体的に表れたのが、一九九八年のイラクへの空爆、一九九九年のコソボ空爆、二〇〇〇年のシエラ・レオネへの介入であった。批判から自由であったことは決してなかったものの、一連の行動はおおむね国内世論、議会労働党の同意によって正当化され得た。それを支えていたのが、政権内随一の外交通と知られ、多国間主義、親欧州を旨としていた外務相ロビン・クックであった(Freedman, 2007: 619)。

ところが、政権二期目に入ると、ブレアの大目標は次々と潰えていく。まず、ユーロ参加の断念である。ブレアは政権発足当初からユーロ導入を国民投票に諮る機会をうかがっていた。彼の前に立ちはだかったのが、ブラウンをはじめとする閣僚、議会労働党、そしてEUに懐疑的な保守系メディアであった(Mandelson, 2011: 254)。ブラウンは、早くも一九九七年九月にユーロ参加への是非を判断する基準となる「五つの経済テスト」を設定し、これを楯に第二期政権中にユーロへ参加する可能性はないとの結論を下した。

米欧間の架け橋たらんとした外交でも、歴史的な失政を喫する。それは、九一一を受けて激変した世界情勢の中でリーダーシップを発揮しようとしたまさにその過程から生まれた。

(2)「九一一」からイラク戦争へ

「あの瞬間、私は眼前で起こった破壊に震えを禁じ得なかったのだけれども、驚くほど冷静だった。いま起きている出来事は、世界を一変させる、と察した」「これは人類史上最悪のテロ攻撃だ。標的は米国だけではない。同じ価値観を共有する我々すべてが標的だ。立ち向かわないまま放置すれば、我々の生活の根幹までをも脅かしかねない」(Blair, 2010: 341–343)。テレビ中継でニュー・ヨークのツイン・タワービルにジャンボジェット機が次々と激突する様を目の当たりにしたブレアは、その瞬間の胸中を回顧録にこう記した。述懐からは、彼の直感がすでに何らかの積極的行動へと向かわせていたことがわかる。

ブレアにしてみれば、九一一後に守るべき国益は明確であった。米国との「特別な関係」の維持、国際共同体の結束の維持とその中軸国たる英国の地位の確保、テロと大量破壊兵器の拡散防止である。それら国益のために彼がとった行動は驚くほど一貫していた。九月二〇日、ブレアは噴煙収まらぬニュー・ヨークを慰問後、ジョージ・W・ブッシュ大統領と会談、上下両院合同本会議での大統領演説にただ一人米国以外からの政治家として出席した(Freedman, 2007: 627)。彼はまずもって米国と「肩を並べて」行動をともにする同盟国の首相として振る舞った。

緊密なパートナーシップを重んじようとするブレアの思惑とは裏腹に、米国は単独での軍事行動を厭わない姿勢を示し、テロリズムの拠点としたアフガニスタンを攻撃し、サダム・フセインが支配するイラクへの攻撃計画を明らかにした。程なくしてブッシュは、イラクの体制転換こそが攻撃の目的であると明言するようになる(阪野、二〇〇四：一五九)。フセインが大量破壊兵器を保有している疑いがあり、なおかつそれがテロ行為に利用され得るというのがその理由であった。ブッシュ政権の強硬姿勢は、ブレアを苦しい立場に追い込んだ。イラクの大量破壊兵器放棄を約束した国連第一決議違反をフセイン批判の根拠にしてきたブレアにとって、フセイン体制転覆をイラクへの進軍の目的にすることには無理があった。国際法上の武力行使の根拠にもなり得ない可能性が高く、何よりも武力行使ではなく国連によるイラクへの査察継続を支持する国内外の世論の激しい反発があった(阪野、二〇〇四：一五九)。

難局になればなるほどブレアは「大統領制型」リーダーシップを強めるようになる。方針決定や公式文書策定過程に関与する人員は、最小限の側近と閣僚だけに限定された。中核を担ったのは、最も忠実なフォロワーたち、すなわちキャンベル、パウエル、外交担当補佐官デイヴィッド・マニング、内政担当補佐官サリー・モーガンらである。埒外におかれた閣僚、外務官僚の異論や批判は届きにくくなり、方針の再考や軌道修正の余地は狭まった。人員の入れ替えがほとんどなかったがゆえに、行動の一貫性は保たれたのだが、果たしてそれが英国の国益に適っていたのかは検証されなければならない(House of Commons, Public Administration and Constitutional Affairs Committee, 2017)。

ブッシュと行動をともにする。ブレアはこの方針を二〇〇二年夏には固めていた。情報公開法に基づいて開示されたブレアからブッシュに宛てられた七月二八日付書簡には、「何があっても私はあなたと共にある(I will be with you whatever)」と記されていた(*The Guardian*, 6 July, 2016)。米国への無条件の追随だと非難されても致し方のない表現であった。それでもなお、ブレアは米国による単独行動を回避し、イラク参戦への国連決議による「お墨付き」を得るために、独仏をはじめ加盟国の説得に奔走する。

「スピン」を駆使した情報戦略もきわまっていく。二〇〇二年九月、ブレアは英国の情報機関のトップを集めた委員会を設置し、イラク情勢に関する調査文書を発表した。イラクの大量破壊兵器が「四五分以内で配備可能」とした文書は、イラク攻撃を正当化するはずだった。しかし、その文書には、かえって米国追随の様相を深めるブレアへの非難を強めて軍事行動に懐疑を示す世論の趨勢を動かす力はもはやなかった。世論と議会労働党を説得するため、ブレアには、イラクへの武力行使を容認する国連安保理理事会での第二決議案の採決がなんとしても必要であった。(2) しかし、独仏露らは、国連査察団の監視継続によるフセイン体制の「封じ込め」の論調を強め、ブレアとの対立姿勢を鮮明にした。

八方塞がりの窮地に陥ったブレアとその側近らは、二〇〇三年二月三日、フセインによる兵器隠蔽や査察妨害といった安保理第一決議違反を強調した「文書」を公表した。キャンベルの指揮のもとで作成された「文書」は、わずか数日で、イラク系米国若手研究者による論文からの盗作であることが判明し、ブレアに対する内外の信頼は失墜した(小川、二〇〇四：一六四)。国連決議による戦争承認は、これを拒絶する姿勢を一切崩さない独仏露の前に断念せざるを得なかった。米軍によるイラク攻撃は秒読みに入っていた。

イラク侵攻に反対する一〇〇万人の市民が街頭を埋め尽くすなか、ブレアは国連決議無きイラク開戦の是非を英国議会に委ねた。採決前日に、外務相から院内総務に降格していたクックが辞意を表明し、議会史に残る名演説を行った。クックの理路は明解であった。イラクには大量破壊兵器が存在しない可能性が高い。なぜいま国連の査察を待たずに、軍事攻撃を断行しようとするのか。超大国である米国ならば、国連も欧州諸国も賛成しない戦争に突き進めもしよう。だが、英国は超大国ではない。国連決議なきイラク開戦は容認できず、これに反対し職を辞する(Robin Cook, Personal Statement, 17 March 2003: Column 726)。政府に叛旗を翻す演説を終えたバックベンチのクックをスタンディングオベーションが包んだ。翌三月一八日、「まだ戦争の時期ではない」とする労働党議員提出法案の票決で大量の造反(賛成票)を出しながらも、続く対イラク軍事行動を認める政府提出法案は、議会を通過した。

開戦後、ブレアの支持率は一時的に回復した。三月二〇日に開始されたイラクへの軍事侵攻は、ニューズ・コーポレーション傘下の『サン』紙ら保守系メディアによっても支持される。五月にはイラクでの戦闘の終結宣言が出された。しかし、ブレアを取り巻く状況は泥沼化する。そもそも戦闘終結後も大量破壊兵器は発見されず、「戦後」のイラク情勢は悪化の一途をたどる。ブレアへの信頼は回復するどころか、致命的な事実が明るみに出る。五月二九日、BBCが「四五分で実戦配備可能」とした二〇〇二年九月発表の政府情報は、キャンベルによって操作・改竄された誤報だったことをスクープした。「スピン」どころか、フェイクニュースだったというわけである。BBCにこの情報を通告した人物として実名が報じられたケリー博士は自殺する。博士の死をめぐる情況の究明のため、独立調査委員会(ハットン委員会)が設置される。図5-1にみるように、この時期、ブレアの支持率は首相就任以来最低を記録した。

イラク侵攻の決断によって国民の信頼を著しく損ねながらも、ブレアは二〇〇五年総選挙でまたしても勝利し、選挙に強いリーダーであることを改めて見せつけた。政権三期目、ブレアはいよいよ内政でリーダーシップを発揮しようとしたのだが、そのためには議会労働党の激烈な造反をかい潜らなければならなかった。しかも、ブレア政権末期は、改革よりもむしろ政治腐敗の影に覆われた。ブレアとその側近が、大口献金者に対して、巨額の資金提供の見返りに一代貴族位を「売った」疑惑をかけられたのである。資金面での労働組合の影響力を減ずるために新たな献金先を無理にでも開拓したことが問題の背景にあった。ブレアは現役首相として初めて警察から刑事事件の参考人聴取をうけた。全ての案件は不起訴に終わったとはいえ、ブレアが首相職の威信を保ち続けることはもはや限界だった。二〇〇六年九月、彼は一年以内に辞職すると明言した。辞任時期を明らかにしなかったのは、虎視眈々と首相の座を狙うブラウンとその周辺への最後の牽制であった。

7　ブレアというリーダーの遺産——業績と教訓

本章で取り上げたブレアが、英国政治史上類稀なる才能と幸運に恵まれた政治家であったことは確かであろう。自他共に認める労働党の異端児であった彼は、むしろそれを武器にして党改革を断行し、「新しさ」を求める時代の寵児として若くして首相の座に登り詰めた。

公共サービスの自由市場主義的改革、ユーロ導入、国際社会での存在感のアピール。ブレアには独自の改革アジェンダがあった。首相に就任すると、ブレアは側近を重用した「大統領制型」のリーダーシップによって、それらを素早く効率的に実現しようとした。各機関との調整をきらったブレアは、調整や協議の過程を排除あるいは迂回するような首相府を頂点とする集権化を進めたのだが、それは自律的なリーダーシップの発揮を必ずしも約束しはしなかった。予算権限を握るブラウンとの対立、議会、有権者やメディアとの関係で制約を課せられ、目標を断念させられたことも度々あった。それでもなお、ブレアは総選挙を三度勝ち抜き、党史上最長政権を導いた。

一三年間の労働党政権下では、いくつもの歴史的な改革が成し遂げられた。一連の憲政改革、金融部門主導の安定した経済成長、財政規律の維持、学校と病院への大型投資と雇用拡大、就労支援や子育て支援などの公共サービス改革、給付型税額控除や全国法定最低賃金の導入による低所得者支援。内政で確実な成果を収めたのだが、ブラウンをはじめとした閣僚によるところが大きく、ブレアのリーダーシップに負うところは部分的にとどまった。外政では、メージャー保守党政権からの積み重ねゆえではあったにせよ、アイルランド和平合意締結をはじめ特筆すべき実績が生まれた。

しかしながら、数々の業績を吹き飛ばすほどブレアの評価を決定づけたのは、二〇〇三年三月のイラク参戦の決断であった。その正当性は、議会の二つの委員会と三つの独立調査委員会による計五つの調査委員会によって徹底検証された。ブレアは現職首相としてこれらの委員会設置を承認し、幾度となく証言の場に自ら身を置いた。それは英国政治に内在する政治リーダーの行動・意思決定過程を厳しく検証し、「解毒」しようとするシステムの発動であるといえよう(序章参照)。彼はイラクに大量破壊兵器がなかったことは認めたものの、フセイン政権を崩壊へと導いた軍事侵攻の決断の正当性は決して譲らなかった。

ブレアの「決断」がどのように歴史に刻まれるか。七年の歳月をかけて九一一からイラク開戦に至るまでの経緯と「戦後」の状況を検証したチルコット委員会の最終報告書はそれを決したとして差し支えないだろう。二〇一六年七月発表の最終報告書では、イラク侵攻の決断は武装解除などの平和的な選択肢が尽きる前に断行されたこと、決断は裏付けに欠く誤った諜報情報と不十分な分析からなされたこと、当時の政府はきわめて不十分なフセイン政権倒壊後の計画と準備しかなく、明確な警告が表明されていたにもかかわらず侵攻によって生じるリスクを過小評価していたこと、政府が当初掲げた目標は達成されなかったこと、などが鋭く指摘された(The Iraq Inquiry, 2016; 今井、二〇一七)。委員会の引き出した教訓とは、「十分な情報に基づく自由な討論、および異論の表明が促される閣僚間の集合的な議論の重要性」であった(The Iraq Inquiry, 2016)。集権的・閉鎖的な政策決定、合議の省略や迂回、ブレア流のリーダーシップの負の側面が厳に糾弾されたのである(3)。

チルコット委員会の報告書発表を受けて行われた記者会見にブレアは単独で臨んだ。本章冒頭の言葉に続けて、フセイン体制を崩壊させたことは間違っておらず、フセイン無き世界はそうでない世界よりも良くなったと信ずるとして、自らの決断の正しさを改めて強調した(*The Independent*, 6 July, 2016)。二時間に及ぶ会見で報道関係者から容赦ない質問と批判に晒されながらも、ブレアはその一つ一つに応じた。弁舌の巧さは健在であったが、ときに感情の高まりから声を震わせさえもしたその姿からは、支持率七〇パーセントを記録した絶頂期の輝きはまったく消え失せていた。国民はブレアに対し依然としてじつに厳しい目を向ける。二〇一六年の世論調査では、大半の回答者がイラク参戦を決断した「ブレアを決して許すことはない」との考えに賛成している。彼は過ちなど冒していない。そう答えたのはわずか八パーセントに過ぎなかった(YouGov, 2016)。

ブリリアントな失敗者。ブレアにはそんな表現がふさわしいとさえいえる。今や検証の対象として歴史に差し出されたブレアのリーダーシップ。それは劇的な政権交代からはじまって、労働党政権が多くの実績を生む重要な原動力であった。ブレアとそのフォロワーが指導力を発揮したり支持拡大したりするためにどうしても手放さなかったのが、協議手続きの省略や迂回と「スピン」という戦略的手法であった。それらは、たしかに彼らが望んだ効果をもたらしたのかもしれないが、情報操作や協議の欠如という逸脱に無感覚になったことが、ブレアのリーダーシップへの評価を貶める重大な失政につながったことは記憶に留められてよい。「決められる」リーダーがもてはやされる風潮の中、決断に再考を促す異論や批判の意義、そして決断の内容を精査し得るシステムの価値が改めて問われている。

[注]

(1)ブレア政権期に明らかになった問題を受けて、公務員への指揮命令権を有する特別顧問の上限は、二〇〇七年六月のブラウン政権発足後、三名から一名までに変更された。

(2)Ipsos/MORI の世論調査(二〇〇三年三月一四—一六日実施。一八日公表)では、国連安保理が支持し、国連の査察団がイラクの大量破壊兵器隠蔽を証明できた場合に、という条件付きでイラク侵攻に賛成するとしたのは、七四パーセント(反対一七パーセント)、両方の条件が満たされない場合の賛成は、二六パーセントにまで急落した(反対は六三パーセント)。いずれか一方の条件が満たされた場合の賛成は四八パーセント、隠蔽証明がなかった場合の賛成は四六パーセントであった。

(3)英国政府は、調査開始から報告書開示まで七年もかけてしまったチルコット委員会をも検証対象とした。その報告書では、集合的な政策決定にさいし、異議申し立てがいつでも容認される文化と精神が、政府の良き決定の必要条件であることが改めて確認された。その上で引き出された教訓とは、省庁横断的な政策課題に対応するために複数の閣僚間の調整が必要な事態が生じたさいの、超省庁的な大臣ポストの必要性だった。これにしたがってテレーザ・メイ保守党政権(二〇一六年七月—二〇一九年七月)において「EU離脱担当相」が設置された(House of Commons, Public Administration and Constitutional Affairs Committee, 2017)。

[文献]

●新聞・雑誌等

The Independent/*The Guardian*/*The BBC News* on line/*The Hansards*

●ウェブサイト

The University of Leeds, Society & Politics, 13th October 2016
https://www.leeds.ac.uk/news/article/867/academics_rate_brown_one_of_the_worst_post_1945_pms

YouGov(2016) "British Public: we will never forgive Tony Blair"
https://yougov.co.uk/news/2016/05/25/no-public-appetite-forgiving-blair/(最終閲覧日二〇一九年九月五日)

今井貴子(二〇一七)「ニュー・レイバー・プロジェクトの光と陰 vol.3「決められる政治」の功罪」『生活経済政策』二四〇号

今井貴子(二〇一八)『政権交代の政治力学——イギリス労働党の軌跡 1994—2010』東京大学出版会

小川浩之(二〇〇四)「ブレア政権の対応外交」櫻田大造・伊藤剛編著『比較外交政策——イラク戦争への対応外交』明石書店

カリーゼ、マウロ、村上信一郎訳(二〇一二)『政党支配の終焉——カリスマなき指導者の時代』法政大学出版局

近藤康史(二〇一六)「ひび割れていく「大統領型」首相——ブレア・ブラウン政権 1997年—2010年」梅川正美・阪野智一・力久昌幸編著『イギリス現代政治史』第二版、ミネルヴァ書房

阪野智一(二〇〇四)「つくられた「イラクの脅威」——ブレアの情報操作」梅川正美・阪野智一編著『ブレアのイラク戦争』

朝日新聞社
高橋直樹(二〇一二)「ブレア・スタイルとデモクラシーのゆくえ——強大な首相権力にみるトップダウンの影響」内山融・伊藤武・岡山裕編著『専門性の政治学——デモクラシーとの相克と和解』ミネルヴァ書房
高安健将(二〇一八)『議院内閣制——変貌する英国モデル』中公新書
田中嘉彦(二〇一一)「英国における内閣の機能と補佐機構」『レファレンス』二〇一一年一二月号
宮畑建志(二〇〇六)「英国ブレア政権の特別顧問をめぐる議論」『レファレンス』二〇〇六年五月号

Blair, Tony(2010)*A Journey*, London: Hutchinson(トニー・ブレア(二〇一一)『ブレア回顧録(上・下)』(石塚雅彦訳)日本経済新聞出版社)＊文中の訳文は邦訳書を参照。但し、訳文の一部は原書に照らして変更を加えた。
Brown, Gordon(2017)*My Life, Our Times*, London: Bodley Head
Clarke, Michael(2007) “Foreign Policy”, in Anthony Seldon(ed.), *Blair’s Britain 1997–2007*, Cambridge: Cambridge University Press
Cowley, Philip, Mark Stuart and Matthew Bailey(1996)*Blair’s Bastards: Discontent within the Parliamentary Labour Party*, Centre for Legislative Studies, University of Hull, Research Paper 1/96
Cowley, Philip(2005)*Rebels: How Blair Mislaid His Majority*, London: Politico’s
Evans, Geoffrey and James Tilley (2017) *The New Politics of Class: The Political Exclusion of the British Working Class*, Oxford: Oxford University Press
Fletcher, Nigel(2011) “The Corridors of (no) Power: Office Politics in the Heart of Shadow Government”, in his(ed.), *How to be in Opposition: Life in the Political Shadows*, London: Biteback
Foley, Michael(2002)*The British Presidency*, Manchester: Manchester University Press
Freedman, Lawrence(2007) “Defence”, in Anthony Seldon(ed.), *Blair’s Britain 1997–2007*, Cambridge: Cambridge University Press
Heffernan, Richard(2005) “Exploring (and Explaining) the British Prime Minister”, *British Journal of International Relations*,

Vol. 7, Issue 4

House of Commons, Public Administration and Constitutional Affairs Committee(2017)*Lessons Still to be Learned from the Chilcot Inquiry*, Tenth Report of Session 2016–17, HC656

Iraq Inquiry, the(2016)Report of a Committee of the Privy Councilors, *The Report of the Iraq Inquiry*, HC264, 6 July 2016, London: HMSO

Kavanagh, Dennis(2007) "The Blair Premiership", in Anthony Seldon(ed.), *Blair's Britain 1997–2007*, Cambridge: Cambridge University Press

Mandelson, Peter(2011)*The Third Man: Life at the Heart of New Labour*, London: Harper Press

Minkin, Lewis(2014)*The Blair Supremacy: A Study in the Politics of Labour's Party Management*, Manchester: Manchester University Press

Mullard, Maurice and Raymond Swaray(2006) "The Politics of Public Expenditure from Thatcher to Blair", *Policy and Politics*, Vol. 34, No. 3

Poguntke, Thomas and Paul Webb(2005) "The Presidentialization of Politics in Democratic Societies: A Framework for Analysis", Thomas Poguntke and Paul Webb(eds.), *The Presidentialization of Politics: A Comparative Study of Modern Democracies*, Oxford: Oxford University Press

Rentoul, John(2001)*Tony Blair: Prime Minister*, London: Time Warner

Russell, Meg(2011) "Constitutional Politics", in Richard Heffernan, Philip Cowley, and Colin Hay(eds.), *Developments in British Politics, Nine*, Houndmills, Basingstoke, Hampshire: Palgrave

Seldon, Anthony(2004)*Blair*, London: Free Press

Shaw, Eric(2007)*Losing Labour's Soul? New Labour and the Blair Government 1997–2007*, London: Routledge

Sutcliffe-Braithwaite, Florence(2013) "Class in the Development of British Labour Party Ideology, 1983–1997", *Archiv für Sozialgeschichte*, 53

第6章

ミッテラン大統領とドイツ統一

――「歴史と地理」からなるヨーロッパ(1)

吉田　徹

フランソワ・ミッテラン
1916–1996

フランス南西部ジャルナック村生まれ．パリ大学およびパリ政治学院で学ぶ，第2次世界大戦に動員され，ドイツ軍捕虜となった後にヴィシー(対独協力)政権ならびにレジスタンス活動に参加．1946年に議員当選，47年に退役軍人担当相となったのを皮切りに，1957年まで断続的に閣僚を経験．1965年と1974年の大統領選で敗退．71年から第一書記となった社会党候補者として1981年に第五共和制で初の左派大統領．2期14年任期を務める．

人々は驚愕し、ほとんど憤慨した。いっそう不穏なゲルマニアが出現したのである(略)彼らの行動は、我々の行動のように、危なっかしいところがない。

——ポール・ヴァレリー「方法的制覇」一八九七年(恒川邦夫訳)

1 はじめに——フランスにとってのドイツ統一

一九九〇年に実現したドイツ統一は、世界史的な事件であった以上に、フランスにとっては安全保障環境の大きな変化を意味するものだった。それは、第一次世界大戦からドイツを封じ込めることで「安全」を最優先することを是とし、その延長線上として「ドイツ問題」を欧州統合によって解決しようとするフランスの歴史的な外交上のパラメーター(媒介変数)の変動を意味したからだった。(2) シューマンプランに端を発する一九五〇年代からの欧州統合も、フランスにとっては「ドイツ問題」の解決によるヨーロッパの再興であり、ヨーロッパの再興を通じたドイツ問題の解決を意味した(吉田、二〇一二)。「欧州建設を語るとすればそれはドイツ問題のことであり(略)ヨーロッパとは昨日の敵を手助けすること、つまりビロードの手袋をした鉄の手でドイツを押さえること」(Bossuat, 2005: 21)——これこそが普仏戦争、第一次世界大戦、第二次世界大戦を戦った一世紀以上に渡る「フランスの強迫観念」だったのであり、それゆえドイツ統一は、こうした半世紀以上に渡るフランス外交のパラメーターそのものを揺るがすものとなった。

「分け隔てる壁は天空に届かず(les murs de la séparation ne montent pas jusqu'au ciel)」——これは、そのドイツ統一に直面することになったフランスの大統領フランソワ・ミッテラン(任期一九八一—一九九五年)が、自身の外交政策に関する演説集で引用した古諺である。自らの外交を包括的に説明するものとしては唯一である一九八六年に公刊されたこの著作で、彼は一九四八年のハーグ会議への参加から章を起こし、その構想を実現できなかったゆえに戦後の西ヨーロッパが「軍事的に依存し、政治的に分裂し、経済的にアナクロ」なままとなって、東西冷戦が固定化された「ヤルタ秩序(ordre de Yalta)」を振り返る。その上でトランジスタ、ラジオ、テレビの電波にのった「西欧の風」はこの「壁」をすでに越えつつあるため、「歴史と地理」からなる「ヨーロッパを作る」ことの必要を訴えた(Mitterrand, 1986: 67–72)。[3] 同時にこの文章では、ヘルシンキ宣言(全欧安全保障協力会議最終文書、一九七五年)において戦後に確定した国境の変更が否定されていることを指摘し、ドイツ統一には大きな制約がかかることにも注意が促されていた。

統一ドイツの国境問題は、その一〇年後に出版され、ミッテランの遺作となる『ドイツについて、フランスについて(*De L'Allemagne, de la France*)』で再び取り上げられる。すなわち、主権と領土の尊重が条件となっていながらも、国境を変えようとする主権を目の前にした時、どう対処したらよいのだろうか、と(Mitterrand, 1996: 34)。

端的にいえば、一九九〇年に実現したドイツの(再)統一は、ミッテランの外交リーダーシップにとってジレンマとなるものだった。ミッテランは「ヨーロッパを作る」ことを目標にしていた。しかし、ドイツの国境問題は冷戦が存続する限り安定的なものだった。さらにドイツ統一は「ヤルタ秩序」の結果実現した仏独の均衡を崩壊させる可能性も秘めていた。

そうであればこそ、ドイツ統一はフランスの外交安保上の最重要課題となった。仏独協力を進めるため、相性が良いとはいえないヘルムート・シュミット西独首相を別荘に招いた一九八一年一〇月の首脳会談で、選出された米レーガン大統領について意見交換しつつ、宰相が「二つの分断国家が今世紀中にも統一される可能性があると今思っている西ドイツの政治家はいません」との見通しを示したのに対し、大統領は統一こそが「歴史の論理に適っている」と述べ、その可能性に早くから言及していた(Attali, 1995: 102; シュミット、一九九一：四九)。これ以降もミッテランは、首脳会議や閣議の場で、折に触れてドイツ統一の潜在的な可能性に言及することになる。

一九五八年に首相の座を再び預かった直後のシャルル・ド・ゴール大統領は一九六一年の仏独友好条約を実現させたが、彼も西独首相のコンラート・アデナウアーをやはり私邸に招き、ケネディ大統領について意見を交わすとともに「国境の維持」が仏独協力の条件としていた(de Gaulle, 2000: 1033)。ド・ゴールも、ミッテランとまったく同じように、ドイツの東側国境線の「不可触性(intangibilité)」を繰り返し強調し、「(統一は——引用者註)ドイツ国民の正統な運命だと思うが、それは西、東、北、南の国境の変更がない限りにおいて認められる」(一九五九年三月二五日、記者会見)と条件を課していた(cited in Crémieux, 2004: 251)。

ド・ゴール=アデナウアー会談では、西ドイツの東側諸国との良好な関係、核兵器保有禁止に加え、西ドイツが統一を「我慢する(patience)」ことが要求された。ド・ゴールとミッテランは共に、ドイツ問題はヨーロッパの問題であることを強く認識していた。ただし、統一に際しての条件は両者の時代ですでに大きく異なっていたことを指摘しておかなければならない。つまり、ド・ゴールとミッテランが統一に際して課した条件は同じだったかもしれないが、ドイツ統一というナショナリズムは各国の政治指導者の思惑を超えて進展し、そこに指導者による「我慢」が関与する余地はもはやなかった。(4)

ところで、ドイツ統一に対するフランス外交は一般的に、受動的な立場であったり、もしくは積極的な反対をしたり、あるいは妨害しようとしたというネガティブな評価が下されるのが一般的である。(5) 定評ある通史であるジャット『ヨーロッパ戦後史』でも、「このフランス人(ミッテラン——引用者註)は、誰にもましてドイツと共産圏全体で安定したおなじみの秩序が崩れることを本気で嫌っていた」(ジャット、二〇〇八:二四〇)と断定している。どちらかといえば、統一に際してミッテランはアンビバレントで首尾一貫した戦略を持っていなかったかのようにみえるが、本章はこうした評価には踏み込まない。統一に対してフランスが妨害、促進、傍観したかは、それ自体としては事後的な解釈としてしか、また政治的な立場を交えてでしか成立しないからだ。むしろ本章の関心は、このような構造的・歴史的条件に強く刻印される外交関係や国家間関係に、特定のリーダーの足跡をどのように求めることができるのかにある。すなわち、ドイツ統一をケースとして、ミッテラン外交なるものの特性——もっと言えば意図と原動力——がどこにあるのかを把握することを目的としている。

　ドイツ統一という歴史的事件に際しては、多様なアプローチが存在し、また存在すべきであるのは論を待たない。その過程で中心的な役割を果たした「2＋4（東西両独＋米英仏ソ）」に限ってみても、数十の外交関係が成り立ち、網羅的なアプローチは各アクターの意図を後景に措かざるを得ない。そのため、本章は分析の対象期間を八九年七月頃から九〇年七月頃までの約一年間に限定し、ミッテラン大統領個人ならびに大統領外交に関わるアクターに焦点を絞ることにする。これは、外交と安全保障が憲法規定からいわゆる大統領の専管事項（domaine reservé）であるとの制度的慣習があり、またフランスが一九八九年後期に大統領の意向が色濃く反映されるG7（先進国首脳会議）議長国だったためであり（Howarth, 1993）、さらにミッテランという稀有な政治指導者が「ドイツ問題」というフランス外交の「強迫観念」——言い換えれば、「歴史」と「地理」を隔てる動かしがたい壁——にどのような態度で臨み、いかなる限界を抱えたのかを明らかにして、その個性を確認することを目的としているからである[6]。それはまた、「歴史は人間の行為の結果であり、人間の計画の結果ではない」であるからだ（エルスター、一九九七：二〇〇）。

コールとミッテラン
（Emmanuel Chaunu, 1993）

ミッテランは統一のプロセスが進む中で、フランスがどのように指針でもってこれに対処するかの「大方針(grand discours)」を終ぞ明らかにすることはなかった(Védrine, 1996 : 446 ; Favier & Martin-Roland, 1996 : 193)。このことがまた様々な解釈を許容することにもつながっているが、何れにせよ、その検証作業は当時の言動によってなされるしかない。

結論を先取りするならば、ミッテラン外交がドイツ統一に際して取った態度は「好意的」かつ「条件付き」のものであり、ヨーロッパ共同体の進化を伴うものでありつつ、国境線維持の政治的保証を求める保守的なものでもあった(7)。すなわち、ヤルタ秩序を否定しつつも、その秩序によって提供されていた安定を求めたといえよう。

ドイツ統一とフランスの関係が論じられる時、EMU(欧州通貨同盟)交渉とそれに伴うドイツ・マルクの放棄をフランスが求めたとするのが一般的である(マーシュ、二〇一一：後藤、二〇〇一)。しかし、ミッテラン外交の特徴は経済的次元よりも地政学的次元に、安全保障上の次元よりも歴史的次元に重きを置くものであり、経済統合はこの歴史からなる地政学的考慮によって選択させられた。それはまたミッテランの「統治のスタイル」でもあったからだ(8)。

2 「静観」から「関与」、「包摂」へ

それまで「平和裏かつ民主的な」ドイツの統一を求める(ミッテラン、八九年七月の記者会見)ということ以上の意思表明をしていなかったフランスが、統一の実現性を意識して、自らの外交資源を投下するようになるのは、八九年六月にポーランドの上下院選で連帯が圧勝した後、翌七月にEC(欧州共同体)議長国に就いてからのことである(9)。それまでにミッテランは「東欧での変化をみれば私はそれ(ドイツ統一——引用者註)に反対しない」と明言していた(ブッシュ大統領に対して、cited in Schabert, 2017)。ただしそれが「平和裏かつ民主的な統一」でなければならないとの条件は、

ミッテラン外交のバッソ・オプティナート（通奏低音）となっていく。

八九年後半以降、ドイツ統一に対するフランスの姿勢は、制度的アイディアと予測に留まる、いわば「静観」から、具体的な対処と枠付けを模索する「関与」の段階にシフトしていく。同年は、フランスは革命二〇〇周年を祝う場でもあるG7の議長国として、アルシュ・サミットの準備に時間と資源を割いており、これはヨーロッパ・ピクニックを受けてヘルムート・コール首相がドイツ統一の可能性に言及する局面まで持続していた。[10]

東ドイツのエーリッヒ・ホーネッカー議長が解任された一〇月一八日の閣議でミッテランは、両ドイツ国民が統一を望むならばそれは実現されるべきだが、それは「平和裏にかつ民主的であるべき」との認識を繰り返し示した。

もっとも、西ドイツの方針が明らかにならない限り、フランスがとることのできる選択肢も明確にならない。延期されていた一〇月二四日のパリでのコール首相との非公式会談でも、議論の中心はストラスブール欧州理事会のアジェンダについてであり、統一そのものについての会話はなかった。一一月二／三日のボンでの首脳会議でも通貨統合に関するIGC（政府間会議）の日程についての意見が交わされたのみで、統一の見通しや具体的な方法についての意見交換はなく、記者会見でもミッテランによる「平和裏かつ民主的な」統一の支持が再度表明されるに留まった。ただ、この場でミッテランは、存在する西ドイツとポーランドの間のオーデル・ナイセ線についての合意は「不可変な形式をとっているもの」との指摘をすでにしている。ポツダム会談ではドイツの東部国境問題は未解決なまま残され、西ドイツはその最終的画定は平和条約の締結まで未確定との立場を崩していなかったためである。

少なくとも、この段階で統一について好意的であるとのフランスの姿勢が示されたことで、アメリカを始めとする国際社会にこの認識は共有されることになる。現実の進展に応じて、ミッテランはより具体的な態度表明をせざるを得なくなる。一一月一〇日、ベルリンの壁が打ち壊されたとのニュースがかけめぐる中、コペンハーゲンを訪れていたミッテランは記者に意見を求められた。ミッテランは「これはヨーロッパの進歩を示す喜ばしい出来事だ（略）わが国では人民の運動が一七八九年にあったが、それは新しい時代を開くことになった」と述べた上で、「ヤルタの秩序」が崩壊しつつあり、それゆえにヨーロッパ共同体のさらなる構築が必要になると強調した。

留意すべきは、この段階で独仏関係が、相対的には順調なものではなかったことである。コール政権の「東方外交」にフランス大統領府は特段の関心を示さず、反対に東欧に対してECのコミットを求めようとさせる西ドイツの方針は、それ以前に経済通貨統合の深化が模索されるべきとするフランスの猜疑心を買った。他方のコールは、フランスが前のめりに具現化しようとしていたEMU構想に基本的には賛同しつつも、自国選挙を控えてそれが政治争点化するのを回避しようとしていた。仏独タンデムのこのいわば「空白」が、ミッテラン外交のパラメーターを決めていくことになる。八九年一〇月以降、EMUのためのIGCの開始時期について明確な同意を示さないコールにミッテランは執拗にその確認を取ろうとし、さらに国境問題についても、一一月三日の会談で「オーデル・ナイセ国境の不可変性を認めない限り何も可能にならない」と言明している(cited in Schabert, 2017)。

対応を迫られるEC議長国としてのフランスは、一一月一八日にEC各国首脳を招いた臨時会合を開催するが、その際も統一そのものにどう対応するかは主要な議題から外されていた。対処方針以前に、当事者間の状況認識の摺り合わせが目標とされていた。ミッテランはこの首脳会談の議題として、ハンガリーとポーランドへの支援を行うこと、東独との通商条約を締結すること、国境問題については直接的に言及しないこと、ソ連を刺激しないこと、ECの権能を何らかの形で拡大することの五つを掲げた(Attali, 1995: 342)。

統一についての具体的な意思決定や意見調整については議題としなかったことは、この段階でフランスの具体的な戦略は描けていなかった、もしくは描いていなかったということになる。晩餐会を交えたこの会合で、英サッチャー首相は統一の話を持ち出し、オランダのルベルス首相とともに反対の意志を明示的に表明した。もっとも各国の足並みが乱れるのを認めるわけにはいかず、ミッテランは記者会見で統一の方法やタイミングなどについては、「全く」

議論しなかったと発表せざるを得なかった。ただ、この場で確認された東側諸国の民主化プロセスを歓迎する意や、統合の深化、後にEBRD（欧州復興開発銀行）と命名される新銀行の創設などは、コールとともに行った二二日の欧州議会の演説において確認されることになる(11)。

すなわち、この段階でフランスにとって最も有効な選択肢は、すでに前年六月に採択されていたドロール報告による通貨統合、それを具現化するためのIGC召集を早めて、統一へと向かうドイツを包摂することにあった。

ミッテランはすでに言及していたIGCの作業準備の日程を年内中に、すなわち年末のストラスブール欧州首脳理事会に定めると一一月末に宣言する。これについてコールは一一月二七日、ミッテランに対して通貨統合の前提となる収斂の条件が整っていないため、九三年までのスケジュールを視野に入れて、IGCの召集日程の決定を九〇年末に設定するよう求め、EMUだけでなく機構改革も議題とすべきとする書簡を送った（Attali, 1995: 349）。これはコールが一〇月の仏独首脳会談の段階から希望していたスケジュールだったが、IGCの開始を実質的に一年ほど先送りにすることから、議長国フランスがイニシアティブを握ることができなくなることを意味した。IGC準備作業をまとめてきたアレクサンドル・デュマ外相およびエリザヴェト・ギグー大統領補佐官は、この提案がドイツの内政上の理由に端を発していることを指摘して、繰り延べ案に反対した。ミッテランはディートリヒ・ゲンシャー外相との会談を経て、ストラスブール首脳理事会で予定通りEMUについての決定を下すことを三〇日にコールに対して伝える(12)。

問題は、コールのこの書簡の送られたタイミングにあった。すでに述べたように、統合過程の加速と深化に際して、フランス側はすでに八八年頃から「仏独の共同姿勢の乱れ」（ギグー、八九年四月）を感じていた。この猜疑心は、周知のように、コールが一一月二八日に国内で発表した統一に向けた「一〇項目提案」によって強化された。これはコールによる東ドイツ側からの統一プロセスへの逆提案だったが、直前にアメリカに通知されたほかは、関係国はおろか政権内にも周知されず、コールの自宅で書かれたものだった（テルチク、一九九二：高橋、一九九九）。

大統領府とフランス外務省は、コール首相の提案が一方的なものであることに強い嫌悪感を示す一方、ミッテラン個人はこれについて公的な意思表明はせず、パリを訪れたゲンシャー外相に対しては統一に反対もせず、心配もしていないと告げるに留めた(Favier & Martin-Roland, 1996 : 204)[13]。

ただし、こうしたコールの動きがミッテランの統一プロセスに対するより一層の関与を引き出す誘因となったのは事実である。二八日の韓国・盧泰愚大統領との会談でも、統一が「平和裏かつ民主的」であること、そして国境線も不変でなければならないと言明し、「もしリズムが異ってしまえば予想以外のこと(accident)もあり得るだろう」との見通しを披露している。同様の主張は一二月六日のキエフでの仏ソ会談(ドイツ統一の流れが確定した米ソのマルタ会談の三日後およびNATO首脳会議の二日後)でも再度言及された。共同記者会見で東西ドイツの二ヶ国の主権とNATOへルシンキ宣言の原則を主張したミハイル・ゴルバチョフに対し、ミッテランは「ヘルシンキ2」の開催可能性に同意しつつ、国境の変更は「一九一三年以前のヨーロッパ、ましてやオーストリア゠ハンガリー帝国の再現」を意味してはならないと公言した。当時の欧州は、英、仏ロ、独墺の三勢力が鼎立し、第一次世界大戦という欧州の内破を準備する段階にあった。

急遽セットされたこの八九年一二月の仏ソ会談は「ゴルバチョフを手助けすること」(ミッテラン、八九年一〇月)を目的としたものであり、統一についての意見を摺り合わせる意味もあった。四ヶ国(米英仏ソ)による協議の枠組み設置が同意されたこの会談で、ドイツ統一とコール外交に大きな懸念を示したゴルバチョフに対して、ミッテランは一定度の賛意を示しつつ、ドイツ統一は認められるべきものであることを強調した。少なくともソ連に対してフランスは忠実な仲介者としての役割を果たそうとしていたようにみえる。続く一二月一六日には仏米首脳会談が持たれたが、欧州統合の進化の必要性を訴えつつ、ここでもミッテランは「一九一三年に戻れば全てを失うことになる」とベーカー国務長官に向かって発言している。

すなわち八九年末まで、大西洋の枠組みによって統一のプロセスを安定化させようとしたアメリカに対し、フランスはヨーロッパの枠組みによってこれを安定化させることを優先させるという構図が出来上がっていた。(14) ここで、フランス外交が当初から描いていたヨーロッパの深化によって西ドイツを包摂するというシナリオが拡張し、ドイツ統一に対しても適用されることになる。そして、結果的にフランスがEMUのスケジュールを西ドイツに了解させることで、制度的な枠組みは完成をみるはずだった。

年末のストラスブール首脳理事会では、コール首相が六日にすでにフランス大統領府に受諾の意を伝えていたように、初日の昼食時にIGC召集の日程を受諾することを約束する。それ以外にもイギリスを除く加盟国による社会憲章の採択や、当初の制度設計からかけ離れた形となったが(とりわけアメリカの影響力を排除しようとした点において)ミッテランが前月に提案した東側諸国に資金融資するEBRD創設なども合意に至った。(15) 会議最終日に加盟各国は、平和裏かつ民主的な形で、国境線についてはヘルシンキ宣言の原理に則った形かつ欧州統合の展望に沿うことを条件に、ドイツ人民の自由な自己決定を通じた統一を認めるとの宣言を採択するに至る。

3　持ち越された課題

こうした推移をみれば、確かに交渉責任者のギグーが自画自賛したように、「八九年後期のフランスの議長国の業績は輝かしいもの」(Guigou, 2004: 74)だったといえるかもしれない。もっとも、ドイツ統一に際してのミッテラン外交を論じる際の通念に反する点として、二点指摘しておく必要があるだろう。

ひとつは、前述のように、後にマーストリヒト条約(欧州連合)で具現化される通貨統合のプロセスとドイツ統一とのリンケージを直接的に求めることには留保が付けられる点である。つまり、EMUの具体化は、ミッテラン大統領の第二期目の主要な政策として、八九年七月より補佐官ギグーが外相とともに調整会議の議長としてアジェンダを進めていたものであった。EMUとドイツ問題が直接的にリンクし、仏独間の交渉の材料となったのは、EMUの第二段階から第三段階への移行のタイミングやECの機構改革を含む政治統合のあり方を巡る綱引きにおいてであって、EMU構想そのものと統一がバーターされたわけではない。そもそも、コールの一〇項目提案にも「将来のドイツはヨーロッパ全体の構造に挿入される」(第六提案)ことが謳われており、続けて「この将来のヨーロッパの原動力は欧州共同体であり、その強化は続けられる」(第七提案)とされたように、西ドイツが共同体の一層の深化を否定していたわけではない。ドイツ統一の動きが九二年に調印されるマーストリヒト条約の生みの親の一人として数えられるとしても、それが全てではなく、フランスがドイツ統一とその「核兵器」たるマルク(ミッテラン、八八年八月)の放棄を引き換えに迫ったわけでもない。それはむしろ、数多ある制度構想のうち、もっとも文脈に沿ったものがアドホックに選択され発展していくという、ヨーロッパ統合における通常の経路(Parsons, 2003; Pierson, 1996)の結果のひとつだったとするのが適当であるように思われる。すなわち、統一という不可避的なプロセスを前にして、すでに用意されていたEMUのプロセスが併せて加速化されたということに過ぎない。

もうひとつは、ストラスブール首脳理事会では、ミッテランが当初からもっともこだわっていたドイツの国境問題の最終的な決着をみなかったことである。先にみたように、結論ではヘルシンキ宣言の原則やその他の合意と条約を遵守することが統一の前提となるとされたが、それ自体は統一ドイツとポーランド国境の不可触性を保障するものではなかった。(16) 実際、理事会の場でも、コールが国境の不可侵について言及したものの、それは東西ドイツの国境を念頭に置いた発言と受け止められ、オーデル・ナイセ国境あるいはその他の国境についての明確な言及はなかったとフランス側ではみなされた。

理事会にあわせた仏独首脳会談の場で、ミッテランは結論に盛り込まれる原則は東西ドイツではなく、東独とポーランドに関して適用されるものであるはずと再確認をしている。理事会での決定事項を議会に報告する中で、デュマ外相もフランスにとって「最も大事なのは」ポーランドの西側国境が「最終的すなわち不可触」であることだと明言した(*Journal Officiel*, 121e séance, mardi 12 décembre, 6379)。

なお、首脳理事会後の一二月二〇―二二日にかけてミッテランは、ベルリンの壁崩壊後では、西側首脳として初となる東独訪問を果たしている。東側諸国への訪問は、ペレストロイカの余波もあって、一九八八年に再選されて以降の重要な外交課題として以前から設定されていた。この課題に沿って、ミッテランは八八年一一月の訪ソを皮切りに、一二月にチェコスロヴァキア、八九年一月にブルガリア、六月にポーランドを訪れていた。一二月に入って東独クレンツ書記長の辞任などがあったことから、大統領府内でも訪問を当初通り実行することへの反対もあったが、ミッテランはコールの了承を得て、これを実行に移した。

確かにこの東独訪問の目的は明確なものではなかった。ただし同月の一二日にはミッテランの訪問予定を受けてすでにベーカー米国務長官が、一九日にコールも東独を訪問しており、ミッテランの訪問を西独への牽制とみなして、それを「時代錯誤」(テルチク、一九九二:一一〇)だったと非難するのは行き過ぎであろう。冒頭に紹介した一九九六年の自著で、ミッテランはベルリンとライプチヒへの訪問について二章半に渡って振り返り、それが一一月頃からドイツ国内でもみられるようになったフランスが統一阻止に動いているとみている世論への反論を主な目的としており、それゆえライプチヒ大学での講演で、自分が統一を支持する旨(国境問題の提起とともに)を発言した際、大きな反応がなかったことに「驚いた」としている。統一支持と国境問題への言及は現地での記者会見でも繰り返された。野党勢とも会談したミッテランに、東ドイツの行く末を見定め、フランスの存在感をアピールするという目的があったにせよ、一般的に指摘されるように、それがドイツ統一に対するレバレッジを効かそうとすることを目的とするものだったとは言い難い(Védrine, 1996: 452)。

この東独訪問とEBRD創設案にもみてとれた、ドイツ統一プロセスは東欧諸国を含む形で安定させなければならないとの企図は、ミッテランが一九八九年一二月のテレビ演説で突如発表した「欧州連邦(confédération européenne)」構想へと続くことになる。国民に向けたこの大晦日恒例の演説で彼は、「二大国に依存していたヨーロッパは、自らの家に帰るかの如く、歴史と地理に戻ろうとしている(略)もし分裂と破断が続けば、それは一九一九年のヨーロッパとなる。これを避けるにはヨーロッパは自らの手で自らを作り出していかないとならない」と述べ、同連邦をストラスブール欧州理事会での決定に次ぐ「第二段階」に位置付けるとした。構想当初から躓くことになるこの「欧州連邦」は、オーストリアの加盟に加え、近い将来予想される東欧諸国のEU加盟を前に安定と支援をするプラットフォームとして機能することが期待されたものだった(Mustielli, 2002)[17]。それまでにミッテランは、アメリカと東独に対してCSCEサミットの前倒しを求めるゴルバチョフ提案を支持する旨を伝えていた。統一に反対しないのであれば、また反対できないのであれば、ECを核として、二重にも三重にもセーフティネットを張ってドイツ統一のプロセスをフォローすること、これが八九年末までのミッテラン外交が描くことのできた数少ない戦略だった。戦前のフランス外交はドイツに対する安全保障の実現こそが目標だったのに対し、再統一したドイツを抱える欧州にあって、ドイツとともに安全保障体制を構築することは不可避となっていた。

もっとも、このように統一プロセスに直接的に介入する方式に依存せず、環境を整えることで統一プロセスを統御するというミッテラン外交の八九年末までの構想は、年が明けて2＋4という、より直接的なプロセス統御の方式に道を譲ることになっていく。

4　国境問題という「唯一の問題」と「2＋4」の優位

年が明け、フランスが統一の明確な条件として掲げたのは①西ドイツおよび統一ドイツのオーデル・ナイセ国境の即時的な承認、②米英ソとフランス四ヶ国による統一ドイツの権能の確認、③同国の核兵器および生物・化学兵器の保持禁止、④NATOへの帰属、⑤欧州共同体への継続したコミットメントの五つであった(Mitterrand, 1996 : 33)。このうち、ミッテラン外交がEMUプロセスよりも直接的にドイツ統一の条件に据えていたのは、オーデル・ナイセ国境の維持であった。ミッテランも、コールによる一〇項目提案などではなく、国境問題こそが「コールとの唯一の問題」(ミッテラン、九〇年六月)だったと振り返る。前年九月に、ゲンシャー外相が国連総会の場で国境線の変更がないこと、あるいは一一月のコールのポーランド訪問に際しての共同宣言でも同様のことが確認されていたにもかかわらず、ミッテランが譲ろうとしないこの問題は、翌年に持ち越された。

ミッテランはコールに対して国境の「不可触性」を執拗に求めたが、それはヨーロッパを大戦前夜の「一九一三年に回帰させないこと」(ミッテラン)への固執でもあった。ミッテランは年明けの一月四日、最初のゲストとしてコールを別荘に招く。ここでミッテランは、東独情勢についての意見交換を行い、ゴルバチョフが国内をまとめることのできるような統一プロセスを整えることを約束するとともに、ポーランドとの国境問題を再び提起した。一二月のグルジアでの分離独立運動や一月のバルト諸国の独立要求などソ連邦の崩壊は加速しており、ミッテランにとってはドイツ統一後の国境問題について、より厳格に関与する必要性が出てきていた。

一九九〇年の二回目の仏独非公式会談では、ミッテランは米キャンプ・デーヴィッドに向かう直前のコールに対して、オーデル・ナイセ国境の歴史についての知識を披露するとともに、「一九一九年(ヴェルサイユ条約)、一九二九年(ヤング案)、一九四五年の条約はいずれも不公平なものだったが、それを良しとしなければならない」と語ったという(Kohl, 1996 : 300)。

ドイツの包摂を目指したこの段階で、ミッテランが手元で進めようとしていたのは加盟国に限定されるEMUという制度枠組みを除き、CSCEと欧州連邦構想を利用した汎ヨーロッパ的な枠組みによるプロセス統御だった。しかし東ドイツの実質的な無政府状態、ゴルバチョフの苦境とアメリカの支持による、二月八日のベーカー国務長官による「4＋2」(「2＋4」ではなく)案についてのデュマ外相の報告を受け、ミッテランは統一プロセスに対する統御の枠組みの軸足を移さざるを得なくなる。二月九日の独ソ会談でのゴルバチョフによる明示的な統一支持もあり、一二―一三日のオタワでのオープンスカイ交渉で決定した2＋4方式は、こうしてフランスにとっても欠かすことのできない「ツール」(デュマ外相)となっていく。フランス一国のみで、仏独関係を通じてプロセスを統御できるという十分な制度的保証は九〇年に入っても、少なくともミッテランのこだわる国境線については、確保できていなかった。この段階に到っても、フランス側はコールの一〇項目提案そのものを追認しはしたものの、国境問題や欧州共同体についての言及が不十分であると認識していた(Dufourcq, 2000)。

ミッテランは三度国境問題にこだわった。一月三〇日の閣議で、「半世紀は何でもない。日本も広島と長崎に原子爆弾が投下されたからといってその性質(nature)が変わったわけではない。プロイセンは生きることを望んでおり、そのチャンスが訪れているのだ」と統一について長々とした演説をぶち、欧州連邦構想の正当性を語った。他方で、この閣議での発言にあったように、ドイツの中立化がこの段階でもはやあり得ないと確信していたのは西欧首脳の中ではミッテランだけだった(高橋、一九九九：二三九)。NATO帰属問題について、フランスはアメリカの方針を支持しつつ、ソ連との仲介役に徹することを選択するようになる。

統一の進展に際してフランスは、東ドイツを新たなEC加盟候補国として迎えるより、西ドイツによる吸収が望ましいという見通しをつけ、それに随伴する形でEMUの進展と統合アジェンダのペースを設定しようとしていた。この点については、少なくともストラスブール首脳理事会以降、西ドイツとの間にリズムの乱れはなかった。しかし国境問題については異なっていた。三月一日にベルリンを訪問していたデュマ外相がオーデル・ナイセ国境は不可変だと宣言することは、統一に際して不安定の源となる猜疑心を払拭するためにも不可欠と公言したため、この発言を受けてコールは内政干渉だとミッテランに抗議をしている(Dumas, 1996 : 342)。国境の問題は国際社会や仏独間の問題というよりは、ミッテランとコールという指導者同士の間の懸念材料となっていた(Dumas, 2013 : 90)。

三月中旬の東ドイツでの選挙が済めば、統一はさらに加速するとの予測が大統領府でされる中、ミッテランは二月一五日のコールとの会談で、国境線について、2＋4の協議の結果をそのままCSCEで了承するという氏の提案に対して、それでは不十分であり、国際法を遵守する公式的な文言を勝ち取るべきとの指示を補佐官に与えた。

当日の会談では、コールによるゴルバチョフとの会談の報告に始まり、統一に話が及ぶと、ミッテランは「ヨーロッパより前に」「国境の問題を解決すること」をコールに迫った。これに対してコールは統一が実現した後に国境の画定をすべきであり、それは現時点で確約できることではないと返答する。オーデル・ナイセ国境の問題は年末に予定される国内の選挙で不利になると釈明するコールに対し、ミッテランは「シレジアとプロイセンは地理的にはドイツだが、政治的にはドイツではないということ」の政治的な宣言を求めるとし「フランス人の愛国者として」、統一が西側の東部への進展という印象をソ連に与えてはならず、それゆえオーデル・ナイセ国境に「関心を抱いている」と蒸し返した。コールはこれに対して「顔を赤くして怒り」、「古い傷口は薬草で塞ぐもので火油を注いではならないのであり」、ナチスのズデーテン地方侵略に言及し、領土問題は内政問題であるのであって統一の「前提条件」としてはならないと反論した。ミッテランは、国境問題が統一の条件ではないと返しつつ、それでも国境線の維持は単なる意思表明に終わってはならないと追い打ちをかけた。この会談を記録したアタリによれば、ミッテランは国境問題を統一の前提条件とすることを諦めていなかった(Attali, 1995 : 422–430 ; cf. Kohl, 1996 : 301–303)。

コール首相が譲歩の姿勢を見せたのは、三月に入ってからのことだった。五日のミッテランとの電話会談で、八日に連邦議会で東西ドイツ両議会での国境線維持についての全体決議を行うと報告し、その後も国内での協議を経て、これについてポーランドの賠償放棄の条件としないことを公式に表明する。

しかし、このコールの譲歩によってもミッテランの納得は得られなかった。三月上旬に、デュマ外相は、ヘルシンキ宣言も、先のドイツ議会の議決も国境の「不侵略性(inviolabilité)」を認めるものであって、その「不可触性(intangibilité)」については何も確約していないと注意を促した上で、ヨーロッパの国境が一箇所でも変われば、それが全体に波及する恐れがある、と大統領に報告した。国境問題が集中的に討議された、九日のポーランド・ヤルゼルスキ大統領とマゾヴィエツキ首相を相手にした会談で、ミッテランは同国のドイツとの国境についての懸念を共有するとし、記者会見でドイツ議会の決議は「不可触性」を約束しているものではないため、統一以前に何らかの形での「国際的な法的な行為」に基づく解決が求められると述べた。テルチクからみれば、これはフランスがポーランドの「利益代理人」として振る舞ったのも同然だった(テルチク、一九九二：一九八)。この記者会見でミッテランが会談することを表明したコールとの三月一四日の電話会談では、統一後に締結される予定のポーランドとの国境条約の交渉をすぐに始めること、また2＋4の場に国境問題に限ってポーランドを交渉相手として加えることが提案された。ミッテランは、三度、コールの譲歩を迫ることになった。この日、局長級2＋4の初会合がボンで開催されることになるが、国境線についてソ連以上にこだわったのはフランスだけだった。

第三回目の仏独国防安全保障会議の前日に行われた四月二五日の仏独首脳会談で、コールは2＋4を通じた国境問題の解決を最終的に了承し、これ以降、国境問題は交渉の材料とされることはなくなる。コールは三月一四日の電話会談は「台風一過(reinigendes Gewitter)」のようなものであったと回顧し(Kohl, 1996: 327)、この日の会談を終えたミッテランは「甲斐ある緊張があって大河は乱れなかった」(Attali, 1995: 479)との感想を漏らした。ドイツ統一は、この週の欧州臨時非公式首脳会議で正式に承認されることになった。

続く五月二二日にフランスを議長とするボンでの2＋4局長級会議の協議の場で国境問題が討議され、ポーランドとの条約が締結されること、統一されたドイツの領土に変更はないこと、この方針について四ヶ国が「留意する(take note)」ことが決定した。すなわち、フランスは欧州統合を通じたドイツの包摂に加えて、国境問題のより直接的な保証を求めて2＋4の枠組みにこの問題を節木することで、その解決を図ったのだった。

西ドイツの姿勢に不安を抱き続けて、五月二八日にフランス訪問を実現したポーランドのマゾヴィエツキ首相に対し、ミッテランはその行方を注視することを確約した。六月七日にコールはハーバード大学での講演で初めて公に国境線が「不可触」であることを表明する。[18] 二日後に開催された東ベルリンでの局長級2＋4でフランスは、統一ドイツの領土は西独・東独・ベルリンだけを含むものであり、ポーランドとの条約締結を最終宣言に盛り込み、その他の領有権の主張や基本法の変更については西ドイツの方針を確認するとの妥協案を提出し、これが認められることになる。

西ドイツ連邦議会と東ドイツ人民議会が「双方は、互いにいかなる領土要求も行わず、将来においてそのような行動を起こさないことを表明する」と締め括られる同文の決議を採択したのは一九九〇年六月二一日のことだった。コールは六月一三日に議員団に対して「統一を周知の国境の中で達成するか、2＋4会議を失敗させるかの二者択一しかない」と表明し、議会による議決は統一が認められるための最大の条件だと説明した(テルチク、一九九二：三一四)。

もっとも、コール自身の言葉を借りれば、「この地と祖先に愛着を持つ人々」のことを思うと「心は重かった」(Kohl, 1996: 402)。さらに「ヒトラー時代以前からライヒの三分の一の領土を占める領土をいとも簡単に解決できるはずがなかった」とも述べることになる(cited in Kuhn, 1993: 172)。こうした彼の顧述は、選挙を前にして国境問題を純粋に法的な問題に押し留めることができず、「過去」の問題に注目が集まってしまったために、他の重要な「未来」の問題が討議できなかったとする、自身の後悔の言とは矛盾するように聞こえる。議会による議決が決定した翌日、コールはライン河をミッテランとともに下り、一七世紀の図画家メーリアンの版画を彼に贈った。ミッテランはそれにナポレオン支配からのライン解放のサインを読み取ったはずではないかとコールは回顧している(Kohl, 1996: 405)。

何れにせよ、この六月末の時点でフランス外務省の政務官は、オーデル・ナイセ線をめぐる事案は「最終的に解決されるのに十分に熟している」と判断できるまでになっていた。パリで開催される七月一七日の三回目の外相級2+4にはポーランドのスクビシェフスキ外相が参加し、この場で統一後のドイツとポーランドとの間で条約を締結し、これによって国境が法的に画定されることが確認された。

国境条約がドイツとポーランドとの間に結ばれるのは一一月一四日のことだった。そしてミッテランは「国境問題が解決することがない限り、ドイツ統一の問題も解決しないと宣言してきた。そしてそれは解決することになった」と言うことができたのである(Mitterrand, 1996 : 154)。

確かにミッテランが述べたように、ヨーロッパを分け隔てる壁は天空まで届くものではなかった。しかしそれゆえ、ミッテランは一九九一年から泥沼化していくユーゴスラビア紛争という、止まることのない、さらなる「歴史と地理」の問題に対処しなければならなくなる。

5 結語――「ミッテラン外交」の特質

これまで観察してきたドイツ統一をケースとしたミッテラン外交の特質として、大きく三つ指摘できるだろう。

ひとつは、強大な統一ドイツが誕生することへの警戒心がフランスにとって条件反射のひとつであり続けた点では変化がなかったことである。フランスの有力な知識人アラン・マンクは一九八九年一月に発刊した、その名も『大いなる幻影(*La Grande Illusion*)』で、アメリカの衰退から生まれる力の空白が、ドイツによって埋められるとの近未来予想を出して反響を呼んだ(19)(Minc, 1989)。一九九〇年三月には、フランスきってのドイツ通の国際政治史家のアルフレッド・グロッセールは国境問題でフランスに安心供与をしないコール首相を非難する論説を有力紙『ル・モンド』

に寄せている(*Le Monde*, 1er Mars 1990)。ドイツの東側が流動化することは、フランスにとってその「安全」が打ち破られることを意味するゆえ、これが最大の焦点であり続けた。

このことはすなわち、ミッテランが指摘したように「ドイツ問題とはヨーロッパの問題」であることも意味した。みてきたように、統一ドイツをめぐるNATO帰属や核問題といった点について、大統領は米ソと歩調を合わせつつ、それとは異なる欧州の「歴史と地理」から形成される問題に関心を抱いていた。こうした認識に基づき、最初に模索されたのは欧州統合の枠組み強化という既定路線の延長だった。これは、「ドイツを「封じ込め」ると同時に、グローバル化の中でフランスが自律的で影響力を持ちえること、この二つの要求が両立可能な枠組み」(上原、二〇〇八:二四六)を模索するという、フランス外交の基調に忠実だったということになる。

ただ、この枠組みは西ドイツからも受容されていたものであり、両国間で齟齬が生じたのはそのタイミングに過ぎなかったのも事実である。また、EMUをアジェンダとして優先させることは政治同盟のアジェンダを相対的に先送りすることになり、結果的に欧州統合という制度的保証が不十分になるというジレンマを抱えることになった。

こうした状況は、ミッテラン外交に東との国境線の画定について大きな外交資源を投入し続ける結果をもたらした。二点目としてはここにミッテラン個人の足跡をみてとることが可能になる。

少なくとも統一が視野に入った段階で、東西ドイツが国境の変更を行うことはないとコールは明示的・暗示的に表明しており、実際にそれがなされるのも現実には考えにくいことだった。このように解釈するとき、おそらくオーデル・ナイセ国境線の問題は、ドイツとポーランドの問題というより、フランスが戦後ドイツの「品行方正(bonne conduite)」を計るための証明のひとつであり(Weisenfeld, 1989: 102)、その意味ではヨーロッパやドイツの問題などではなく、フランスとミッテラン自身の問題であったとすらいえた。ミッテラン自身も、コールが主張していたように、法的な形では統一後においてしかポーランドとの国境問題は解決し得ないことを認識していた。それでもなお、コールが選挙を理由として政治的に明確な意思表明を、とりわけ国内世論に対して発しないことに苛立っていたのである(Dumas, 2013: 71)。

ミッテラン外交の良き理解者であり、後に彼の外交実績の喧伝者ともなる元外相ヴェドリーヌは、ミッテランにあっても、ド・ゴールにあっても、両者の外交姿勢に共通しているのは東西の壁という「偶然(contingences)」を所与のものとせず、国境や平和からなるヨーロッパの均衡という歴史的な経緯による現実を指針としたことにあると追懐している(Védrine, 1996: 454)。ミッテランはその著作で、ドイツ統一に際してオーデル・ナイセ国境線の維持こそが最大の関心事だったと回顧し、「自分は、政治的解決をみない問題に法的な解決を求め過ぎたのではないか」と自問しつつも「青年の頃からヨーロッパの地図が万華鏡の中の色のように、少なくとも四回崩れ再編されたのを目にした」ことに触れ、ドイツ帝国の分割から、ヨーロッパの国境再編の歴史を辿っている(Mitterrand, 1996: 131f.)。そのミッテランにあって、ドイツ統一はまた一九一三年という戦前への回帰と不可分のものとして連想され、それこそが統一のプロセスに対するミッテランの言動を導いたのではないか。「遠い過去に囚われていたことが未来を見通す糧になった」と同時に、それは「過度の心配」の結果でもあったとのヴェドリーヌの評価は的確なものだろう(cited in Tiersky, 2000: 185)。こうした観点からミッテラン外交の足跡を追うとき、フランスが統一に対して妨害ないし傍観していたという解釈は、無意味なものとなる。

ミッテランの代表的伝記のひとつが副タイトルを「あるフランス人の物語(une histoire de Français)」としているように(Lacouture, 1998)、彼の人生は第一次世界大戦の最中に始まり、第二次世界大戦中には捕虜となり、ヴィシー政府からレジスタンスへと変転し、戦後最年少で閣僚となり、第五共和制という新しい憲法体制のもとで大統領となって、欧州統合の礎を築いた軌跡は、発展と停滞を繰り返し、妥協と矛盾を抱え続けたフランス現代史そのものでもあった。

冷戦構造の崩壊の中で起きた統一に際して、これによって封じ込められていた戦前ナショナリズムを法的にだけでなく、政治的にも窒息死させることをドイツに求めたミッテランは、その象徴として国境問題の解決を求めたのかもしれない。また、冷戦構造から解放されたヨーロッパは、戦前のヨーロッパへの回帰を意味してはならない。冷戦構造の崩壊にあってもなお、ヤルタ秩序から生まれた仏独の均衡をいかに維持するのか――この二律背反を成し遂げるために「歴史と地理」を両立させようとしたのがミッテラン外交の特質だったといえるのではないか。

最後には、こうした志向はミッテランの統治スタイルと親和的なものでもあったともいえる。ミッテランの統治スタイルは、結果を追い求めて実現していく能動性よりも、与えられた環境を成り立たせる諸原理をいかに維持していくのかという、「非決定」を特徴とするものであった(cf. 吉田、二〇〇八a；二〇〇八b)。歴史的な洞察と教養に溢れた静的な「個人ミッテラン」と、常に「行動」と「決断」が求められる動的な「政治家ミッテラン」との間に生じた溝こそが、ドイツ統一に際してのミッテラン外交の足跡となったと、ドイツの政治学者シャベルトは指摘する(Schabert, 2005: 110–111)。すなわち、ミッテランはドイツ統一そのものについて積極的な介入をする意図もなく、またフランス外交にその余力も残されていなかった。これこそが、欧州連邦構想の失敗やその後の2＋4の枠組みでの追従を説明するだろう。しかし、「歴史と地理」からなるヨーロッパで戦後に見出された均衡の変更をミッテランは頑なに拒み、それが国境の不可触性のこだわりとして結実した。そうした意味においても、ドイツ問題はまたミッテランという個人と政治家自身の問題でもあったと結論付けることができるのではないだろうか。

［注］

(1)本章は日本国際政治学会二〇一五年度研究大会・部会9「ドイツ統一をめぐる国際政治」の報告を加筆修正したものである。企画者の板橋拓己ならびに妹尾哲志氏、またコメントを寄せて頂いた会員に記して感謝したい。また、同テーマについてはその後、Tilo Schabert ならびに Georges Saunier の両氏からのコメントを得たことに記して御礼する。

(2)高橋進は第一次世界大戦後の処理で「ドイツ問題」に関与した英米仏という主体にあって、フランスは一貫して「安全(securité)」を最優先させたと論じる(高橋、一九八三：四―五)。

(3)ミッテランはまた「地理こそが歴史を作る」とも述べている(cited in Schabert, 2005: 346)。

(4)同じイメージで語られることはあるものの、ド・ゴール外交とミッテラン外交に差異が認められるのも事実である。デポルトに従えば、フランスの自主外交を重んじ核保有を絶対的な条件としてNATO復帰を否定する点に連続性があるが、他方でECとのより緊密な関係、ソ連との「特別な関係」に終止符を打ってアメリカとの協力関係を築き、第三世界との関係を再構築した点で異なっている(DePorte, 1991)。

(5)前者の代表として、Zelikow and Rice(1995)、後者の代表としてHaski(1998)やGarton Ash(1993)など。ミッテランのドイツ統一に際しての外交姿勢が政治化された事例やプロセスについては、Mustielli et al. (2005)に詳しい。先行研究のレビューは吉田(二〇〇七)を参照のこと。

(6)一九八九年七月にミッテランは「ドイツ連邦がソ連と近隣諸国と善い関係を構築しようとしても驚くべきことではない。それは歴史と地理がそうさせるものだ」と欧州のプレスに対して述べている(Interview accordée par M. François Mitterrand à *Le Nouvel Observateur, The Independent, El Pais, La Repubblica, Suddeutchezeitung*, le 27 juillet 1989)。なお、当時の大統領を中心とした外交政策の概況としてDavid (1998).

(7)当時の大統領補佐官の言葉を借りるならば、ドイツ統一に際してのフランスの姿勢は「ポジティブ＝メディアンな路線」だったと要約できるかもしれない(cf. Schabert, 2005: 215)。

(8)ここでは「統治スタイル」のことを、ルーティン行為や制度的前提から外れた際にも表れる指導者に固有のものとしての持続的な態度の特性と定義する(cf. Cole, 1997)。

(9)以下の記述は断りのない限り、Bozo (2005); Schabert (2005); Favier & Martin-Roland (1996); *Le Monde*紙、Les Discours de François Mitterrand, 1981–1995(CD―ROMデータベース)に拠っている。

(10)フランス外務省が体系的な形でドイツ統一の問題を検討する姿勢を整えることになったのは一九九〇年一月に入ってからのことである(Dumas, 2001: 145)。

(11)ミッテランは一一月二三日の雑誌インタビューでもポーランド国境に言及している(Interview accordée par Monsieur

François Mitterrand, Président de la République à *Paris Match*, Paris, jeudi 23 novembre, 1989)。これはミッテランにとって西独に対して「釘をさらに深く打つもの」だった(Dumas, 2001: 83)。

(12)ミッテランは、書簡を読んでイタリアが議長国の際にIGCの作業をまとめたいとするコールの意向を感じたという(Dumas, 1996: 84)。またこれ以降も、ドイツのスケジュールの先送りの要請は継続されていた(Guigou, 2004: 74)。

(13)他方でミッテランは、コールから事前の連絡がなかったことには懸念を示し、ゲンシャーに対して統一の前に「ヨーロッパの一致(l'unité européenne)」がなければ「三ヶ国の同盟」が立ちはだかると告げたと特別補佐官アタリに述べている(Attali, 1995: 351, 354)。

(14)もっとも吉留の精緻な分析によれば、当時のアメリカも一貫した外交戦略を保持していたわけではなく、政権内の対立による揺れ幅が観察できる(吉留、二〇一七;二〇一八)。

(15)一九九〇年五月二八日にパリで設立の調印がされるEBRDについてはWeber(1994)に詳しい。

(16)統一に際してのオーデル・ナイセ国境線をめぐるポーランド側の姿勢については浅野(二〇〇三)が詳しい。

(17)この構想は九一年六月のプラハで設立会合が開かれ、ハーグ会議をイメージして各界の公人・私人一五〇人による分科会が持たれた。もっとも、アメリカの反対、東欧諸国の消極的姿勢があり、さらに旧ユーゴ紛争、マーストリヒト条約などのイヴェントによって、継続されることはなかった。デュマ外相は、八九年一二月二〇日の東独訪問の際にミッテランから実現に向けての指示を初めて受けたという(Dumas, 2001)。後に言及されることがなくなった同構想は、少なくともミッテラン外交の失点のひとつに数えられている(Mustielli et al., 2005)。

(18)もっとも両独議会での決議、2+4による「ドイツ問題の最終解決に関する条約」、またポーランドとの条約においてもミッテランがこだわった国境の「不可触性」は謳われず、それが「最終的な国境(definitive borders)」であること、不可侵であることが明記されただけだったことは注記してもよいだろう。

(19)『大いなる幻影』は一九三七年のジャン・ルノワール監督の代表作のひとつであり、第一次世界大戦下のフランス人捕虜を主人公としている。

［参考文献］

浅野優（二〇〇三）「ドイツ統一とポーランド外交――1990年の国境確認交渉を手がかりに」『岡山大学法学会雑誌』第五二巻第二号

上原良子（二〇〇八）「フランスとEU――EUにおける仏独関係（フランスの視点）」田中俊郎・庄司克宏編『EU統合の軌跡とベクトル――トランスナショナルな政治社会秩序形成への模索』慶應義塾大学出版会

エルスター、ヤン、海野道郎訳（一九九七）『社会科学の道具箱』ハーベスト社

後藤健二（二〇〇一）『欧州通貨統合は何を克服したのか』大蔵財務協会

ジャット、トニー、浅沼澄訳（二〇〇八）『ヨーロッパ戦後史』（下）みすず書房

シュミット、ヘルムート、永井清彦ほか訳（一九九一）『ドイツ人と隣人たち』岩波書店

高橋進（一九八三）『ドイツ賠償問題の史的展開』岩波書店

高橋進（一九九九）『歴史としてのドイツ統一』岩波書店

テルチク、ホルスト、三輪晴啓、宗宮好和監訳（一九九二）『歴史を変えた329日 ドイツ統一の舞台裏』NHK出版

マーシュ、デイヴィッド、田村勝省訳（二〇一一）『ユーロ――統一通貨誕生への道のり、その歴史的・政治的背景と展望』一灯舎

吉田徹（二〇〇七）「ドイツ統一とフランス外交――欧州統合は何故進んだのか」『北大法学論集』第五七巻第六号

吉田徹（二〇〇八a）『ミッテラン社会党の転換』法政大学出版局

吉田徹（二〇〇八b）「「選択操作的リーダーシップ」の系譜――ミッテランとサッチャー」日本比較政治学会編『リーダーシップの比較政治学』早稲田大学出版部

吉田徹（二〇一二）「フランスと欧州統合――偉大さと葛藤と」同編『ヨーロッパ統合とフランス』法律文化社

吉田徹（二〇一四）「政権交代とミッテラン外交――「ユーロ・ミサイル危機」をケースとして」『国際政治』第一七七号

吉留公太（二〇一七・二〇一八）「ドイツ統一交渉とアメリカ外交」（上・下）『国際経営論集』第五四・五五号

Attali, Jacques (1995) *Verbatim*, tome 1. Paris: Fayard

Bossuat, Gérard(2005)*Faire l'Europe sans défaire la France*, Bruxelles: Peter Lange

Bozo, Frédéric(2005)*Mitterrand, la Fin de la Guerre Froide et l'Unification Allemande*, Paris: Odile Jacob

Cole, Alistair(1997)*François Mitterrand: A Study in Political Leadership*, 2nd ed., London: Routledge

Crémieux, Marie-Noëlle Brand(2004)*Les Français face à la Réunification Allemande*, Paris: Harmattan

David, Dominique(1998) "Independence and Interdependence: Foreign Policy over Mitterrand's Two Presidential Terms", in Mairi Maclean(ed.), *The Mitterrand Years*, London: Macmillan

De Gaulle, Charles(2000)*Mémoires*, Paris: Gallimard

DePorte, A. W. (1991) "The Foreign Policy of the Fifth Republic: Between the Nation and the World", in James F. Hollifield and George Ross(eds.), *Searching for the New France*, London: Routledge

Dufourcq, Bertrand(2000) "2+4 ou la négociation atypique", in *Politique étrangère*, n° 2

Dumas, Roland(1996)*Le Fil et la Pelote*, Paris: Plon

Dumas, Roland(2001) "Un projet mort-né: la Confédération européenne", in *Politique étrangère*, n° 3

Dumas, Roland(2013)*La Diplomatie sur le Vif* (avec Bertrand Badie et Gaïdz Minassian), Paris: Presses de Sciences Po.

Favier, Pierre and Michel Martin-Roland(1996)*La Décennie Mitterrand*. tome 3. Paris: Points

Garton Ash, Timothy(1993)*In Europe's Name: Germany and the Divided Continent*, New York: Random House

Guéhenno, Jean-Marie(1989) "Note de Jean-Marie Guéhenno, chef du Centre d'analyse et de prévision", in *La Diplomatie Française face à l'unification Allemande*, Paris: Tallandier

Guigou, Elisabeth(2004)*Je vous parle de l'Europe*, Paris: Seuil

Haski, Pierre(1998) "Mitterrand et la Réunification Allemande", in Cohen, Samy(sous la direction de), *Mitterrand et la Sortie de la Guerre Froide*, Paris: PUF

Howarth, Joylon(1993) "The President's Special Role in Foreign and Defence Policy", in Jack Hayward(ed.), *De Gaulle to Mitterrand*, New York: New York University Press

Kohl, Helmut(1996)*Ich Wollte Deutschlands Einheit*, Hamburg: Propyläen

Kuhn, Ekkehard(1993) *Gorbatschow und die deutsche Einheit. Aussagen der wichtigsten russischen und deutschen Beteiligten,* Bonn: Bouvier Verlag

Lacouture, Jean(1998) *Mitterrand, une histoire de Français,* Paris: Seuil

Minc, Alain(1989) *La Grande Illusion,* Paris: Grasset

Mitterrand, François(1986) *Réflexions sur la Politique Etrangère de la France,* Paris: Fayard

Mitterrand, François(1996) *De L'Allemagne, de la France,* Paris: Odile Jacob

Mustielli, Jean(2002) "François Mitterrand, architecte de la Grande Europe: le projet de confédération européenne(1990–1991)", in *Revue internationale et stratégique,* n° 82

Mustielli, Jean et al. (2005) "1989, le retour de la question allemande: vers la réunification", in *La Lettre de L'Institut François Mitterrand,* n° 13

Parsons, Craig(2003) *A Certain Idea of Europe,* Ithaca: Cornell University Press

Pierson, Paul(1996) "The Path to European Union: An Historical Institutionalist Account", in *Comparative Political Studies,* vol. 29, no. 2

Schabert, Tilo(2005) *Mitterrand et la Réunification Allemande,* Paris: Grasset

Schabert, Tilo(2017) "The German Questions is a European Question", in Michael Gehler and Maximilian Graf(eds.), *Europa und die Deutsches Einheit,* Gottingen: Vandenhoeck & Ruprecht

Tiersky, Ronald(2000) *François Mitterrand,* New York: St. Martin's Press

Védrine, Hubert(1996) *Les Mondes de François Mitterrand,* Paris: Fayard

Weber, Steven(1994) "Origins of the European Bank for Reconstruction and Development", in *International Organization,* vol. 48, no. 1

Weisenfeld, Ernst(1989) *Quelle Allemagne pour la France?* Paris: Armand Colin

Zelikow, Philip and Condoleezza Rice(1995) *Germany Unified and Europe Transformed,* Cambridge: Harvard University Press

第7章

エリツィン大統領の機会主義

——なぜロシアは「ショック療法」を実施したのか

溝口修平

ボリス・ニコラエヴィチ・エリツィン

1931-2007

ソ連スヴェルドロフスク州生まれ．ウラル工科大学卒業後，1961年より共産党に入党し，1976年にスヴェルドロフスク州党第一書記．1981年党中央委員，1985年党政治局員候補兼中央委員会書記．一時失脚するものの，1989年に政界復帰，1990年ロシア共和国最高会議議長，1991年ロシア共和国初代大統領に就任．ソ連解体後も1999年までロシア連邦初代大統領を務める．

1　はじめに

ロシア連邦の初代大統領を務めたボリス・エリツィンのリーダーシップの特徴とは何か。エリツィンについてはすでに様々な研究があるが、彼の評価は定まっていない。ソ連解体とロシアの政治・経済改革を主導したリーダーとして、かつては「改革派」「民主派」と評価されたが、同時に、その強引な政治手法から「強権的な独裁者」とも呼ばれた。また、体制転換後のロシアでは長らく経済的混乱が続き、それに有効な対策が講じられなかったのは、エリツィンの誤った判断やリーダーシップの欠如のせいだとする見方もある。エリツィンの出身地エカテリンブルク(旧スヴェルドロフスク)に建設されたエリツィン・センターにおいても、「民主化」や「ソビエト体制からの解放」という彼の功績が称えられる一方で、市場経済化によって市民の生活が困窮した様子が展示されており、一九九〇年代の経済的混乱に対する責任は、彼の政治人生の中でも大きな比重を占めている。

本章では、エリツィンがソ連解体とともに急進的な市場経済化を推し進めたのはなぜか、という問題を検討することによって、彼のリーダーシップのあり方を評価することを目的とする。ロシアにおける本格的な市場経済化は、いわゆる「ショック療法」と呼ばれる方法でソ連解体直後から実施された。これは、価格自由化、緊縮財政、国有企業の私有化などといった新自由主義的改革をできる限り迅速に進めようとするものであった。しかし、この「ショック療法」はハイパーインフレや生産の低下を招き、マクロ経済が安定するまで数年の時間を要した。言い換えれば、「ショック療法」を実施するというエリツィンの決定が転換期のロシア経済に大きな傷跡を残したのである。

エリツィンは政治的リーダーとしていくつかの重要な決断をしたが、「ショック療法」の開始は、その後のロシアの方向性を決定づけたという意味で特に重大な意義を持つ。エリツィンはなぜ政治改革よりも経済改革を優先したのか。研究者はこの問題を長らく議論してきた。ただし、通常それは決して肯定的な意味ではなく、エリツィンの選択は概して否定的に捉えられてきた。すなわち、一九九一年八月にソ連保守派によるクーデターが起き、ミハイル・ゴルバチョフソ連大統領の権威が失墜する中で、エリツィンには大きな「機会の窓」が開いたが、そこで彼は適切な選択をしなかったというのである。多くの研究は、様々な改革課題に直面していた当時のロシア政権は、どの分野の改革から着手するか選択可能であったが、それらの中から経済改革を選択したことが、ロシアの混乱の元凶となったと指摘している(Brown, 1993; Linz and Stepan, 1996; McFaul, 2001; Reddaway and Glinski, 2001)。他方で、エリツィンは憲法制定などの政治改革を軽視していたわけではないが、この時点ではそれが成功する可能性は低かったという見解もある(Morgan-Jones, 2010)。これは、エリツィンが実際に選択可能なオプションは極めて限られていたという主張である。

そこで本章では、一九九一年後半から一九九二年初頭にかけて、エリツィンはなぜ経済改革を優先したのかという問題を改めて検討する。次節では、まずエリツィンに対する国民の評価、そしてエリツィン自身の認識について述べ、市場経済化の優先という問題が、エリツィンというリーダーの評価を強く規定していることを示す。第三節では、エリツィンが変革型リーダーとしていかに台頭したのかを見た上で、第四節において、ショック療法が採用される過程を検討する。

2　エリツィンに対する評価

ロシア国民はエリツィン時代をどう評価しているのだろうか。エリツィン退任直後の二〇〇〇年初頭に行われた世論調査では、エリツィン時代に実現された良いこととして、「民主主義、政治的権利及び自由」を最も多くの人が挙げているが(二三%)、その二倍にあたる約半数の人が「何も良いところを挙げられない」としている(四六%)。一方、エリツィン時代の悪い面としては、経済状況の悪化、社会の不安定化などに関する問題が数多く挙げられた上に、約三分の一の回答者が「チェチェン戦争」と答えている(三四%)[1]。また、別の調査では、エリツィン時代を「とても肯定的」または「やや肯定的」と捉える人は二〇〇〇年から二〇一三年まで一貫して二〇%を下回っている。このように、ロシア国民は経済改革の失敗を理由に、エリツィン時代を否定的に評価していることがわかる[2]。

国民がエリツィン時代に否定的であることは、エリツィン自身も認めるところであった。彼は、一九九九年一二月三一日に任期を数ヶ月残して突如大統領の退任を発表したが、その演説の中で、自分がこれまで憲法を遵守し、選挙も日程どおりに行ってきたことを強調した上で[3]、次のように述べた。

今日、私にとって極めて重要であるこの日に、いつもなら言わないような個人的なことを申し上げたい。私はあなた方に許しを乞いたい。私たちとあなた方との夢が実現しなかったことに対して。そして簡単に見えたが実際には極めて困難であったことに対して。私はあなた方に許しを乞いたい。暗く停滞した全体主義の過去から、明るい繁栄した文明的な未来へと一気に飛び越えることができると信じてくれた人々の望みが正しいと証明できなかったことに対して。私自身はこれが正しいと思っていた、我々は一気に全てを飛び越えられると。しかし、うまくはいかなかった。ある面では私はナイーヴすぎた。別の面では、問題が極めて困難だった。私たちは過ちや失敗を通じて前進してきたが、この困難な時期に多くの人々は大きなショックを経験することになった(Ельцин, 1999)。

この演説では、エリツィンは一体何が「実現しなかった夢」だったのかをはっきりとは述べていない。しかし、上記のとおり、国民は経済的混乱がエリツィン時代のもっとも否定的な側面だと捉えていたことから、エリツィン自身もそのことを指してこの発言をしたと考えられる。また、エリツィンは「一気に全てを飛び越えられる」という予測が「うまくいかなかった」とも述べているが、この点も「ショック療法」の失敗に言及したものと理解できる。したがって、経済的混乱の原因となった「ショック療法」がどのような経緯で実施されるに至ったのかを明らかにすることは、エリツィンのリーダーシップを検討する上で重要な課題である。

3　リーダーとしてのエリツィン

(1)リーダーシップの二類型

リーダーシップとは、一般的に、特定の動機や目的を持った指導者(leaders)が、他者と競合もしくは対立する状況において、支持者(followers)の動機を刺激し、惹起し、満足させるように、制度的、政治的、心理的資源を動員する場合に行使される(Burns, 2012: 18)。

このように、指導者と支持者との関係性という観点からリーダーシップを捉えたとき、リーダーシップは伝統的に二つの理念型に分類されてきた。一つは、両者が互いに関心のある価値を交換(取引)する場合に生じる「取引型(transactional)」リーダーシップである。たとえば、票と利益供与の交換といったものが考えられる。このタイプのリーダーシップは、すでに社会に存在している価値の交換や利益の調整を行うものであり、指導者と支持者の関係は水平的である。

これに対し、まだ顕在化していない価値や目標に焦点を当て、それを実現する方法を提示するのが「変革型(transformative)」リーダーシップである。このタイプは、前者とは対照的に、既存の社会制度やイデオロギーによって不可視化されている価値や目標を新たに提示することによって、人々を動員する。このタイプの指導者は、新たな政治的争点を設定することによって、潜在的支持者を政治化し、社会の変革に取り組む。したがって、指導者と支持者の関係は啓発と教育の側面を伴うことになる。また、指導者が掲げる「変革」の内容によっては、デマゴーグやポピュリストもこのタイプに含まれる(4)(Burns, 2012; 佐々木、一九九九)。

(2)変革型リーダーとしてのエリツィン

以上の分類を踏まえると、社会が大きな変化を経験した時期に登場したエリツィンは、まさに変革型リーダーの典型であると言える。彼は、スヴェルドロフスク州党第一書記として頭角を現わすと、一九八五年にゴルバチョフがソ連共産党書記長に就任した直後にモスクワに呼ばれ、その後モスクワ市の党委員会第一書記に就任した。九〇〇万人の人口を抱える首都行政の改革を任されたエリツィンは、次第に党エリートの汚職を痛烈に批判し、党官僚システムが市民の利益を損なっていると主張するようになった。さらに、その批判の矛先はゴルバチョフにも向かった。一九八〇年代末に両者の対立が深まる中で、エリツィンはゴルバチョフを一般市民との接点を持とうとしない特権階級の代表と位置付け、対照的に自身は「市民の側」にいるというスタンスをとった(エリツィン、一九九〇：九〇、一五八—一七七)。

エリツィンは、一九八九年に行われたソ連人民代議員選挙にモスクワから出馬し、九二%の得票率という有権者の圧倒的支持を得て当選した。この人民代議員選挙は、ゴルバチョフによる政治改革の一つとして、ソ連で初めて実施された競争選挙であった。エリツィンはこの選挙に地元スヴェルドロフスクからではなく、モスクワから出馬することを選択した。州の党委員会第一書記として九年の実績を持つ地元スヴェルドロフスクから出馬するという選択肢もあったが、彼は首都モスクワから出馬することを選び、全国的に知名度を高めることに成功した。さらに、その翌年にはロシア共和国の人民代議員選挙でも当選し、最高会議議長に就任した。こうして、エリツィンは当時のロシア共和国で最高位のポストについた。

このようにエリツィンが変革型リーダーとして頭角を現わしたのは、彼がソ連時代では珍しく「大衆政治家」だったからだと言える(Минаев, 2011: 90–91)。この時代の党官僚の多くが一般大衆の動向に無関心であったのに対し、エリツィンは当初から人々に直接語りかけることを意識し、その効果を熟知していた(Colton, 2008: 99–105)。地方の党委員会第一書記というポストは大きな権力を持つ「神か皇帝のようなもの」であったが、彼はその権力を人々のためにのみ利用し、自らのためには決して使わなかったと述懐している(エリツィン、一九九〇：七四)。また、公共交通機関を用いて通勤したり、市民と長時間に渡り対話したりするという行動は、党官僚の特権に対する市民の密かな不満を的確に捉えていた(5)。これらの例は、競争的な選挙が実施される以前から、彼が大衆の目を強く意識していたことを示している。別の言い方をすれば、エリツィンの政治スタイルにはエリートと市民を対置するポピュリズム的要素が多分に含まれていた(Colton, 2008: 105; Breslauer, 2002: 109–110)。前述のゴルバチョフに対する対決姿勢もまさにエリツィンのポピュリズム的政治スタイルが現れた例である。

4　ロシアにおける市場経済化

ロシアにおける市場経済化はいかにして始まったのか。冒頭に記したような新自由主義的改革は、一九九一年秋に導入が決定し、一九九二年初めから実施された。しかし、それ以前から徐々に市場経済化は進んでいた。本節ではまず、ペレストロイカ末期にソ連中央とロシアの対抗関係の中で、事実上の市場経済化が進行していたこと、そして、その過程がエリツィンの権力確立の時期と重なっていたことを確認する。続いて、一九九一年秋にエリツィンが政治改革よりも経済改革を優先したのはなぜかを検討する。

(1)事実上の市場経済化とエリツィンの権力確立

市場経済化は、ペレストロイカの過程で少しずつ進行した。ゴルバチョフは、一九八五年にソ連共産党書記長に就任すると、まず経済改革に着手した。たとえば、国有企業以外の経済セクターの創出や企業経営の自立化を進めるために、国有企業法など様々な法律を制定した。しかし、この改革は官僚層の抵抗もあり、不十分なものにとどまった。一九九〇年にロシア共和国で議会制度改革が実施されると、市場経済化は一層進行することになった。しかし、それは計画的に実施されたものではなく、政治的対立の結果として進んだ面が大きかった。一九九〇年以降、ロシア共和国とソ連中央との間で天然資源等の管轄権をめぐる激しい対立が生じ、双方が相手に先んじて自らの管轄下で経済改革を進めようとしたのである。そしてそれが結果的に、国家による経済統制を弱めることになった。つまり、ソ連末期にソ連とロシアの対立が深まることで、事実上の市場経済化が進行していった。

そのきっかけになったのが、一九九〇年六月一二日にロシア議会が採択した「国家主権宣言」である。この宣言は、ロシア共和国で制定された法律がソ連法に優越することなどを定めており、ロシアのソ連中央からの自立化を推進する上で重要な意味を持った(溝口、二〇一六:七七―八一)。もっとも、その後、一時的にソ連政府とロシア政府が協力して市場経済化に向けた計画を策定しようとする動きもあった。この計画は経済学者のグリゴリー・ヤブリンスキーが中心となって策定され、五〇〇日で市場経済へ移行することを提唱したため、「五〇〇日計画」と呼ばれた。しかし、保守派のルィシコフ・ソ連首相がより穏健な改革案を提示し、この政府案を基調として両案を一本化しようとする動きがソ連議会で強まると、ロシア側が反対の態度をとったため、この協力関係は結局不調に終わった(6)。

ここから、「法律戦争」と呼ばれる争いが激化した。ソ連とロシアの双方が、それぞれの採択した法律の優位性を主張し合う状況となったのである。たとえば、一九九〇年三月に「ソ連における所有に関する法律」が制定され、同年一二月には「ロシア共和国における所有に関する法律」が定められた。また、「ソ連における企業に関する法律」に対抗して、ロシアでは「企業および企業活動に関する法律」が制定された。このように、土地や資源の管轄権をめぐってソ連とロシアの間で互いに矛盾する法律が次々に制定された。同時に、これらは市場経済への移行を想定したものでもあったので、結果的に市場経済化を推し進めることになった。

このような経過は、エリツィンがロシア共和国内で権力を確立した時期と重なっている。一九九〇年五月から六月にかけて、上述の国家主権宣言が採択された第一回人民代議員大会が開催されたが、エリツィンはこの大会において最高会議議長に選出された。これによって、彼はロシア共和国の最高権力者となった。さらに一九九一年には大統領制の導入も主導し、選挙に勝利して初代大統領に就任した。この時期、エリツィンはけっしてロシア共和国内部で圧倒的な支持を得ていたわけではなかった。最高会議議長選挙も、二回目の投票で過半数をわずか四票上回り当選するという僅差での勝利だった(溝口、二〇一六：七四―七七)。しかし、「ロシアの自立化」という目標を政治争点化することで、エリツィンは国民と政治エリート双方から支持を得て、自らの権力を確立することができた。

また、大統領制の導入も同様の理由から正当化された。一九九〇年にゴルバチョフがソ連初の大統領に就任していたが、エリツィンはこれに対抗するために、かなり早い段階から大統領制導入を主張していた。そして、一九九一年三月に予定されていた国民投票の機会を利用して(7)、同日に大統領制導入の是非に関する国民投票をロシア共和国内で実施することを呼びかけた。ロシア議会には、エリツィンの権力拡大を懸念する声もあったが、重要な政治的決定を国民に委ねるというエリツィンの戦術が成功し、国民投票では大統領制導入に対する賛成票が全体の約七割を占めた。こうして、ソ連からの自立化という名目のもとで、エリツィンの権力拡大は進んでいった。

したがって、「ロシアの自立化」を争点化したことは、エリツィンが権力を獲得していく上で重要な意味を持った。そして、それが事実上の市場経済化を進展させることにもなったのである。つまり、一九九〇年後半からの一年間は、ロシアで政治改革と経済改革が並行して進行していた。

(2)八月クーデター後の決断

このようにソ連末期には市場経済化が事実上進行していたが、エリツィン政権は一九九一年秋に本格的な市場経済化策を遂行することを決定した。それが本章冒頭に記した「ショック療法」である。エリツィンは、側近のゲンナジー・ブルブリスが連れてきた弱冠三五歳のエゴール・ガイダールを副首相兼経済相に抜擢し、改革の舵取りを委ねた。そして、ガイダールは、価格自由化、緊縮財政、国有企業の私有化という新自由主義的路線に基づく急進的な市場経済化を実施した。

このような決定が下された背景には、一九九一年八月にソ連保守派が起こしたクーデターとその失敗がある。この年の前半には、ソ連の連邦制を従来よりも分権化しようとする新連邦(同盟)条約の策定が進められていた。そして、この条約は、各共和国が自発的に連合を形成し、ソ連を国家連合に近いものに再編するという形で、八月二〇日に調印される予定となっていた(塩川、二〇〇七)。しかし、これに不満を募らせたゲンナジー・ヤナーエフ副大統領ら保守派がゴルバチョフを軟禁し、クーデターを企てたのである。この試みは失敗に終わったが、政権中枢からクーデターを企てられたゴルバチョフの権威は失墜した。反対に、いち早くモスクワの街頭でクーデターを非難したエリツィンの支持率は、この事件をきっかけに急上昇した。

ここからソ連の解体へと事態は一気に進み、それに伴い、エリツィンの立場も大きく変わった。前述のとおり、エリツィンは一九九〇年からロシア共和国の最高指導者の地位についていたが、ソ連解体以前はゴルバチョフとの対抗関係が彼の政策を規定していた。つまり、エリツィンが主張した急速な市場経済化、大統領制導入、地方に対する政策はすべてソ連中央との関係の中で生まれたものであった。この状況は、エリツィンの取りうる選択の幅を制約していたが、同時に、彼がゴルバチョフを批判することで「変革型リーダー」としての自らの地位を確立する上では有用でもあった。しかし、ソ連解体が近づくと「ロシアの自立化」という目標は意味をなさなくなり、エリツィンは新たな政策目標を掲げる必要に迫られた。また、エリツィンはクーデター以降国民からもエリートからも圧倒的な支持を得ていたため、批判に晒されることなく、自律的に意思決定をする自由があった。

したがって、このときのエリツィンには「機会の窓」が大きく開いていたと考えられる。たとえば、シェフツォーワは、エリツィンには①市場経済化と政治改革を同時に進め、特に民主的な政治制度の構築に力点を置くこと、②民主的な政治制度構築を優先し、その後に市場経済化を進めること、③経済改革を進め、執政府に権限を集中すること、という三つの選択肢があり、その中で第三のものが選択されたと述べている(Shevtsova, 1999: 20–21)。また、多くの研究者が、政治改革ではなく経済改革を優先したことが、ロシアの民主化を遅らせたと主張している(Brown, 1993; Linz and Stepan, 1996; McFaul, 2001)。さらに、経済改革の方法としても「ショック療法」は失敗だったとされる(Stiglitz, 2017)。つまり、このときエリツィンにはいくつかのとりうる選択肢があったが、その中で誤った選択をしたというのが大方の見方である。(8)

これに対し、この時点では憲法制定などの政治改革が成功する可能性は低かったため、市場経済化を優先したエリツィンの選択は合理的だったとする立場もある(Morgan-Jones, 2010)。もし経済改革を先行する以外の選択肢がなかったとすれば、大統領がエリツィンでなくても同様の選択がなされた、つまり、体制転換後の経済的混乱にエリツィンのリーダーシップは直接の関係がなかったということになる。たとえば、「ショック療法」という手法は、当時「ワシントン・コンセンサス」としてＩＭＦや米国が強く支持しており、融資を受けるために体制移行国は採用せざるを得なかったという考え方に則れば、国際的圧力の前にエリツィンには他に選択肢がなかったということになる。反対に、エリツィンが取りうる政策にはいくつかの可能性があり、その中から経済改革を優先するという決断をした場合には、この混乱は彼の選択に由来するということになる。(9) それでは、実際の政策決定過程はどのようなものだったのだろうか。

前述のとおり、「ショック療法」を策定したガイダールは、当時国務長官兼大統領付属国家評議会書記としてエリツィンの側近であったブルブリスによって推薦された。ブルブリスは、一九八九年のソ連人民代議員選挙以来、エリツィンの選挙運動を支えており、「灰色の枢機卿」と呼ばれるほどエリツィン政権において強い影響力を持っていた。(10) 彼は、当時経済政策研究所所長であったガイダールと八月クーデター直後に初めて会い、その後ロシアの新たな経済政策を策定するためのワーキンググループを組織するようガイダールに依頼した。こうして「ショック療法」が準備されることになったのである。彼らの認識によれば、クーデター事件によりゴルバチョフ政権の権威が失墜したことで、ソ連の経済システムは一気に機能不全となり、破綻は時間の問題であった。そのため、他に可能な選択肢は残されておらず、「ショック療法」が危険なシナリオであるとしてもそれを実施すべきだというのが、ガイダールの考えだった(ガイダル、一九九八：一〇八—一一三；Авен и Кох, 2015: 52-57)。

エリツィンは、このようなブルブリスやガイダールの認識を共有していただろうか。つまり、経済危機が差し迫っている状況では、政治改革よりも経済改革を優先せざるを得ないと考えていたのだろうか。また、そもそもこのときエリツィンは政治改革と経済改革のどちらを優先すべきか検討したのだろうか。結論から言えば、エリツィンがガイダールらと認識を共有していた可能性は低く、またとりうるすべての選択肢を勘案した上で「ショック療法」が採用されたとも考えにくい。いわば、一九九一年秋の決定は、状況に依存したかなり即興的なものであった。

クーデターが起きたとき、エリツィンはモスクワの街頭でいち早くそれを非難したことで、国民の圧倒的人気を獲得したことは上述のとおりである。しかし、その後しばらくはモスクワを離れ、九月には休暇でソチに滞在していた。したがって、彼がこの時点でクーデター事件後の刻々と悪化する経済状況を正確に把握できていたわけではない。また、後述するように、エリツィンが政治改革に向けた検討をしていた様子もない。このときのエリツィンにとっての最大の関心事は、辞任したイワン・シラーエフに代わる新たな首相の選出であった。

それでは、エリツィンは、ガイダールを登用するというブルブリスの提案をなぜ受け入れたのだろうか。首相候補にはガイダール以外にも数名の名前があがっていた。実際、エリツィンは、ガイダールを選ぶ前に、スヴャストラフ・フョードロフ、ユーリー・ルィジョフ、ミハイル・ポルトラーニンなど、ソ連人民代議員大会や最高会議でエリツィンとともに「地域間代議員グループ」のメンバーであった「改革派」に首相就任を打診していた。しかし、いずれの人物にも断られてしまった(Colton, 2008: 224)。

さらに、五〇〇日計画を策定したヤブリンスキーにも首相就任の要請があった。ブルブリスなどエリツィン周辺の人物によれば、ヤブリンスキーは八月クーデター事件後に新設されたソ連国民経済管理委員会の副委員長に就任し、ソ連経済再建の任務についたため、ロシア共和国の首相になることは現実的ではなかった(Авен и Кох, 2015: 53; Батурин и др, 2001: 172–173)。しかし、ポルトラーニンの証言によれば、エリツィンは彼にヤブリンスキーと話すように指示をした。そして、ポルトラーニンは断ろうとするヤブリンスキーをなんとか説得することに成功し、エリツィンとの会合が行われることになった。しかし、最終的にその会合の末にヤブリンスキーは首相就任を固辞したという[11]。ガイダール入閣の話は、以上のような紆余曲折の末に浮上してきたのである。

首相候補としてのヤブリンスキーとガイダールはどちらも「改革派」だという点は共通していたが、以下の二点において違いがあった。第一に、ヤブリンスキーはすでに五〇〇日計画の策定という実績を持ち、国民にも知名度の高い人物だったのに対し、三五歳のガイダールはまだそれほど有名ではなかった。首相候補が決まらないエリツィンに対し、ブルブリスは「あまり知られていない人物」を選んではどうかと提案し、ガイダールを受け入れさせようとした(Colton, 2008: 224)。第二には、経済改革の範囲とその実施方法にも違いがあった。ヤブリンスキーはあくまでソ連という枠組みで経済改革を構想しており、かつその手法も私有化を最初に行い、その後に価格の自由化を実施するという段階的なものであった。それに対し、ガイダールの計画は、ロシアの枠内でできる限り迅速に改革を遂行しようとするものであった(Sinelnikov-Murylev and Uluykaev, 2003: 53–58)。

ヤブリンスキーとの交渉が決裂し、ガイダールが選ばれた背景には、この二つ目の点が大きく影響している。なぜなら、すでに事実上の市場経済化が進行していたこともあり、「政治的には」より急進的な改革が必要であったからだ。「変革型リーダー」のエリツィンは、他の指導者たちよりも強い改革志向を示すことで台頭してきたのであり、急進的な態度をとることが彼の政治的立場を強化してきた。さらに、エリツィンはソ連ではなくロシアの改革を欲していた。先に記したように、ソ連とロシアの対抗関係の中で、事実上の市場経済化とエリツィンの権力確立は、軌を一にして進行した。そのため、エリツィンにとっては、あくまでソ連における改革にこだわるヤブリンスキーよりも、ロシアで実施されることを想定した改革案を持つガイダールの方が、自らの権力維持にとっては適当であった。

以上の経過からわかることは、ガイダールは決してエリツィンにとって第一の選択肢ではなかったということである。にもかかわらず、「ショック療法」を唱えるガイダールが選ばれたのは、それが経済的な意味だけでなく、政治的な意味でも好ましいとエリツィンが認識したためであった。首相候補に挙がった名前はいずれも「改革派」として知られた人物であったが、当初ガイダールはその中に含まれていなかった。しかし、数名の候補に断られた後、エリツィンはブルブリスの提案を受け入れた。ただし、首相承認の手続きが紛糾しないように、移行期間の措置としてエリツィン自身が首相を兼任し、ガイダールは副首相兼経済相、そしてブルブリスが第一副首相に就任することになった(エリツィン、一九九四(下): 三〇)。エリツィンは当時の経済状況と改革のリスクなどをよく理解していたというのがガイダールの評価であるが(ガイダル、一九九八：一二六―一二七)、ガイダールの選出は、純粋に政策的な判断であっただけでなく、政治的な意味合いを強く併せ持つものであった。

(3)政治改革の可能性

ここまで、「ショック療法」を主張するガイダールがエリツィン政権の経済政策を担当することになったのは、かなり偶発的な要因によるものであることを見てきた。次に、エリツィン自身の意図とは別の問題として、そもそも経済改革でなく政治改革を優先することが可能だったのかを検討してみよう。

一九九〇年以来、新憲法策定に向けた準備はすでに始まっており、それを主導していたのは、最高会議の付属機関である憲法委員会であった。この委員会は、国家主権宣言を採択し、エリツィンを最高会議議長に選出した第一回人民代議員大会で創設され、エリツィンが委員長に就任した(12)。

当初の計画では、憲法委員会が作成した新憲法の基本概念が国民投票に付され、その結果に基づいて新憲法草案が準備され、その草案が一九九一年一月の人民代議員大会に提出されることになっていた。しかし、事態は初めからこの計画どおりには進まなかった。憲法委員会は、新憲法の準備だけでなく、この時期最大の政治的争点であったソ連の新しい連邦条約の準備や現行憲法の改正も担当することになっており、双方の作業が並行して進められていた。特に、一九九一年前半には、憲法委員会は連邦条約と大統領制導入のための憲法改正に時間を割いたため、新憲法草案の策定は後回しにされた(Румянцев, 2008：30)。

八月クーデター事件の後、憲法委員会では新憲法に関する作業を加速する計画が提出され、一〇月には憲法草案が公表された。しかし、それに対して議会では、特に民族的自治地域の代表から、この草案に規定された連邦制のあり方に鋭い批判が浴びせられたため、この点についてはさらなる議論が必要となった(Румянцев, 2008：44–46)。特に、ソ連の一体性が揺らいでいただけでなく、チェチェン共和国の独立問題などロシアの一体性を保つことも困難に思われた状況においては、この問題は非常に厄介であった。次項で述べるように、エリツィン自身もこのことを認識しており、新憲法制定には相応の時間が必要とされた。

(4)「ショック療法」の開始

一九九一年一〇月二八日、その年の七月にいったん閉会となっていた第五回人民代議員大会が再開した。エリツィン大統領は、その冒頭で「ショック療法」を開始することを宣言した。それによると、八月クーデターを経てロシアは政治的自由を守ったが、今度は経済分野で改革を進めて、経済危機からの脱出を図らなければならない。そして、そのためには、マクロ経済の安定化(緊縮財政)、価格の自由化、私有化を柱とする経済改革が不可欠であるとした。特に、私有化については、中小企業の五〇%を三ヶ月以内に私有化すると述べた。さらに、この改革は約半年間は経済状況を悪化させることになるが、その後価格は下落し、消費市場にも商品が溢れ、一九九二年秋頃には経済の安定や人々の生活の改善も実現するだろうという見通しを示した。このように、エリツィンは経済改革を最優先の課題として設定し、その中でも特に市場経済化のスピードを重視した[13]。

さらにエリツィンは、この経済改革を遂行するために、一年間の期限付きで自らが自由に政府を編成できる特別な権限が必要であると訴えた。これに対し大会は、エリツィンの経済改革の基本原則を承認した上で[14]、急進的経済改革を実施するために、一九九二年一二月一日までの約一年間、エリツィン大統領に特別権限を与えることを決定した。この特別権限は、第一に、エリツィンが独自に中央行政府の再編を行い、地方行政府長官を任命する権限であった。第二に、経済改革関連の大統領令は、現行の法律に反するものであっても、議会が七日以内に否決しなかった場合にはそのまま施行され、否決した場合にも、大統領提出の法案として一〇日以内に議会で審議されることになった。したがって、期限付きではあるものの、大統領は議会による統制から自由に政策を決定でき、かつ、地方に対しても優位に立つことで、政策の実行も担保できるようになった。この決定は、人民代議員大会で圧倒的多数で可決された（溝口、二〇一六：一二一―一二二）。

こうして始まった市場経済化は、大統領権限の拡大によって国家の行政能力を強化する形で進んだ。それはガイダールら経済学者の意向に沿ったものであると同時に、自らの地位を安定させようとするエリツィンの意向にも沿ったものだった。ロシアという国家の一体性が揺らいでいる状況で、新憲法制定を急ぐことはリスクが高く、それよりは市場経済化を進めつつ、国家の能力拡大を目指す方が適切であろうとエリツィンは考えた。

しかし、ロシア経済にもたらされた「ショック」はあまりに甚大であった。これまで政府が統制していた価格が一気に自由化されたために、ハイパーインフレが起こり、補助金打切りや輸入関税の大幅な引き下げは生産の低下をもたらした。当然ながら、このような状況を生み出した政権に対する批判は強まった。エリツィンは改革による「痛み」は六ヶ月を経過すれば過ぎ去り、一九九二年秋になれば経済は安定すると繰り返し主張したが、結局ロシア経済が成長に転ずるのは、経済危機後の一九九九年まで待たねばならなかった。

5　おわりに

ロシアの初代大統領エリツィンはなぜ政治改革よりも経済改革を優先し、「ショック療法」を実施したのか。本章で見てきたとおり、それはいくつかの要因が重なりあった結果であった。先行研究では、エリツィンにはいくつかの選択肢があったが、彼がその中で政治改革よりも経済改革を優先したことが、一九九〇年代のロシアの混乱をもたらしたと考えられてきた。確かに、ガイダールの登用はかなり偶発的に決まったものであり、「ショック療法」はエリツィンの機会主義的な判断によって実施された面があるのは否めない。他方で、八月クーデター後に新憲法制定などの政治改革を急ぐことのリスクも、エリツィンは認識していた。一九九一年一〇月に公表された新憲法草案に対しては、民族的自治地域の代表から批判を浴び、すぐに新憲法を制定することは極めて困難な情勢であった。そのような状況で、経済状況の悪化を食い止めるために経済改革から実施することは、相応の合理性を有した判断ではあった。

もっとも、「ショック療法」というアイディアが採用されたのは、偶発的な要因と状況的な要因が合わさった結果であった。すなわち、シラーエフに代わる新たな首相を探していたエリツィンは、「改革派」の中から何人かに首相就任を打診していたが、いずれの候補にも断られていた。そのような状況で、これまでのどの改革案よりも急進的で、かつそれをソ連ではなくロシアにおいて実施することを主張したガイダールが登用され、彼のアイディアが採用されることになった。それはかなり偶発的な出来事であった。一九九〇年からの約一年で、すでにある程度の市場経済化が進行しており、争点は市場経済化をするか否かではなく、それをどのように進めるかであった。ソ連中央を批判することで頭角を現わしてきたエリツィンにとって、改革が「急進的」であるということ、そしてそれが「ロシア」という枠内で行われることは政治的に意味のあることであった。

エリツィンのリーダーシップの特徴について、たとえばハスキーは「権威主義的パーソナリティと国家の日常的運営に対する並外れた無関心」が同居していることだと評している(Huskey, 1999: 50)。つまり、一方では利害の調整を行わずに独断で重要な決定を下すような傾向がありながら、他方では特定の意見を精査しないまま受容してしまうといった側面も併せ持っている。ガイダールも、エリツィンが個人的に信頼している人物の意見を簡単に受容してしまうことを指摘している(ガイダル、一九九八：一二八―一三〇)。それは、市場経済化の実施というロシアにおいて極めて重要な決定がなされた際にも見られた特徴であった。エリツィンが大統領であった時代を通じて、確かに彼の即興的な独断が功を奏した場面はいくつかあり、それによって「変革型リーダー」としてロシアの初代大統領の地位に上りつめることができた。しかし、彼が退任演説で「ナイーヴすぎた」と述べたように、その即興的で機会主義的な政治スタイルには、過度の楽観性が含まれていたのもまた事実である。

［注］

(1)«Досрочная отставка Бориса Ельцина»(https://www.levada.ru/2000/01/18/dosrochnaya-otstavka-borisa-eltsina/)二〇一九年七月二三日アクセス。以下同じ。

(2)«Отношение к лидерам прошлого: Горбачев, Ельцин, Верховный Совет»(https://www.levada.ru/2013/05/08/otnoshenie-k-lideram-proshlogo-gorbachev-eltsin-verhovnyj-sovet/)ただし、エリツィンに対する否定的評価は二〇〇五年までは五〇％を超えていたのに対し、二〇〇六年以降は漸減傾向にある。

(3)エリツィンの支持率が低迷していたため、側近の中には一九九六年の大統領選挙を延期するよう求める者もいた。

(4)この二つのリーダーシップと政治制度との関連で言えば、主要な政策についてコンセンサスのある合意型民主主義が前者に適しており、リーダーが明確な政策ポジションを取る多数決型民主主義は後者に適しているとされる。また、経済発展や民主化など社会の大きな変化を経験している国は変革型リーダーを求め、アクター間の交渉を要するコーポラティズム国家は取引型リーダーを求めるとされる(Peters and Helms, 2012)。

(5)たとえば、ある会合で学生がエリツィンに対し「あなたはイタリア製の靴を履いているのか」という質問をした。これに対し、エリツィンは演壇の前に出て「スヴェルドロフスク靴工場製だ！」と自分の靴を見せながら答えた(Минаев, 2011: 90–91)。

(6)エリツィンは、両案を一本化しようとするのは、「キロメートルとアンペアを統合するようなものだ」と非難した(Пихоя и др, 2011: 251)。

(7)この国民投票は、ソ連邦を維持すべきか否かを問う国民投票であった。

(8)エリツィン自身も後に対立することになる議会を解散せずに、経済政策に集中したことが「私の失敗だった」と認めている(エリツィン、一九九四(上)：二二五)。

(9)その場合でも、異なる判断を下した場合にさらなる混乱が生じていた可能性は排除できない。

(10)ただし、一九九一年大統領選挙の際にエリツィンはブルブリスに彼を副大統領候補とすることを約束していたが、直前にアレクサンドル・ルツコイに候補を変更した。また、エリツィンは自らの回想録でブルブリスの行政能力の欠如や権力に対する執着を批判している(エリツィン、一九九四(上)：六二—六七；(下)三〇—三四；Авен и Кох, 2015: 44–47)。

(11)«Михаил Полторанин: Ельцину было все равно, какое государство возглавлять» фонтанка.ру, 08. 12. 2011. 〈https://www.fontanka.ru/2011/12/08/103/〉

(12)憲法委員会は議会に付属する機関であったが、エリツィンは大統領就任後も憲法委員会委員長にとどまった。

(13)Пятый(внеочередной)Съезд народных депутатов РСФСР, 10–17 июля, 28 октября-2 ноября 1991 года: Стенографический отчет. 1992. Том.2. С. 4–29.

(14)Постановление Съезда народных депутатов РСФСР «О социо-экономическом положении в РСФСР» // Пятый Съезд народных депутатов РСФСР. Том.3. С. 263–264

[文献]

エリツィン、ボリス N.(一九九〇)『告白』(小笠原豊樹訳)草思社

エリツィン、ボリス(一九九四)『エリツィンの手記——崩壊・対決の舞台裏(上・下)』(中澤孝之訳)同朋舎出版

ガイダル、エゴール T.(一九九八)『ロシアの選択——市場経済導入の賭けに勝ったのは誰か』(中澤孝之訳)ジャパンタイムズ

佐々木毅(一九九九)『政治学講義』東京大学出版会

塩川伸明(二〇〇七)『多民族国家ソ連の興亡Ⅲ——ロシアの連邦制と民族問題』岩波書店

溝口修平(二〇一六)『ロシア連邦憲法体制の成立——重層的転換と制度選択の意図せざる帰結』北海道大学出版会

Breslauer, George W. (2002) *Gorbachev and Yeltsin as Leaders*, Cambridge: Cambridge University Press

Brown, Archie (1993) "The October Crisis of 1993: Context and Implications", *Post-Soviet Affairs*, 9(3): 183–195

Burns, James MacGregor (2012) *Leadership*, New York: Open Road Integrated Media

Colton, Timothy J. (2008) *Yeltsin: A Life*, New York: Basic Books

Huskey, Eugene(1999) *Presidential Power in Russia*, Armonk, New York and London: M. E. Sharpe

Linz, Juan J., and Alfred Stepan(1996) *Problems of Democratic Transition and Consolidation: Southern Europe, South America, and Post-Communist Europe*, Baltimore: The Johns Hopkins University Press

McFaul, Michael(2001) *Russia's Unfinished Revolution: Political Change from Gorbachev to Putin*, Ithaca and London: Cornell University Press

Morgan-Jones, Edward(2010) *Constitutional Bargaining in Russia, 1990–93: Institutions and Uncertainty*, London and New York: Routledge

Peters, B. Guy and Ludger Helms(2012) "Executive Leadership in Comparative Perspective: Politicians, Bureaucrats and Public Governance", in Ludger Helms(ed.), *Comparative Political Leadership*, Basingstoke: Palgrave Macmillan

Reddaway, Peter and Dmitri Glinski(2001) *The Tragedy of Russia's Reform: Market Bolshevism against Democracy*, Washington, D.C.: United States Institute of Peace Press

Shevtsova, Lilia(1999) *Yeltsin's Russia: Myths and Reality*, Washington, D. C.: Carnegie Endowment for International Peace

Sinelnikov-Murylev, Sergei and Alexei Uluykaev(2003) "The Liberal Market Reform Program", in Yegor Gaidar(ed.), *The Economics of Transition*, Cambridge, Mass and London: MIT Press

Stiglitz, Joseph(2017) "Who Lost Russia?" in Stephen Fortescue(ed.), *The Russian Economy: Critical Concepts in Economics*, Vol. II, London and New York: Routledge

Авен, П. и А. Кох(2015) *Революция Гайдара: История реформ 90-х из первых рук*, 2-е изд. М.: Альпина Паблишер.

Батурин, Ю. М., А. Л. Ильин, В. Ф. Кадацкий, В. В. Костиков, М. А. Краснов, А. Я. Лившиц, К. В. Никифоров, Л. Г. Пихоя, Г. А. Сатаров(2001) *Эпоха Ельцина. Очерки политической истории*. М.: ВАГРИУС.

Ельцин, Б. Н. (1999)«Заявление Бориса Ельцина» (http://kremlin.ru/events/president/transcripts/24080)

Минаев, Б. Д. (2011) *Ельцин*. 3-е изд. М.: Молодая гвардия.

Пихоя, Р. Г., М. Р. Зезина, О. Г. Малышева, Ф. В. Малхозова(2011) *Борис Ельцин*. Екатеринбург: Изд. «Сократ».

Румянцев, О. Г. (2008)«К истории создания проекта Конституции Российской Федерации(1990–1993 гг.). О работе Конституционной комиссии. Часть вторая: 1991 г.» В *Из Истории создания Конституции Российской Федерации. Конституционная комиссия: стенограммы, материалы, документы(1990–1993 гг.)*. Том.2. Под ред. О. Г. Румянцев, М.: Wolters Kluwer: 29–52.

第8章

メキシコ銀行総裁ロドリーゴ・ゴメス

——中央銀行のソーシャル・キャピタル，1952–1970年

岡部恭宜

ロドリーゴ・ゴメス

1897–1970

大学教育は受けておらず，民間銀行などに勤務した後，1933年に中央銀行であるメキシコ銀行に入行．1947年同行副総裁を経て，1952年から1970年まで3人の大統領の下で同行総裁．国際金融機関や米国の政府系金融機関からの評価も高く，1946年から1948年まで国際通貨基金(IMF)理事も務めた．

1　はじめに――なぜ中央銀行総裁のリーダーシップなのか

メキシコのロドリーゴ・ゴメス(Rodrigo Gómez)は、一九五二年から一九七〇年にかけて三人の大統領の時代に、中央銀行であるメキシコ銀行(Banco de México)の総裁を務め、金融政策の面で同国経済の黄金期を支えた人物である。

特に一九五八年から一九七〇年までは、低インフレ、為替の安定、そして経済成長を同時に達成した「安定的成長(Desarrollo estabilizador)」の時代と呼ばれ、ゴメス総裁は、当時財政政策を担当したアントニオ・オルティス・メナ(Antonio Ortiz Mena)財務長官と並び、その立役者として現在も高く評価されている。歴代のメキシコ銀行総裁の中でもゴメス総裁への賛辞は群を抜いており、それは彼の没後二十周年に、財務長官や中央銀行総裁の経験者たちが彼を回顧する書籍、『ロドリーゴ・ゴメス――人生と業績』(Varios autores, 1991)を刊行したことにも表れている。

ゴメス総裁の上げた成果は、当時の中央銀行を取り巻く困難な環境に目を向けると、よりその価値を理解できるだろう。一九二九年の世界大恐慌以降、メキシコでは制度的革命党(PRI)の長期政権の下で、政府の市場介入によって経済成長を達成しようとする「開発主義派(Desarrollismo)」と、インフレを抑制して経済の安定を優先する「正統派(Ortodoxia)」が常に対立しながら、どちらか一方の勢力が主導権を握ることで経済政策が実施されていた(Maxfield, 1990; Suárez Dávila, 2004)。その対立の中で、中央銀行は他の閣僚や民間セクターなど様々な方面から、通貨供給量を増大させる拡張的な金融政策を取るよう圧力をかけられていた(Gómez, 1991: 215–217; Mancera, 1990: 1048–1049)。また、当時のメキシコ銀行は財務省の管轄下にあり、事実上の独立性は有していたと評価されているものの、法的には独立しておらず、総裁の任命や解任は大統領の権限であった(Bazdresch and Levy, 1991: 226; Maxfield, 1997)。(1)これらのことは政治的圧力に対する同行の脆弱な地位を意味している。

それにもかかわらず、ゴメス総裁の中央銀行は、通貨供給量を適正に管理する金融政策を実施した結果、「安定的成長」時代にインフレを平均二・五％に抑え、通貨ペソの価値を安定化することに成功し、同時に経済成長率は平均六・八％という高い実績を上げた(Ortiz Mena, 1998 : 50)。こうした成果はなぜ可能になったのだろうか。

本章は、中央銀行による金融政策の成功を、ゴメス総裁のリーダーシップのあり方に求めて分析する。焦点を当てるのは、ロドリーゴ・ゴメスの個人的資質および政府内外とのネットワークであり、それらを統合するとソーシャル・キャピタルと呼ぶことができるだろう。少々先取りすると本章は次のような議論を展開していく。まず、ゴメス総裁の能力や人柄などの資質は、中央銀行職員の人望を集めて組織の連帯を強化した。また、外部との関係においても、彼はその資質によって大統領、財務長官、そして財務官僚から信頼を得ただけでなく、中央銀行と財務省とのネットワークを構築したことで、両組織間における金融政策と財政政策の効果的な協調を可能にした。また、それは拡張的な金融政策を求める圧力を弱めることにもなった。さらにゴメスは、国内のネットワークを通じて民間の銀行や企業からの協力を可能にし、金融政策の有効性を高めることができた。国外では、米国や国際通貨基金(ＩＭＦ)などの国際金融機関ともネットワークを有していたことから、財政的に不可欠であった対外借款を円滑に獲得することができた。

ところで、従来の政治学のリーダーシップ論が扱う対象は、首相や大統領など執政府の長や大臣、政党の党首であることが多く、本章のように中央銀行総裁が俎上に載せられることはあまりなかった。しかし、政治家ではない行政組織の長や上級官僚も対立やパワーや変化に対処する政治的アクターとして認められているし(Burns, 1978 : 295–302)、すでに行政学の分野では官僚のリーダーシップは有力な研究テーマの一つとなっている(Rhodes, 2014)。こうした研究動向からして、金融政策を担う中央銀行の総裁をリーダーシップの文脈で分析することは、充分な妥当性を有していると言えよう。

それどころか、当時のメキシコ銀行のように制度的な独立性を享受していなかった中央銀行の総裁は、政治や市場での様々な圧力や変化に直面しながら、時には解任される危険を冒して金融政策を決定、実施していく国家リーダーであった。この不確実性の下で政府に方向性を与える役割(Tucker, 1995: 15–16)を果たすという点で、彼の仕事を形容するに相応しい用語は「政治的リーダーシップ」であり、本章がゴメス総裁に焦点を当てるのも、こうした理由からである。


本章は次の通り構成される。続く第二節では、安定的成長期より以前のメキシコの政治経済を概観した後、安定的成長期にメキシコ政府が採った経済政策とその効果を説明する。第三節では、政治学、社会学、開発学のソーシャル・キャピタル論を取り上げ、リーダーシップ分析に用いる有用性を検討する。第四節は、ゴメス総裁を繋ぐソーシャル・キャピタルの観点から、金融政策の決定と実施における彼のリーダーシップを分析し、そのお陰で中央銀行の金融政策が成功裡に実施されたことを論じる。第五節は結論と意義を述べる。

2　メキシコの政治経済と「安定的成長」時代(一九五八―一九七〇年)

(1) 一九二九年世界恐慌以後のメキシコの政治と経済

ここでは「安定的成長」時代以前の政治と経済について概観しておこう。(2)

一九一〇年に始まるメキシコ革命は、一〇年間も継続する中で、社会の混乱と経済活動の停滞をもたらしたが、一九一七年に憲法が制定され、一九二九年に現在のＰＲＩの前身が設立されると、権威主義的な政治体制が制度的に確立していった。ＰＲＩは、農民、労働者、都市中間層など、資本家層を除く国民のほとんどの層を支持基盤として包摂し、他の諸政党に対して圧倒的な勢力を誇っていたが、その後も覇権政党として二〇〇〇年までの長期間政権の座にあった。

経済面では、一九三四―一九四〇年のラサロ・カルデナス(Lázaro Cárdenas)大統領の政権期に農地改革、石油産業や鉄道の国有化が行われたほか、工業化のために国立金融公社(ＮＡＦＩＮＳＡ)、石油公社、電力庁などの公営企業が設立されるなど、その後の体制が形成された。因みに、本章が関心を寄せるメキシコ銀行は、これらに先立つ一九二五年に創設されている。ただし、組織の法的独立性は有しておらず、同行総裁は、大統領によって任命または再任される必要があったし、財務長官が長を務めることの多い同行理事会に対して責任を負っていた(Bazdresch and Levy, 1991: 226)。

一九四〇年以後は、第二次世界大戦の影響により先進諸国で工業製品の供給が不足したため、メキシコ製品に対する需要が増え、生産が拡大した。輸入代替工業化はこの頃に本格化している。一九三四年から一九五二年までのカルデナス、マヌエル・アビラ・カマチョ、ミゲル・アレマンの三人の大統領の時代には、経済成長率は年平均五・四八%と高かったが、政府が公的セクターの財政赤字を補塡するために中央銀行借入(紙幣の増刷)を増やし、通貨供給量を増大させた結果、インフレ率は年平均九・九八%と昂進した(Ortiz Mena, 1998: 50)。国際収支は悪化し、そのため一九四六年と一九五四年には通貨切り下げに追い込まれた。

ところで、メキシコ経済が発展していくにつれて、政府内では急速に経済の専門家(Técnicos)の存在が不可欠になってきた。為替レート、財政・金融、投資・貯蓄などの問題は、もはや従来の政治家の手に負えなくなっていたのである(Vernon, 1963: 136–137)。この経済専門家は、同時代に東アジアで見られた資格任用制に基づく官僚とは異なり、国内外で高等教育を受け、専門職やビジネスの世界で活動経験のあるエリートであった。彼らは、任期六年で再選規定の無い大統領の交代に伴って、時には複数の大統領の下で、省庁や政府機関の長や幹部として政権に参加していった。本章の焦点であるゴメス総裁や彼の盟友であるオルティス・メナ財務長官はその代表例である。ただし、経済専門家の間でも、優先すべき経済課題をマクロ経済の安定と経済成長のいずれに置くのかという点で考え方に違いがあり、財務省や中央銀行では前者を、公共事業を行う省庁やＮＡＦＩＮＳＡでは後者を重視していた(Vernon, 1963: 137)。

(2)「安定的成長」時代の金融政策の成果

この時代の経済発展の特徴は、インフレなき経済成長と実質為替レートの安定である。それまでは政府・公共セクターの財政赤字、それを賄う中央銀行借入、通貨供給量の増大、インフレ昂進、通貨切り下げという過程が繰り返されていたが、一九五四年に通貨切り下げに追い込まれた後、アドルフォ・ルイス・コルティネス(Adolfo Ruiz Cortines)政権は通貨供給を抑えるようになった。それを本格的に実行したのが、一九五八年に大統領に就任したアドルフォ・ロペス・マテオス(Adolfo López Mateos)の政権である。そして、後任のグスタボ・ディアス・オルダス(Gustavo Díaz Ordaz)もまた同様の政策を継続したことから(Izquierdo, 1995: 47)、両大統領の時代は「安定的成長」時代と呼ばれた。

安定的成長期の金融政策について、当時の財務長官であったオルティス・メナは次の通り説明している(Ortiz Mena, 1998: 120–121)。

まず、インフレ管理と為替レートの安定のために、金融政策と財政政策の全体的な摺り合わせが求められた。この時期の財政赤字は穏健なレベルに抑えられ、実際、連邦政府の財政赤字は一九五八—一九七〇年の対ＧＤＰ比で平均一・三％、公共セクターの財政赤字は一九六〇—一九七〇年の対ＧＤＰ比で平均二・六％であった(Ortiz Mena, 1998:

56)。本章の冒頭で述べた低インフレと高成長のお陰で好循環が生まれると、国内の強制的でない自発的な貯蓄が高まり、(それによって増大した市中銀行の預金が中央銀行に預託されることで)穏健な財政赤字はインフレ税(つまり紙幣の増刷)に頼ることなくファイナンスされた。安定的成長期には通貨供給量は年平均一〇・九%で増大したが、これは通貨の需要拡大を反映したものであった。

このオルティス・メナの説明を補足すると、従来のインフレ税に代わる財政赤字のファイナンスは、国債市場が未発達だったことから、第一に市中銀行から預金を強制的に中央銀行に預託させる準備金制度(Encaje legal)、第二に国内銀行や外国の金融機関(IMF、世界銀行、米州開発銀行(IDB)、米国輸出入銀行など)からの借入に求められた(岡部、二〇〇九:七二—七三;谷浦、二〇〇〇:四六;Ortiz Mena, 1998: 145)。前者は一九五〇年代から本格的に運用された制度で、現金預託、公債の購入、優先分野への融資を義務づけており、市中銀行はそれらの義務を果たすために用いられた預金の残りを自由な融資に回すことができたが、その比率は一九六〇年代には預金全体の三割ほどに過ぎなかった(岡部、二〇〇九:七二、一一〇—一一一)。後者については、中央銀行からの借入は少なく、対GDP比でほぼ一%以下であり(Aspe, 1993: 69)、公共セクターによる国内外からの借入も安定成長期を通じて対GDP比三%以下と低水準であった(Aspe, 1993: 11)。

そして、通貨供給量は、同じく市中銀行の準備金制度の操作で調整された。当時すでに先進諸国では再割引制度や公開市場操作が行われていたが、メキシコではまだ実施が困難で、可能な手段は準備金制度だったからである(Gómez, 1991: 215–217)。しかし、この手段によって一九五四年から一九六五年頃まで通貨供給量は適切に管理され、インフレを抑えるとともに、実質為替レートを安定的に維持することができた(谷浦、二〇〇〇:四八—四九)。

再びオルティス・メナの説明に戻ると(Ortiz Mena, 1998: 51, 120–121)、この期間の金融政策では、資本逃避を回避し、新たな投資を国内に誘致するように金利は高めに設定された。米国と長い国境を接しているメキシコでは、いかなる為替管理も実行できないので、通貨交換性を維持しなければならない。そこで資本を国内にとどめておくためには適度なマクロ経済の安定だけでなく、先進国で得られる以上の収益を提供する必要があった。そのため国内の金利は、米国で支配的な金利よりも数ポイント高い率で維持されなければならず、実際、国内の金利はメキシコ銀行によって一二・五％に固定され、米国よりも三から五ポイント高かった。こうしたマクロ経済の安定と魅力的な金利によって民間の自発的な貯蓄が生じ、それが民間セクターの投資と公的セクターの財政赤字を健全にファイナンスすることを可能にしたのである。

以上をまとめると、安定的成長期の金融政策の内容は次の通り整理できよう。

(a)紙幣増刷(インフレ税)と政府への中央銀行貸出の抑制
(b)高めに設定された金利政策
(c)準備金制度の適切な運営
(d)財政政策と金融政策との緊密な連携
(e)国際金融機関・米国からの対外借入

ところが、中央銀行たるメキシコ銀行にとって、実はこれらの政策の実施は挑戦的な課題であった。この点を理解するには、当時の政治状況や国内の金融事情、さらには国際的環境を考慮に入れておく必要があるだろう。

まず(a)と(b)については、ゴメス総裁が認めていたように、政府内の閣僚、公営企業、民間企業など様々な方面から中央銀行に対してインフレに向けた圧力がかけられていた。政府内からの圧力は、公共事業を所管する農業省、水力資源省、通信省などから来ていたが、それらの省庁は、途上国のメキシコに不足していたインフラストラクチャーの整備を急務と認識していたのである。また、一部の公営企業は生産性や効率性の向上を怠り、安易な公的資金の獲得を求めていた。そして、インフレ圧力は工業、農業、商業、金融を問わず民間セクターからも押し寄せていた。

それらのセクターは「生産への融資はインフレを誘発しない」、「中央銀行の安定化政策は国の発展にブレーキをかけている」と主張して、準備金制度の強制的預金の減額や廃止、再割引の制限撤廃、多額の低金利融資を要求していた(Gómez, 1964a: 780–781; Gómez, 1991: 215–217)。

つまり、一九三〇年代後半のカルデナス政権から一九五〇年代初めまで続いた成長志向の政策選好は、一九五〇年代半ば以降も政府内および民間セクターで強く、そのためインフレを誘発しかねない紙幣の増刷、中央銀行借入の増大、準備金制度の廃止、低水準の金利が求められていたのである。

次に(c)の準備金制度の運営のためには、市中銀行からの理解と協力が欠かせない。準備金制度は財政赤字のファイナンスや通貨供給量の調整のために用いられていたが、それは市中銀行に対して強制的に現金預託や公債購入などをさせるものであり、銀行に負担を強いるものだったからである。

インフレ抑制という目標のためには、(d)の財政と金融の政策的連携も不可欠であった。一九五〇年代以前のように紙幣の増刷(インフレ税)ではなく、準備金制度や内外の借入によって財政赤字を補塡する以上、その財政赤字をなるべく抑えることが必要であり、そのためにはメキシコ銀行と財務省が組織的に連携しなければならなかったからである。

最後の(e)対外借入も、財政赤字を効果的にファイナンスする上で従来以上に重要な資金となっていたが、当時多くの途上国が国際金融機関や米国からの借款を要求していたことから、一種の競争的な状況下で、メキシコは必要な借入を獲得しなければならなかった。そのためには、それらの金融機関に対して国内の経済・金融事情を説明し、借款が効果的に用いられることを説得し、借款条件を交渉する必要があった。

ロドリーゴ・ゴメス総裁のメキシコ銀行はこれらの困難な政策を成功裡に実施できたのだが、なぜそれらは可能だったのか。繰り返しになるが、これが本章の問いである。本研究の分析に入る前に、先行研究の議論を次に見ておこう。

(3)「安定的成長」時代に関する先行研究

この問いは従来、当時のメキシコ銀行に対して与えられた実質的な独立性の観点から説明されることが多かった。代表的な論者のシルビア・マックスフィールドは、国際金融市場からの資金調達の必要性を強く認識した大統領が、マクロ経済の安定に向けたコミットメントを金融機関や投資家に示すシグナルとして中央銀行に実質的な独立性を付与した結果、ゴメス総裁は金融政策のリーダーシップを発揮できたと論じた(Maxfield, 1990; 1997)。また、市場主義思想を持つ政治エリートが財務省や中央銀行を支配したために、中央銀行は政治的圧力から解放され、その結果、抑制的な金融政策を実行し、経済的成果を上げられたという研究もある(Babb, 2001; Kessler, 1999: 18)。

また、筆者(岡部)はかつて、準備金制度を中心とする国家の金融市場への介入制度をメキシコの金融システムの特徴と捉え、安定的成長が可能になった要因を次のように論じた。すなわち、一九五〇年代後半、賃金上昇を求める一連の労働争議の高まりが社会不安を煽った経験から、ロペス・マテオス大統領や彼の閣僚がインフレ撲滅に向けて強い決意を表明したことが決定的契機となったのである(岡部、二〇〇九:一一八—一一九;岡部、二〇一〇:四〇—四三)。

本章はこれらの分析を正面から批判するわけではない。しかし、ここで問題にしたいのは、中央銀行が独立性を高めたから、または大統領や閣僚がインフレ抑制を決意したからといって、果たして中央銀行総裁はリーダーシップを発揮して効果的な金融政策を実施できるのだろうかという疑問である。安定的成長時代の金融政策には、前項で見たように、いくつかの課題が存在していた。中央銀行は、自らの政策に反対する政府内部や民間セクターの勢力をいかにして手なずけ、または彼らからの圧力を回避したのか。財務省や民間セクターからの必要な協力を、そのコストにもかかわらず、どのように得ることができたのか。マクロ経済安定化への政府のコミットメントはどのように国際金融機関に伝えられたのか。

これらの問題への関心は、分析の焦点を中央銀行の制度や環境から、総裁の資質や行動へと自然に移すことになるだろう。本研究は、上位の主体によって権限を与えられた一定の制度的環境の下で、どのようにしてリーダーシップが機能するのか、その条件を探るべく、リーダーの能力や資質、そして彼を取り巻くネットワークに着目するものである。

3 リーダーシップの分析とソーシャル・キャピタル論

政治学のリーダーシップ論には、一方ではリーダーの資質ないしパーソナリティに着目する研究があり、他方ではリーダーを取り巻く環境や構造に接近する研究があるが、今では両者の相互作用を重視する研究が主流であると言われている(Elgie, 2015: Ch. 1)。本研究は、二つの要因を統合する試みとして、主体と構造を総合的に捉えることを可能にするソーシャル・キャピタルの理論に依拠していく。

冒頭でも触れたように、本章ではリーダーシップの機能を方向性の提示として捉え、不確実性に直面する集団の集合行為に方向性を与えるものと定義したい(Tucker, 1995: 15–16)。これに従えば、中央銀行総裁のようなリーダーが成果を発揮するためには、自らが率いる中央銀行が行うべき政策の方向性を彼自身が示す必要があるということになる。

(1)ソーシャル・キャピタル論

リーダーによる組織の方向性の提示を分析する上で、ソーシャル・キャピタル論は有益な枠組みを提供してくれる。ソーシャル・キャピタルは政治学、社会学、開発学など様々な学問によって分析されているが、社会学者のナン・リン(二〇〇八：二七―三〇)によれば、その理論は、ソーシャル・キャピタルがもたらす利益は集団のために生じるのか、それとも個人のためなのか、という点で二つに分かれる。

集団レベルの研究は、ソーシャル・キャピタルを集合財として捉え、コミュニティなど社会的集団の凝集性や協調行動を論じる傾向がある。その代表的な論者は、政治学者のロバート・パットナム(二〇〇一：二〇〇六)であり、ソーシャル・キャピタルの特徴として、信頼、互酬性の規範、社会的ネットワークの三つを挙げているのが良く知られている。社会学者のジェームズ・コールマン(二〇〇六)は、社会的ネットワークの閉鎖性を重視し、相互に強く結合した要素間のネットワークからソーシャル・キャピタルは生まれると論じるが、これも「公共政策的な傾向を持ち、連帯的なソーシャル・キャピタルの効果を強調する」点で、パットナムと同じ議論をしていると言える(金光、二〇〇六：二四〇)。

個人レベルの研究は、個人財としてのソーシャル・キャピタルの効果に注目し、個人間の開かれたネットワークの形成やその機能に関心を寄せる。この流れの研究は社会学者に多く、例えばソーシャル・キャピタルの精緻な理論化を行ったナン・リン(二〇〇八)の研究、転職活動に有利なネットワークを分析したマーク・グラノヴェター(二〇〇六)の「弱い紐帯の強さ」理論、市場における競争的優位性を規定する、ロナルド・バート(二〇〇六)の「構造的隙間」理論がある。バートによれば、分離している部分間を唯一自分だけが仲介し、結合できるようなネットワークによってソーシャル・キャピタルが創出されるという。この「構造的隙間」理論に基づく予測では、構造的隙間に富んだネットワークを持つ人は、より多様な情報に、より早く接することができ、またそのような情報をコントロールすることができる。

これに対し、コールマンらの「ネットワーク閉鎖性」理論に基づく予測では、接触相手たちが互いに強い関係で結ばれていることで、信頼のおけるコミュニケーション・チャネルを手にすることができ、行為規範に違反する者がいれば、接触相手たちと一致団結した行動を取って対抗し、被害を受けないようにできる(バート、二〇〇六：二五一、二五四)。二つの理論は相反するように見えるが、バートによれば、実は構造的隙間がソーシャル・キャピタルの恩恵をもたらすためには、集団の凝集性ないし閉鎖性が重要であるという(金光、二〇〇六：二七九)。「構造的隙間を仲介することは新たな付加価値をもたらすが、構造的隙間のなかに埋蔵されている価値を実現するためには閉鎖性が決定的に重要な役割を果たす」のである(バート、二〇〇六：二七三)。

開発学は、政治学や社会学のソーシャル・キャピタル研究の知見を活用して経済・社会開発の効果を高める社会制度を分析しており、その中でソーシャル・キャピタルを、「結束型(Bonding)」、「橋渡し型(Bridging)」、「連結型(Linking)」の三つに分類している(Szreter and Woolcock, 2004; Woolcock and Narayan, 2000)。結束型は、同質集団内のネットワークで、ネットワーク閉鎖性とほぼ同じであるが、信頼と協力の関係を促進し、集団内の資源を維持する機能を果たす。なお、ここで資源とは物質、サービス、知識、技術などを指している。残りの二つの型は構造的隙間に類似しているが、その焦点は個人よりもむしろ異なる集団間のネットワークに当てられている。異なる集団との水平的ネットワークである橋渡し型は、集団間の尊重と相互主義の関係に基づいており、新たな資源獲得の機能を持つ。そして連結型は、権限を持つ外部者との垂直的ネットワークを意味しており、その関係は尊重と信頼および権力の関係である。これも新たな資源獲得に有利とされる。

最後に、連結型に似た概念として、ピーター・エバンスが論じた、国家と民間のアクターを繋ぐシナジー関係(State-society synergy)がある(Evans, 1996)。シナジー関係は「補完性(Complementarity)」と「埋め込み(Embeddedness)」から成り、相互に支え合うものである。補完性は、官と民のアクターやコミュニティの間の日々の交流を支援するものであり、官民の組織それぞれが持つ異なる資産に基づく分業が前提となっている。政府は集合財を提供し、民間がより効率的に提供するインプットを補完する。埋め込みは、市民と官僚・公務員を繋ぐものである。彼らの間に分業はあるが、そこでは共通の目標を達成するために緊密に活動する個人と個人が、固く繋がれている。

(2)リーダーシップ論への応用

さて、ソーシャル・キャピタルの様々な理論は、リーダーシップ分析にどのように応用できるだろうか。検討すべき問題は、リーダーが自らの集団の方向付けを行うとき、その目的のためにソーシャル・キャピタルをどのように利用できるのか、また利用可能なソーシャル・キャピタルを増やしたりすることはできるのか、という点である。以下では、ナン・リン(二〇〇八：三二)に従って、ソーシャル・キャピタルを、ある行為を行うためにアクセスし、活用する社会的ネットワークに埋め込まれた資源(物質、サービス、知識、技術など)であると定義した上で、それらの問題について、リーダーが所属する集団内部のソーシャル・キャピタルの場合と、当該リーダーと他の集団や個人との繋がりがもたらすソーシャル・キャピタルの場合の二つに分けて考えてみたい。

第一に、個人としてのリーダーは自らの集団のネットワーク閉鎖性ないし結束型ソーシャル・キャピタルを利用できる。その集団が比較的同質の構成員から成り、信頼や制裁によって互いに強く結びつけられている場合(つまり結束型ソーシャル・キャピタルが存在する場合)、リーダーは集団を協調行動と資源維持という方向に導くことで、その成果を享受できるだろう。そして同時に集団もそうした利益を享受するのである。

また、リーダーはこのソーシャル・キャピタルを意図的に増進することもできる。(3) この目的のためには、構成員の相互的信頼関係を促進し、組織への帰属意識を高め、集団内の規範と制裁を強化することが必要となるが、そのときの手段として、リーダーは自分の持てる能力や人望、利用可能な手段を用いることになる。つまり、リーダーは自らの資質を用いて、ソーシャル・キャピタルを増大させることで、集団の利益を高めることができる。そして、この利益増進を通じてリーダーは自らの地位をも強化できるのである。

第二に、リーダーは自分が他の集団と自らの集団とを繋ぐ結節点となっているとき、その構造的隙間から生じる、橋渡し型や連結型のソーシャル・キャピタルを利用して、新たな情報や技術、物質やサービスを得ることができる。そして、リーダーは自らの集団にそれらの新たな資源を提供することによって、その集団の方向付けの実現可能性を拡大し、リーダー個人だけでなく、集団の利益を高めることができるだろう。(4)

このソーシャル・キャピタルもまた、リーダーによって増やすことが可能である。橋渡し型の場合、相手方の集団への尊重と相互主義を前提にネットワークを構築することが必要である。連結型の場合は、シナジー論の知見を活かして、他の集団と分業面で補完的関係になると同時に、他の集団の中にリーダーが埋め込まれることで、ソーシャル・キャピタルを増大することができる。また、いずれの場合も結束型と同様、リーダーは地位強化という利益も獲得する。

以上論じたように本研究は、集団内の場合でも、他集団との繋がりの場合でも、リーダーはソーシャル・キャピタルを活用してリーダー個人および集団の利益に資することができるし、さらには自らの資質を用いてソーシャル・キャピタルを増進させることも可能であると考えている。(5)なお、個人の資質は、先行研究が論じてきたようにリーダーシップが成果を生み出す直接の要因となりうるが、以上の検討から言えるのは、同時に資質はソーシャル・キャピタルを増進することを通じて、リーダーおよび集団に利益を与え、リーダーシップが発揮されやすい環境や構造の形成に寄与するということである。その意味で、本節冒頭で述べたように最近のリーダーシップ論で重視されている、個人の資質と環境・構造との相互作用は、ソーシャル・キャピタルの知見を取り入れることで、整合的に把握することができると考えられよう。

4　ロドリーゴ・ゴメス総裁のリーダーシップとソーシャル・キャピタル

本節ではいよいよ、メキシコ銀行のロドリーゴ・ゴメス総裁がリーダーシップを発揮して、金融政策を成功裡に実施し、メキシコに安定的成長をもたらしたことを分析する。具体的には、ゴメス総裁を繋ぐ、結束型、橋渡し型、連結型の三つのソーシャル・キャピタルに沿って、第二節で整理した五つの金融政策、すなわち(a)通貨供給量の抑制、(b)高めの金利設定、(c)準備金制度の運営、(d)財政政策との連携、(e)対外借入を検討していく。

(1)結束型ソーシャル・キャピタル――メキシコ銀行

メキシコ銀行は、通貨供給量の抑制や高めの金利設定など政府内部や民間セクターからの反対を招きうる金融政策を進めたが、同行はそうした反対の圧力に抗うために組織的な一貫性を維持する必要があった。実際、同行内には安定志向の正統派の官僚のほかに、ケインズ派の開発主義の官僚も存在しており、その証拠に同行は産業発展のための選択的融資政策も実施していた(Babb, 2001: 91)。保守主義の代表格であるゴメス総裁は、開発主義派も含めて中央銀行としての組織的凝集性を強化する必要があったのである。

凝集性を高めるいくつかの要素はすでにあった。メキシコ銀行は経済の専門家を雇用するために、中央政府の官庁で働く官僚たちとは別のルートで行員を採用し、その給与体系も異なっていた。大統領の交替に伴って政治任命される閣僚や各省庁の幹部と違い、行員は試験によって採用され、自らの経験の蓄積と能力評価に応じて昇進の階段を下から上っていった。また、福利厚生制度も充実していたし、人材育成の一環として海外の大学に留学して経済学を学ぶ奨学制度もあった(Babb, 2001: 88–89)。

ゴメス総裁はこれらの雇用・昇進・福利厚生の制度を背景に、メキシコ銀行の凝集性をさらに高めた。まず、ゴメス自身が同行叩き上げの行員であった。大学教育は受けていなかったが、民間銀行勤務を経て一九三三年に二六歳でメキシコ銀行に入行した彼は、努力家で勉強家であり、どの職場でも上司からはその能力を高く評価され、部下からは尊敬された。一九五七年に同行に入行し、ゴメスの下で働いた経験のあるミゲル・マンセラ(Miguel Mancera)元中央銀行総裁は、かつての上司を「理論よりも実務の人」と評価した(Mancera, 1990)。メキシコ銀行でのゴメスは、為替問題や対外公的債務問題に対処する能力や実績を高く評価され、同行副総裁を経て、一九五二年に総裁の地位に上り詰めたのである(Romero Sotelo, 2014)。

総裁となったゴメスは、中央銀行の将来のため人材育成にも関心を寄せ、海外留学制度や実際の業務における指導などを通じて有能な若手スタッフを育成した。これに対して若手の側はゴメスへの尊敬や評価を高めていった(Beteta, 1991: 26–27)。当時ゴメスの薫陶を受けた若手スタッフには、既に言及したマンセラ元総裁のほか、いずれも元財務長官のヘスス・シルバ・ヘルソグ(Jesús Silva Herzog)やグスタボ・ペトリシオーリ(Gustavo Petricioli)などがいる(Romero Sotelo, 2014: 77)。彼らが後に中央銀行総裁や財務長官となって活躍したことや[6]、その彼らが中心となって、ゴメスの没後二十周年に彼の人柄、能力、業績を回顧する書籍(Varios autores, 1991)を刊行したことは、人材育成の成果とゴメスへの高い評価の証左である。

こうして当時のメキシコ銀行内部では、組織の凝集性、行員のアイデンティティ、協力関係が強化され、結束型ソーシャル・キャピタルが増大していった。その結果、インフレ抑制のための金融政策を実施する際に、それに反対する中央銀行内の勢力を最小限に抑えることができたと考えられる。また、この強い結束型ソーシャル・キャピタルが中央銀行内部に存在していたからこそ、後述する橋渡し型や連結型のソーシャル・キャピタルが効果的に構築されたのである(第三節(1)で、バートの構造的隙間とネットワーク閉鎖性の統合理論を紹介したことを想起されたい)。

(2)橋渡し型ソーシャル・キャピタル――民間セクターや国際金融機関とのネットワーク

安定的成長時代のメキシコ銀行は、財政赤字のファイナンスと通貨供給量の調整のために国の内外で銀行や金融機関の協力を得る必要があった。一方の国内では、準備金制度を積極的に活用する中で、商業銀行に対して現金預託や公債購入などの負担を少なからず強いていた。他方、IMF、世界銀行、IDBといった国際金融機関および輸出入銀行などの米国政府系金融機関からは借入を行っていた。ゴメス総裁はこれら内外の金融機関との間のネットワークを通じて、必要な協力を取り付けた。

まず、メキシコ銀行は、国内の商業銀行とのネットワークを構成する複数のチャネルを有していた。それらは、(a)メキシコ銀行理事会(民間銀行側も代表資格を有していた)、(b)銀行家協会の年次総会(メキシコ銀行総裁、財務長官が出席、時には大統領も)、(c)メキシコ銀行が多くの民間銀行との間で始めるようになった公式の協議、(d)大手銀行の側が始めた政府幹部との非公式協議である(Maxfield, 1993: 243)。

これらのネットワーク・チャネルを通じて、ゴメス総裁は中央銀行の方針や政策を商業銀行側に伝達した。例えば、銀行家協会の年次総会で総裁が講演を行うことは恒例の行事であった(Gómez, 1964b)。また、従来多くの中央銀行総裁が民間銀行から抜擢されたり、引退した総裁が民間銀行に再就職したりするなど(Maxfield, 1990: 43-44)、両機関の間には人事面での緊密な交流が長年続いており、銀行セクターは国家と民間セクターの間のリーダーレベルでの交流の鍵となっていた(Camp, 1989: 17)。ゴメス自身が民間銀行の出身で、為替業務に精通していたことは、民間の銀行家とのネットワーク構築に寄与したと考えられる。

同時に、商業銀行の側からは準備金制度に対する選好や不満が中央銀行に伝えられた。その結果、中央銀行は商業銀行に次のような補完的利益を供与して、そのコストを緩和した。第一に、準備金制度の下で商業銀行は貸出金利よりも低利の公債を引き受けなければならなかったが、メキシコ銀行は預金金利を公債金利よりも低く抑えることで、公債引き受けのコストを下げた(岡部、二〇〇九：一三八―一三九)。第二に、同行は商業銀行からいくつかの非公式の要求を受け入れていた。その要求とは、例えば、政府の規制を受けずに高収益を挙げていたノンバンク(Financiera)を所有することを銀行側に認めることや、準備金制度における優先分野への貸出義務の一環として、銀行と同じグループに属する企業向けの貸出もこれに充当してよいと認めることであった(Maxfield, 1993: 245)。

次に、国際金融機関とのネットワークは、ロドリーゴ・ゴメスが中央銀行で為替や対外公的債務の業務に従事している中で形成されていった。メキシコは、通貨ペソの切り下げを幾度も経験し、対外公的債務によって財政赤字を埋め合わせていたため、為替と公的債務に関する対外交渉は重要な国家課題の一つであったが、ゴメスはすでに一九四〇年代には歴代の財務長官から信頼され、それらの任務を委ねられるようになっていた。

例えば一九四八年、メキシコの外貨準備高が激減し、国際収支危機を迎えたとき、当時のラモン・ベテータ(Ramón Beteta)財務長官はＩＭＦおよび米国との為替交渉の責任者に当時は中央銀行副総裁であったロドリーゴ・ゴメスを任命した。また、ベテータの後任の財務長官となったアントニオ・カリージョ・フローレス(Antonio Carrillo Flores)は、彼自身が財務省与信担当局長(Director de Crédito de la Secretaría de Hacienda)として、一九四一年にワシントンに出張していた頃、「大袈裟でなく、ロドリーゴは世界で最も優れた(為替問題に関する)専門家の一人であると認めるに至った」と回顧している(Romero Sotelo, 2014: 58–59, 62)。興味深いことに、ベテータもカリージョ・フローレスも、「正統派」のゴメスとは対照的な「開発主義派」(第一節および本節(1)参照)と目されていたが、両長官とも彼を重用していたのである。

こうして為替や対外公的債務の問題で国際金融機関や米国の政府系金融機関と交渉する機会の多かったゴメスは、

それらの金融機関から高い評価を受け、信頼を獲得していった(Mancera, 1990)。その能力に対する評価を実証するように、ゴメスは一九四四年のブレトン・ウッズ会議にも出席し、翌年に創設されたＩＭＦの初代理事会の理事に就任している。もちろん、こうしたゴメスに対する評価は、彼の金融安定化に対する政策選好が国際金融機関や米国政府の選好と一致していたことが前提になっていた(Maxfield, 1990: 83)。

このようにして、ゴメスは自らの資質と能力によってメキシコ政府と国際金融機関や米国とを結ぶ結節点となり、橋渡し型ソーシャル・キャピタルを構築、強化した。そして、その効果は対外面および国内面で現れた。まず対外面では、橋渡し型のお陰で対外借入交渉を有利に進めることができた。当時、ＩＭＦやＩＤＢなどの国際金融機関が創設されたばかりで、それらの比較的良好な融資先としてメキシコが選ばれやすかった面はあったかもしれないが、ゴメスがいなければ、メキシコの対外借入の条件はより厳しい内容となっていたであろう。

また国内面では、政府内で中央銀行の地位を固めることに繋がった。上述したように、保守主義派のゴメスとは対立するはずの開発主義派の財務長官たちですら彼に一目置いていたのは、ゴメスが為替や対外債務の問題に精通し、国際金融機関との間にネットワークと信頼関係を有していたからであり、同時にそれが他の人物では代替できなかったからであった。こうした政府内のゴメス総裁への評価と信頼は、言い換えれば、誰も中央銀行の政策には簡単に口を出せないことを意味する。結果として、メキシコ銀行は実質的な独立性を向上させることができたのである。第二節(3)で紹介したマックスフィールド(Maxfield, 1990; 1997)は、大統領が国際金融市場からの資金調達が必要なときほど金融機関へのシグナルとして中央銀行に実質的独立性を与えると論じたが、実際はそうした制度面での保障だけでなく、ゴメス総裁の高い実務能力とそれを背景とした国際金融機関との間の信頼とネットワークの構築が独立性を守ることに寄与したと言えるだろう(7)。

(3)連結型ソーシャル・キャピタル――財務省とのネットワーク

金融政策を担当するメキシコ銀行にとって、財政政策を司る財務省との間で政策面で連携を図ることも、インフレ抑制と通貨安定のために不可欠な課題であった。以下で見るように、両組織の連携は、組織の長レベルだけでなく、スタッフレベルでも密接であった。

何よりも、ゴメス中央銀行総裁とオルティス・メナ財務長官の間には同盟関係とも呼びうる緊密な連携があった。両者は一九五二年からそれぞれ中央銀行と社会保険庁(Instituto Mexicano del Seguro Social: IMSS)の総裁としてルイス・コルティネス政権に参加していたが、一九五八年に始まるロペス・マテオス政権でオルティス・メナが財務長官に任命されると、両者の同盟関係が始まる。

当時メキシコ銀行はゴメス総裁の下で一定の独立性を享受していたし、既に述べたように歴代の財務長官はゴメスの能力を高く評価していた。しかし、当時のラテンアメリカ諸国では国連ラテンアメリカ経済委員会の強い主導で輸入代替工業化を中心とした内向きの開発政策が広まっており、その影響を受けてメキシコ国内では、すでに一九四〇年代から本格化していた輸入代替工業化をさらに振興する目的で、政府が中央銀行を厳しく管理し、指導するよう要求する声が出始めていた。実際、大統領選挙期間中にロペス・マテオス候補に対してそうした提案をする向きもあった(Ortiz Mena, 1991: 119–120)。

それでもロペス・マテオス大統領は中央銀行に事実上の独立性を認めた(Maxfield, 1997)。それは大統領の意向だけでなく、オルティス・メナ財務長官が働きかけた結果でもあった。大統領と財務長官は、安定を伴った経済成長という目的のためには中央銀行の独立性と自律性を強化すべきであるという点で合意すると同時に、ゴメスに引き続き中央銀行総裁の職を任せることでも意見が一致した(Ortiz Mena, 1991: 48, 120)。さらに両者は、中央銀行総裁は大統領に直接従うのではなく、政府との関係は財務長官を通じるものとすることでも合意した。直接の関係では大統領にノーと言うことは難しいからである。中央銀行はメキシコ政府の金融問題での良心(Conciencia financiera)となることが期待されていた(Ortiz Mena, 1998: 117)。

ゴメスとオルティス・メナはインフレ回避という目的を共有し、そのために財務省は財政赤字を管理する一方で、メキシコ銀行は通貨の安定を保障することに腐心した。二人は週に三、四回は会い、一つのチームのように行動した。特に移動中の車の中で多くの合意が交わされたという(Ortiz Mena, 1998: 117)。また、彼らは、将来有望な若い官僚の育成にも関心を寄せ、その一環としてメキシコ銀行の幾人かの若い官僚が後に異動して財務省で勤務することもあった(8)。こうしたスタッフレベルでの人材交流が政策面で成果を上げたのが、次に見る「財務省・メキシコ銀行ワーキンググループ(Grupo de trabajo Hacienda-Banco de México)」である。以下、オルティス・メナの回顧録(Ortiz Mena, 1998: 118–120)を中心に検討していこう。

このワーキンググループ(以下WG)は、中央銀行と財務省の間の組織的関係を確立するために設立されたもので、そのグループ長にはゴメス総裁とオルティス・メナ長官の双方が厚い信頼を寄せる、メキシコ銀行理事会理事長(Presidente del Consejo del Banco)のマヌエル・サンチェス・クエン(Manuel Sánchez Cuen)が就いた。

WGが担当したのは二つの組織の間に協調が必要な業務であった。例えば、経済統計の整備や予測、財務勘定のプログラム化(Programación de la cuenta fiscal)、国際機関との交渉、生産性上昇のためのプログラムなど、経済政策決定にとって重要な業務である。とくに経済統計の整備はWG発足の理由のひとつであった。当時の経済指標は不充分で、外貨準備高や中央銀行から中央政府への当座貸越などのデータに見られた矛盾や欠陥に対処することが求められていた(Izquierdo, 1995: 97–98)。国際収支の予測もWGの最初の仕事のひとつであった。為替安定の維持のためには、メキシコや海外における諸物価の動向の情報だけでなく、外貨の流入元(Fuentes)やその使用目的に関する情報も必要であったからである。当初メキシコ銀行の官僚は国際収支の予測計算は不可能だとの反応を示したが、WGはそれを実現させた。同時に財務省の方は関税システムの機械化(Mecanización de aduana)を進めていった。

この国際収支の予測と関税の機械化のお陰で、中央銀行は財務省に向けて作成している外貨準備高の日報と合致するような形で、より正確な外貨の入出量を把握することができた。それは対外債務の予測や国際収支の管理に貢献し、起こりうる資本流出の抑制にとって極めて重要であった。WGはまた、法的問題と農業問題をそれぞれ担当するサブグループを設けたが、後者では、国民経済の優先分野であり、外貨獲得の源であった農業発展の研究を行い、研究成果の農業計画案を農業大臣に提出するほどであった。

さて、以上のメキシコ銀行と財務省とのネットワークは、前節で紹介した連結型ソーシャル・キャピタルおよびシナジー関係を構成していたと考えられる。まず、連結型ソーシャル・キャピタルは権限を持つ外部者との垂直的ネットワークを指すが、当時の中央銀行と財務省の関係は、後者が前者を監督する権限を有していたことから、まさに連結型の性質を有していた。これによってメキシコ銀行は、国内外の物価、関税、外貨に関する情報を得やすくなり、国際収支の管理や資本流出の抑制が可能になった。

さらに両組織の関係は、エバンスが想定した官民の関係ではないものの、一種のシナジー関係を構成していた。第一に、上述の通り、安定的成長という共通の目標のためにメキシコ銀行と財務省はそれぞれの政策分野で相互に補完し合う関係にあった。金融政策と財政政策を協調させせなければインフレなき成長は不可能であったことは既に説明したとおりである。第二に、メキシコ銀行は、ロペス・マテオスおよびディアス・オルダスの両大統領とオルティス・メナ財務長官によって事実上の独立性を保障されていたが、同時にゴメスとオルティス・メナのトップ間の同盟関係およびそれぞれの官僚から構成されたWGや人材交流を通して、財務省に埋め込まれていた。これによって、メキシコ銀行は金融政策の決定と実施に必要な情報を収集することができた。以上のような補完性と埋め込みが金融政策と財政政策の効果を最大限に高めた結果、安定的成長期の経済成長、低インフレ、ペソの安定が実現したのである。

5 結論

本章は、一九五〇年代から六〇年代にかけて「メキシコの奇跡」と呼ばれたインフレなき経済成長と為替の安定について、インフレ圧力が政治的に強く、中央銀行に法的な独立性が認められていなかったにもかかわらず、なぜメキシコ銀行は金融政策面で「安定的成長」を実現できたのか、という問いを立てた。そして、その答えをロドリーゴ・ゴメス総裁のリーダーシップと、そのリーダーシップを可能にしたソーシャル・キャピタルの作用に求めた。

分析結果を要約すると、ゴメス総裁の資質や人望は、中央銀行内部の結束型ソーシャル・キャピタルを強化した一方、ゴメスが財務長官や財務官僚とのシナジー効果のあるネットワークを構築したことで、金融政策と財政政策の効果的な協調が可能になった。さらにゴメスは、国内および国外のネットワーク、すなわち橋渡し型ソーシャル・キャピタルを活用して、民間の銀行からは準備金制度、国際金融機関からは対外借入において協力を取り付けるとともに、政府内における中央銀行の実質的な独立性を固めた。こうしてメキシコでは安定的成長が実現したのである。

因みに、安定的成長の時代は、一九七〇年にゴメス総裁が七三歳で亡くなり、同年にルイス・エチェベリア(Luis Echeverría Álvarez)が大統領に就任することで終焉を迎えた。オルティス・メナは新大統領によって財務省から追い出された。エチェベリアは、ディアス・オルダス前政権が所得格差の拡大に抗議する学生運動を抑圧したことや景気が後退したことを背景に、国民の支持回復のために拡張的なマクロ経済政策を行い、財政赤字や対外債務を増大させたのである。それに反対したオルティス・メナの後任の財務長官は解任され、ゴメスの後任の総裁は大統領の意向に従属させられた(Centeno, 1997: 151; Maxfield, 1997: 100–101)。その結果、インフレ率は上昇していった(Ortiz Mena, 1998: 50)。

ところで、ロドリーゴ・ゴメスがリーダーシップを発揮できたのは、ソーシャル・キャピタルのお陰だとする本章の主張に対しては、異論があるかもしれない。そもそもゴメスが金融政策のリーダーになれたのは、ロペス・マテオス大統領とオルティス・メナ財務長官がメキシコ銀行に実質的な独立性を認めていたからではないのか、という批判である。本章はそうした構造的、制度的な要因を否定するわけではない。しかし、構造的、制度的には可能であるはずのリーダーシップであっても、実際にそれを発揮できるかどうかは、リーダーの資質や環境に依存するはずであり、本章はゴメス総裁がそのための資質と環境(＝ソーシャル・キャピタル)を有していたと論じたのである。

ただし、この批判は本研究の限界を示唆してもいる。すなわち、ゴメスが増大させたソーシャル・キャピタルが彼のリーダーシップの効果を決定づけたと論じるためには、研究設計上は、ゴメス総裁の時と同じく中央銀行の実質的な独立性が認められていながらも、総裁のソーシャル・キャピタルが少なかった事例を取り上げ、本章の事例と比較すべきだということである。

その点で、ルイス・コルティィネス政権の事例は役立つように見える。大統領は中央銀行に実質的独立性を認めていたが、本章の事例(ロペス・マテオスとディアス・オルダス両政権)と比べると、中央銀行のソーシャル・キャピタルは発展していなかったように見えるからである。しかし、当時すでにゴメスが総裁に就任していたことから、それは本章の事例と比べて明らかに異なる事例ではないため、比較分析に適しているとは言えないかもしれない。他方で、チリ、ブラジル、タイなど他国の比較可能な事例を探して、メキシコと比較することも可能性はある。いずれにせよ、中央銀行総裁のソーシャル・キャピタルの有用性をより説得的に主張するためには、本章の事例を適切な方法で他の事例と比較することが今後の課題となるだろう。

本章を締め括るにあたり、盟友オルティス・メナの言葉を引用しておきたい。それは、ゴメス総裁の没後二〇年を記念した書籍(Varios autores, 1991)に彼が寄稿した論文の一節である。

「経済の業績を一人の個人の資質のみに帰することはできない。それは経済のダイナミズムに参加する全ての主体の活動の結果だからである。しかし、ロドリーゴ・ゴメスの努力(Empeño)、賢明(Sabiduría)、経験(Experiencia)、能力(Capacidad)がもたらした価値ある貢献を確認しておくことは正当なことであろう」(Ortiz Mena, 1991: 136)。

[謝辞]
本書の編者と執筆者、そして次の方々から頂いた助言に対し、謝意を表したい。小川裕子、勝間田弘、杉之原真子、星野妙子、増永真、ロメロ・イサミ(五十音順)。

[注]

(1)メキシコ銀行が法的な独立性を付与されたのは一九九三年である。
(2)断りのない限り次の文献を参考にした。細野、一九八三:二二一;Gómez, 1991: 215–217.
(3)ソーシャル・キャピタルは歴史的に形成された与件のものなのか、人為的に増進することができるのか、研究者によって見方は異なる。前者はパットナム(二〇〇一;二〇〇六)らの見方であり、バートやエバンスなどは後者を支持する(Evans, 1996; バート、二〇〇六;リン、二〇〇八)。本章の議論は後者の立場に依拠している。
(4)前項で述べたとおり、バートは、構造的隙間の恩恵を受けるにはネットワーク閉鎖性が前提となるとして、両者を統合する重要性を主張した。
(5)このようにリーダーによって増大されたソーシャル・キャピタルは、単なる個人が持つネットワークに過ぎず、当該リーダーの不在によって消滅する可能性のあるものをソーシャル・キャピタルとは呼べないという批判があるかもしれない。しかし、そうした批判は、集団レベルの観点から集合財としてのみソーシャル・キャピタルを捉えており、個人レベルの個人財としての側面を無視している。パットナムに代表される集団レベルの研究は日本では多数を占めているが(リン(二〇〇八:三二〇)所収の石田光規による解題)、これとは異なり、本研究はソーシャル・キャピタルを集団レベルだけでなく個人レベルからも理解しており、本文で述べた定義(社会関係に埋め込まれた、アクセスできる資源)は、それら両方の性質を包摂することができると考えている。因みに、稲葉陽二(二〇一七：一〇―一一)は、人事権を握る社長が組織目標のために企業風土(＝企業内ソーシャル・キャピタル)を編み上げるという趣旨を述べており、リーダーが集団内のソーシャル・キャピタルを形成する場合について分析している。

(6)マンセラは一九八二年から一九九八年までメキシコ銀行総裁であり、シルバ・ヘルソグは一九八二年から一九八六年まで、ペトリシオーリは一九八六年から一九八八年まで、それぞれ財務長官を務めた。

(7)この段落の議論は星野妙子氏との意見交換に負うところが大きい。

(8)その官僚の中には、一九八二年に大統領となったミゲル・デラマドリー(Miguel de la Madrid)や同政権のペトリシオーリ財務長官らがいる。

［文献］

稲葉陽二(二〇一七)『企業不祥事はなぜ起きるのか――ソーシャル・キャピタルから読み解く組織風土』中公新書

岡部恭宜(二〇〇九)『通貨金融危機の歴史的起源――韓国、タイ、メキシコにおける金融システムの経路依存性』木鐸社

岡部恭宜(二〇一〇)「金融システムの多様性とその政治的起源――韓国、タイ、メキシコの比較歴史分析」『アジア経済』第五一巻第五号、二―四八

金光淳(二〇〇六)「著者紹介・文献解題　ロナルド・バート」野沢慎司編・監訳『リーディングス　ネットワーク論――家族・コミュニティ・社会関係資本』勁草書房、二七八―二八一

グラノヴェター、マーク・S．(二〇〇六)「弱い紐帯の強さ」野沢慎司編・監訳『リーディングス　ネットワーク論――家族・コミュニティ・社会関係資本』勁草書房

コールマン、ジェームズ・S．(二〇〇六)「人的資本の形成における社会関係資本」野沢慎司編・監訳『リーディングス　ネットワーク論――家族・コミュニティ・社会関係資本』勁草書房

谷浦妙子(二〇〇〇)『メキシコの産業発展――立地・政策・組織』日本貿易振興会アジア経済研究所

バート、ロナルド・S．(二〇〇六)「社会関係資本をもたらすのは構造的隙間かネットワーク閉鎖性か」野沢慎司編・監訳『リーディングス　ネットワーク論――家族・コミュニティ・社会関係資本』勁草書房

パットナム、ロバート・D.（二〇〇一）『哲学する民主主義——伝統と改革の市民的構造』（河田潤一訳）ＮＴＴ出版
パットナム、ロバート・D.（二〇〇六）『孤独なボウリング——米国コミュニティの崩壊と再生』（柴内康文訳）柏書房
細野昭雄（一九八三）『ラテンアメリカの経済』東京大学出版会
リン、ナン（二〇〇八）『ソーシャル・キャピタル——社会構造と行為の理論』（筒井淳也ほか訳）ミネルヴァ書房

Aspe, Pedro (1993) *Economic Transformation the Mexican Way*, Cambridge: The MIT Press

Babb, Sarah (2001) *Managing Mexico: Economists from Nationalism to Neoliberalism*, Princeton: Princeton University Press

Bazdresch, Carlos, and Santiago Levy (1991) "Populism and Economic Policy in Mexico, 1970–1982", in Rudiger Dornbusch and Sebastian Edwards, eds., *The Macroeconomics of Populism in Latin America*, Chicago: University of Chicago Press

Beteta, Mario Ramón (1991) "Don Rodrigo Gómez: Su estilo, su tiempo", en Varios autores, *Rodrigo Gómez: Vida y Obra*, México, Banco de México-Fondo de Cultura Económica, 13–41

Burns, James MacGregor (1978) *Leadership*, New York: Harper and Row

Camp, Roderic A. (1989) *Entrepreneurs and Politics in Twentieth-Century Mexico*, New York: Oxford University Press

Centeno, Miguel Ángel (1997) *Democracy within Reason: Technocratic Revolution in Mexico* (Second Edition), Pennsylvania: Pennsylvania State University Press

Elgie, Robert (2015) *Studying Political Leadership: Foundations and Contending Accounts*, Basingstoke, UK: Palgrave Macmillan

Evans, Peter (1996) "Government Action, Social Capital and Development: Reviewing the Evidence on Synergy", *World Development*, Vol. 24, No. 6, 1119–1132

Gómez, Rodrigo (1964a) "Estabilidad y desarrollo: El caso de México", *Comercio Exterior*, Vol. XIV, núm. 11, noviembre, 778–782

Gómez, Rodrigo (1964b) "La evolución de México y las bases fundamentales de la política monetaria (Discurso ante la XXX Convención de la Associación de Banqueros de México)", *El Mercado de Valores*, núm. 11, 137, 145–148

Gómez, Rodrigo (1991) "El banco central y las fuerzas inflacionarias", (Conferencia a los participantes en el V Programa de

Enseñanza Técnica del Centro de Estudios Monetarios Latinoamericanos, en agosto 1957) en Varios autores, *Rodrigo Gómez: Vida y Obra*, México, Banco de México-Fondo de Cultura Económica, 212–220

Izquierdo, Rafael(1995) *Política hacendaria del desarrollo estabilizador, 1958–1970*, México, Fondo de Cultura Económica

Kessler, Timothy P. (1999) *Global Capital and National Politics: Reforming Mexico's Financial System*, Westport: Praeger

Mancera, Miguel(1990) "Homenaje a Don Rodrigo Gómez en el XX aniversario de su fallecimiento", *El Trimestre Económico*, vol. 57(4), núm. 228, 1041–1053

Maxfield, Sylvia(1990) *Governing Capital: International Finance and Mexican Politics*, Ithaca: Cornell University Press

Maxfield, Sylvia(1993) "The Politics of Mexican Financial Policy", in Stephan Haggard, Chung H. Lee, and Sylvia Maxfield, eds., *The Politics of Finance in Developing Countries*, Ithaca: Cornell University Press

Maxfield, Sylvia(1997) *Gatekeepers of Growth: The International Political Economy of Central Banking in Developing Countries*, Princeton: Princeton University Press

Ortiz Mena, Antonio(1991) "La relación entre el gobierno federal y el Banco de México", en Varios autores, *Rodrigo Gómez: Vida y Obra*, México, Banco de México-Fondo de Cultura Económica, 113–136

Ortiz Mena, Antonio(1998) *El desarrollo estabilizador: Reflexiones sobre una época*, México, Fondo de Cultura Económica

Rhodes, R. A. W. (2014) "Public Administration", in R. A. W. Rhodes and Paul 't Hart, eds., *The Oxford Handbook of Political Leadership*, Oxford, UK: Oxford University Press

Romero Sotelo, Ma. Eugenia(2014) "Rodrigo Gómez: Una banca central para el desarrollo", *ECONOMÍAunam*, vol. 11, núm. 31, 53–83

Suárez Dávila, Francisco(2004) "Desarrollismo y ortodoxia monetaria, 1927–1957: El debate entre dos visiones de política financiera Mexicana", *Historia Económica*, 29 de octubre(二〇一八年三月一九日アクセス)http://herzog.economia.unam.mx/amhe/memoria/simposio12/Francisco%20SUAREZ.pdf

Szreter, Simon, and Michael Woolcock(2004) "Health by association? Social capital, social theory, and the political economy of public health", *International Journal of Epidemiology*, 33(4), 650–667

Tucker, Robert C. (1995) *Politics as Leadership: Revised Edition*, Columbia: University of Missouri Press

Varios autores(1991) *Rodrigo Gómez: Vida y Obra*, México, Banco de México-Fondo de Cultura Económica

Vernon, Raymond(1963) *The Dilemma of Mexico's Development: The Roles of the Private and Public Sectors*, Cambridge: Harvard University Press

Woolcock, Michael, and Deepa Narayan(2000) "Social capital: Implications for development theory, research, and policy", *The World Bank Research Observer*, 15(2), August, 225–249

終章　危機の時代のリーダーシップ研究

編　者

1　危機の時代のリーダーシップ

「キューバ危機」や「石油危機」など、第二次世界大戦後にも「危機」と呼ばれる時期は数多くあったが、今日のヨーロッパ政治も危機に陥っていることを否定する者はほとんどいないだろう。「危機」の定義は必ずしも定かではないが、コングレトンによれば「危機には典型的に三つの特徴がある。第一に、危機は予測不能であり完全な驚きとしてもたらされる。第二に、現在の計画が事前の想定どおりに機能しないという点で、一般的に好ましくない。第三に、なんらかの対応策が緊急に必要となる。すなわち、好ましくない驚きである危機から生じる結末が最悪なものになるのを避ける、もしくはその程度を減少させるために、計画の即時変更が求められる」(コングレトン、二〇〇四：五)ものといえるだろう。

また本書の執筆者の一人である岡部もかつて「危機」について、カーラーとレイクを引用しながら、「第一の定義によれば、危機とは、キューバ危機の一三日間など、極度の危険や困難を抱え、行動に関する不確実性が増大する状況を指し、次の三つの特徴を有している。(ⅰ)想定外の出来事が引き金となる、(ⅱ)中心的な価値への重大な脅威があり、破滅的な結果が見込まれる、(iii)アクターの認識上で、脅威を回避するための時間が高度に圧縮されている。(略)何らかの政治的な変化を引き起こすと想定されているが、変化の方向や類型までは説明できない」(岡部、二〇一四:八七―八八)と定義している。つまり取り巻く環境が大きく変化し、既存の制度や組織が機能不全を来たすという「不確実性」と「想定外」が両者の「危機」定義に通底する部分であろう。私たちは今そういう時代に置かれている。

本書は、今私たちが危機におかれている理由を、一義的に「政治リーダーの質の低下」(高橋、序章)に求め、それゆえにリーダーシップについての研究と分析が不可欠だという認識から出発している。

2　これまでの政治的リーダーシップ研究

リーダーシップ研究を政治領域に限った場合、最初期にみられたのは一九五六年のA・L・ジョージとJ・L・ジョージによるウィルソン大統領についての研究だろう(George & George, 1956)。実際、独裁・権威主義体制の経験をした西ヨーロッパと異なり、政治体制の安定と発展をみたアメリカでの大統領研究はまた、リーダーシップについての研究でもあった。本書でも言及されている一九七八年に古典となる『リーダーシップ』を著したバーンズが、六三年にルーズヴェルト大統領のリーダーシップ研究を手掛けていたのも偶然とは言えまい(Burns, 1978; 1963)。もっとも、バーンズと同じように、グリーンスタインも一九六九年にアメリカ大統領以外のリーダーシップ研究を視野に入れた研究を手掛けたように(Greenstein, 1969)、西側諸国の民主主義体制の安定と発展とともに、リーダーシップ研究は世界的な広がりをみせていくことになった。その理論的な検証も進み、一九八七年には「総合的な分析」を謳うブロンデルの研究が出された(Blondel, 1987)。

リーダーシップ研究の拡大と深化は、次節でも指摘されるように、社会心理学を用いてのリーダー個人の分析を超えて、射程を広げることになった。例えばエルジーは、リーダーシップを支える制度的な特性の比較検討を行い(Elgie, 1995)、またヘルムズは特定のリーダーシップのみならず、これを執政府の一部として見なすことを提唱した(Helms, 2005)。また、フォロワーシップそのものを対象とする研究や(Kellerman, 2008)、どのような文脈においてリーダーはその機能を発揮できるのかという、具体的状況との相互作用を検証するリーダーシップ研究も提出されている(Skowroneck, 1993)。また、グローバル化の中では、リーダーは単体でリーダーシップを発揮するのではなく、政策ネットワーク形成を通じてこれを発揮するという、いわば機能的なリーダーシップ像も提唱されるようになってきた(Masciulli & Knight, 2009)。これはかつてのウェーバーによる「カリスマ」の発見と同様、何がこうしたリーダーや指導者を成り立たせているのかに焦点をずらしたものともいえる。

ナイは、過去のリーダーシップ研究一般がリーダーの「特性」、「スタイル」、「コンティンジェンシー(状況依存)」へと時代を追って変遷してきたとしているが(ナイ、二〇〇八：四三)、これは政治的リーダーシップにおいても同様といえるだろう。ここでも指摘されているように、以上からリーダーシップとは「科学《サイエンス》」というより「技芸《アート》」であるならば解はなく、リーダーシップの多様性と可能性の追求こそがリーダーシップ研究の意義であるといえるだろう。

3 本書の政治的リーダーシップの分析

上記のようなリーダーシップ研究の推移と進展を踏まえ、本書は三つの特徴を有している。

第一の通底する特徴は、分析方法の多様性である。政治的リーダーシップを分析する方法としては、リーダーシップを構成するとされる二つの主要素である「個人(individual)」ないし「個性(personality)」と「状況(situation)」——「文脈」や「環境」「制度」「フォロワー」に置き換えられることもある——に注目することが一般的である。つまり、対象とするリーダーの「人間」に注目し、リーダーシップの源泉、根拠を求めていくのが「個人」「個性」の要素である(Grint, 1997)。この場合、その生まれた家庭環境、幼年時代、その後のキャリアや経験から一定の「個性」を推察し、それが後の重大事の政治的決定に影響したと説かれることになる。

他方、「特定の文脈が、特定の種類のリーダーシップを要請する」という前提に立って「状況」を論じる場合に焦点が当てられる場合もある。「状況」とは、①リーダー―成員関係、②(目標、手段の明確さ、発展性などによって構成される)業務構造、③(報酬ないし罰則制度の有無、それに対する権限によって示される)地位上の権力の総体として定義されるものだ(Fiedler, 1997)。また、こうした状況は制度的な特性によって左右される場合もある(Hargrove, 1989)。言い換えれば、リーダーの有する有形無形の政治的資源には予め制約が課されていることが注目される。特に序章でも触れられているように、中でも①は「フォロワーとの関係」として重視されることが多い。そして、この「状況」の相違は共同体や集団のパフォーマンスに作用し、すなわちリーダーシップそのものに影響を及ぼすことになる。

政治的リーダーシップ研究は、個性「か」状況、もしくは個性「と」状況の両方に注目してきたが、本書においては、執筆者がそれぞれ得意とする手法と対象に軸足を置きながら、個性と状況の双方が有する要素に配慮して、様々な指導者の政治的リーダーシップを分析している。序章で指摘されたように、あるいはジョセフ・ナイが「ボス猿型アプローチ」と呼んだ(ナイ、二〇〇八)、この危機の時代における「英雄待望論」の興隆は、むしろ危機を深めることにつながりかねない。そのため、通俗的な形でリーダーの「個性」に浮かび上がる超人的な要素に注目するのではなく、状況との相互作用を重視し、その結果、何が生まれたのか／生まれなかったのかを重視していると言えよう。

反対に「状況」だけに力点を置いた分析では、リーダーシップ論は環境還元主義的に、突きつめれば制度論に陥ってしまう可能性がある。極論すれば、人物なき制度論ということになりかねない。しかし実際においては、状況そのものが可変的であるにせよ、その状況のもとで生きる人間が状況即応的であるとは限らない。フィードラーによれば、リーダー自身が「状況」を掌握できる程度、すなわち「リーダーによる状況統制」に応じて「リーダーの行動」は変化する。つまり、リーダーの「資質」と「状況」の相互作用から「政治的リーダーシップ」は分析、把握されるべきなのである(Fiedler, 1997 : 45)。

第二に、「英雄待望論」を避けるため、リーダーシップの質的な評価にまで踏み込み、それが「分析的」であることを目標としている。「個性」や「資質」に注目する場合であっても、いみじくも政治的リーダーシップの分析であるならば、それは特定政治家の「評伝」や「伝記」であってはならない。具体的には、「個性」や「資質」に注目する際、当該リーダーの政治行動における挫折や失敗の経験に言及することに務めた。これ自体は、特定の政治的リーダーシップの欠点として必ず機能することを意味するものではなく、リーダー個人の学習や反省という行為や経験を通じて、リーダーシップの特性を把握することを可能にするからである。

最後に、最も重要な問題として、リーダーを選出ないしリーダーに追従する主体や要素、すなわちリーダーシップを定立させるフォロワーシップについての配慮がある。これは、言い換えれば、リーダーの質がまたフォロワーの質によっても左右されることを示すためでもある。リーダーを支持する主体への配慮なくして、リーダーシップ研究は完成しないからである。

4　本書の内容

本書は、リーダーシップ論の課題とその回復の手法を論じる序章を除き、時代と国、状況、直面した課題を異にする様々な政治的リーダーシップの実証的分析からなっている。

第一部は主として、「人間」、具体的にはリーダーの「個性」や「資質」を中心とした論考から成り立っている。まず第一章は、イギリスの首相ジョン・メージャーを取り上げている。同氏の政治的キャリアや人柄に依拠しつつ、「サッチャーとブレアの間」で一般的に低い評価しかされなかった彼が、なにゆえ六年以上も政権を維持しえたのかという問いを解き明かしている。イギリス政治や保守党を論じる場合、想起されるのはサッチャーであることが多いものの、いわばその反イメージとしてのメージャーを取り上げることは、また前者とは異なるリーダーシップの形式を浮かび上がらせているといえるだろう。すなわち、メージャーの生い立ちに続き、冷戦終結後、欧州統合の進展という変転する外部環境から「サッチャー後」の状況を読み解き、そこで発揮されたメージャーの手腕を論じている。

第二章は、ヨーロッパに留まらず、世界政治の転換期でもあった東西ドイツ統一時の西ドイツ首相、ヘルムート・コールを取り上げている。コールは当初から期待されたようなリーダーシップを発揮したわけではない。その政治的キャリアはむしろ挫折の連続であったことが指摘され、その長い苦難の経験にコールの特徴を求める。しかし、こうした毀誉褒貶の激しいコールであったからこそ、東ドイツの崩壊と続く「統一のコスト」を背負うための国内合意を調達し得たことを論じる。

続く第三章と第四章は、現役首脳(執筆時点)であるヨーロッパの小国のリーダーを対象としている。第三章は、ベルギーのヒー・フェルホフスタットが、万年野党である自由党を、いかにして一九九九年の歴史的政権奪取に導いたかを、やはり彼の生い立ちからの人間的特性を明らかにして、その背景に一九六八年の政治と社会の混乱、七〇年代の経済低迷期を経て、西ヨーロッパ小国に見られた「合意システム」が機能しなくなっていったことが強調される。

第四章は、二〇一七年に三八歳の若さでアイルランド首相となったレオ・ヴァラッカーを論じる。ヴァラッカーの政治家としての特質に着目した場合、アジア系であり、同性愛者であることから、本来保守的なアイルランド社会における「アウトサイダー」的なリーダーであることが想定されるが、グローバル化によって急激に変容するアイルランド社会にあって「求める変化を体現している」ことにそのリーダーシップの本質をみている。

第二部を構成する続く四つの章は、特定政治家の個性や資質に言及しながらも、それを取り巻くないし定立させる制度や政策、状況などに重点を置きながらリーダーシップの根拠とその成果を検討するものである。第五章は、九〇年代後半に世界的な注目を浴び、その新規さから新たなリーダーシップ・スタイルとして紹介されることの多いトニー・ブレアのそれを取り上げる。実際、類まれな政治的リーダーとしての才能を有し、改革を進めたブレアだったが、彼の政策位置などについての仔細な分析からは、ライバルでもありパートナーでもあった蔵相ブラウンとの双頭体制から来る権力基盤の弱さ、イラク戦争を始めとする外交政策での議会との対立など、リーダーシップを制約する要因があったこと、そのうえで「大統領制化」と言われた彼のリーダーシップ・スタイルの光と影、それがイギリスにもたらした逆説的な影響を指摘している。

第二章でみたドイツ統一においては、パートナー国であるフランスの影響力や意向も無視できないものだった。第六章では、この局面でフランス大統領の座にあったフランソワ・ミッテランの外交上のリーダーシップに焦点が当てられている。ミッテランは自身が第二次世界大戦を経験し、さらにその戦後期を通じた政治的キャリアから、ヨーロッパ大陸における地政学的条件、とりわけ三度に渡ってフランスと戦火を交えたドイツをとりまく国際環境に敏感であった。こうした特質は、フランス以外の利害当事国と異なる行動原理を導き出し、翻ってミッテラン自身のリーダーシップの特徴と限界を浮かび上がらせるものとなったとする。

第七章は、同時代に、ソ連からロシアへの変動期に大統領の地位を預かったボリス・エリツィンを論じている。彼の「ショック療法」と呼ばれる経済改革への失政という評価を起点に、それではなぜエリツィンがそのような政策を採用せざるを得なかったのかという興味深い問題を提起している。それは、信頼するフォロワーの意向を無批判に受け入れるという「過度の楽観性」というそのリーダーシップの特性に加え、体制の転換期において市場経済の進行という状況とが邂逅したことの産物であった。

最後の第八章は、地域と時代を移して、第二次世界大戦後のメキシコ中央銀行総裁を務め、メキシコ経済の危機克服と発展に貢献したロドリーゴ・ゴメスのリーダーシップを論じる。ゴメスのリーダーシップを取り上げる必要性は同章で触れられているが、そのアプローチの特徴は、リーダーシップを構成する構造(制度等)的要因と主体(資質)的要因を、ソーシャル・キャピタルの観点から統合的に論じている点にある。ゴメスは、自身が置かれた資源(ソーシャル・キャピタル)を活用することでメキシコの安定的な経済成長を実現した。しかし、その資源そのものも、ゴメス個人の資質によって作り出された面があると論じ、個性と環境の相互作用に新たな知見を加えている。

5　リーダーシップ研究の意義

以上の章は、序章における問題意識を共有しつつ、その分析手法や研究対象においては多様であることを特徴としている。地域と時代を横断するこれらの章を総括してリーダーシップについての中核的な主張を抽出することは適切ではないかもしれないが、一般的な結論は以下のようなものとなろう。すなわち、①政治史上、大きな足跡を残したとされる政治的リーダーにあっても、それまでの経験の失敗を有しており、その経験による学習と、その学習による行動修正を可能にした状況によってリーダーシップが発揮されたこと、②逆に大きな失政を犯したとされるリーダーにあっても、それまでのリーダーシップによる結果があってこそ、むしろその空転や失敗を経験することになるというパターンが観察されることである。その中で、おそらく最も重要な点は、①と②が同じリーダーとそのリーダーシップにおいて、混在・同居していることにある。各章は、その時間軸の設定や接近方法に応じて、上記の何れかに力点を置いているが、リーダーシップそのものが複層的・複合的要因から成り立っていることは強調されるべきだろう。

それでは、こうした複層的・複合的要因は何によっているのか。

リーダーの心理学的分析を最も初期に手掛けたラスウェルは次のように指摘する。

政治学における政治的伝記は長らく、制度的な「メカニズム」、「構造」、「システム」といった研究におけるこれらの過大な強調に明白な修正を迫ってきた(略)評伝なき政治学は剝製のようなものとなる(Lasswell, 1966 : 1)

また、政治という営みにおける人間の重要性を一貫して強調してきたシャベルトは以下のように述べている。

社会の政治的側面において、現代の政治理論は人的要素に対する偏見を抱いている。すなわち政治における人間、人々についての科学であるよりも、それは人為のもの(artifact)たる「国家」、「政治システム」、「(機械的な意味における)政治における法則」、「制度」とその「機能」、これらが混合して出来上がる「一党支配国家」や「政党国家」などからなる。自然科学となることを目指すこの政治の科学は、「政治」と呼ばれる活動を追及する人物ではなく、自らが作りあげた人為のものを政治的現実として仮定する(略)しかしそれは、合理主義による政治の把握という自らの教義に反しているのである(Schabert, 1989 : 123–124)

上記の問いに答えるとすれば、「危機」的な特定の状況下にあって、過去の――自身のそれを含む――経験から学ぶことで、一般的な「メカニズム」「構造」「システム」、もしくは「法則」や「機能」の修正をオープンな形で迫り、国家や集団といった共同体のより安定的な均衡を回復するのがリーダーシップの果たしうる機能であり、可能性であると言い換えることができよう。

つまり、様々な制度的な誤謬の是正や情報の非対称性の解消、あるいはＡＩがシンギュラリティを超えることができたとしても、政治という行為そのもの、あるいはその政治を分析し、議論し、理解しようとする試みは、政治が人間のためのもの、あるいは属する共同体のために行われるものである限り、人間そのものを視野に収めざるを得ない。それゆえリーダーシップ研究は、暫定的な正解を常に探求せざるを得ない政治学の中核に位置づけられるものとして認識されるべきだろう。少なくともそう捉えるのでなければ、危機の時代における新たなリーダーシップのあり方を発見することすら叶わないだろう。

［文献］

岡部恭宜(二〇一四)「韓国とタイにおける二つの金融危機と政治変動――内生的危機と外生的危機」日本政治学会『年報政治学2013―II　危機と政治変動』八六―一〇八

コングレトン、ロジャー(二〇〇四)「危機管理の政治経済学――政治的意思決定における合理的選択、無知、そして拙速」(宮下量久訳)『公共選択の研究』第四三号、五―一六

サミュエルズ、リチャード・J．(二〇〇七)『マキァヴェッリの子どもたち』(鶴田知佳子・村田久美子訳)東洋経済新報社

ナイ、ジョセフ・S．(二〇〇八)『リーダー・パワー』(北沢格訳)日本経済新聞出版社

Blondel, Jean(1987)*Political Leadership: Towards a General Analysis*, London: Sage

Burns, James M. (1963)*Roosevelt: The Lion and the Fox*, M. A: Harvard University Press

Burns, James M. (1978)*Leadership*, New York: Harper & Row

Elgie, Robert(1995)*Political Leadership in Liberal Democracies*, London: Palgrave

Fiedler, Fred E. (1997) "Situational Control and a Dynamic Theory of Leadership", in Keith Grint, ed., 126–148

George, Alexander L. and Juliette George L. (1956)*Presidential personality and performance*, Boulder, CO, US: Westview Press

Greenstein, Fred I. (1969)*Personality and Politics/Problems of Evidence, Inference, and Conceptualization*, Chicago: Markham

Grint, Keith(1997) "Introduction: Reading Tolstoy's Wave", in Keith Grint, ed., *Leadership, Classical, Contemporary, and Criti-*

cal Approaches, New York: Oxford University Press

Hargrove, Erwin C. (1989) "Two Conceptions of Institutional Leadership", in Bryan D. Jones, ed., *Leadership and Politics*, Lawrence: University Press of Kansas

Helms, Ludgar(2005) *Presidents, Prime Ministers and Chancellors: Executive Leadership in Western Democracies*, Basingstoke: Palgrave Macmillan

Kellerman, Barbara(2008) *Followership: How Followers Are Creating Change and Changing Leaders*, Boston: Harvard Business School Press

Lasswell, Harold D. (1966) *Psychopathology and Politics*, Chicago: University of Chicago Press

Masciulli, Joseph and W. Andy Knight(2009) "Conceptions of Global Leadership for Contextually Intelligent, innovatively adaptive political leaders," in Joseph Masciulli, Mikhail A. Molchanov, and W. Andy Knight, *The Ashgate Research Companion to Political Leadership*, London: Ashgate

Schabert, Tilo(1989) *Boston Politics. The Creativity of Power*, Berlin: Walter de Gruyter

Skowroneck, Stephen(1993) *The Politics Presidents Make*, New Heaven: Yale University Press

あとがき

本書が作られたのは、戦後期に形成された秩序が揺らぎ、とりわけ二〇〇八年以降に顕著となった政治経済での変調を受けて、新たなリーダー像が模索される時代を受けてのことだ。具体的には二〇一五年春に、編者となる松尾が吉田の研究室でリーダーシップを論ずる本の作成を相談するところから始まった。企画はその後、政治リーダーシップ研究の第一人者であり、二人の恩師でもある高橋直樹先生に相談して進められることとなった。執筆者メンバーがおおよそ定まった後、二〇一六年一二月と各章の初稿が執筆された後の二〇一八年五月に研究会を行い、課題設定と問題意識の共有を全員で図った。

リーダーシップに関する本書の執筆者が直接、間接を問わず、東京大学大学院在籍時以降、高橋先生の学恩に与かった者たちなのは偶然ではないだろう。勤務先を定年で退官された偶然も加わり、退官記念論文集としての位置づけを有することになった。先生からは現在も変わらず研究会などを通じて指導いただいている。改めてここに感謝の意を記したい。

本書の刊行に当たっては、高橋先生が訳者の一人であったバリントン・ムーア・Jr・『独裁と民主政治の社会的起源』(一九八六年)の版元でもある岩波書店に引き受けてもらったことも、喜ぶべき偶然である。企画段階から担当いただき、研究会にも参加いただいた編集部の伊藤耕太郎さんには、多数の執筆者を抱えたことから遅々として進まぬ話に我慢強く付きあっていただいたことには深いお詫びと感謝の念で一杯である。また、その後担当となった田中宏幸さんは、遅れた原稿を辛抱強く待っていただき、さらに大竹裕章さんには原稿が揃った段階から絶妙なリーダーシップならぬエディターシップを発揮していただいた。多くの方に支えられて本書が刊行されたことを謙虚に受け止め、執筆者一同、引き続き精進していきたい。

現在が政治的危機の只中にあることは論を待たないが、「危機(クライシス)」とはまた、「クリティカル(分岐)」を意味する。言い換えれば、危機とは私たちの社会や政治が抱えている本質がむき出しになる瞬間でもあるはずだ。この分岐をどの方向に、どのような力でもって進むべきなのかの智恵と見識が試されることになる。ゆえに、私たちはこの危機に勇気を持って向き合う使命がある。そして、危機を脱するために新しい道を歩むときに求められるものこそがリーダーシップなのだ。だから、リーダーシップを論じることは、希望を語ることでもあるはずだ。

私たちは危機の時代にこそ希望をもってリーダーシップ論を模索する。本書がその宣戦布告となることが執筆者一同の願いである。

松尾秀哉・吉田　徹

編者

高橋直樹
1950年生．東京国際大学教授．東京大学名誉教授．東京大学大学院法学政治学研究科博士課程修了．法学博士(1983年)．専修大学法学部助教授，上智大学法学部助教授，東京大学大学院総合文化研究科教授などを歴任．著書に『政治学と歴史解釈』(東京大学出版会)ほか．

松尾秀哉
1965年生．龍谷大学教授．一橋大学社会学部卒業後，民間企業勤務を経て，東京大学大学院総合文化研究科博士課程修了．博士(学術，2007年)．聖学院大学政治経済学部准教授，北海学園大学法学部教授などを経て現職．著書に『ヨーロッパ現代史』(筑摩書房)ほか．

吉田 徹
1975年生．北海道大学教授．慶應義塾大学法学部卒業後，独立行政法人勤務を経て，東京大学大学院総合文化研究科博士課程修了．博士(学術，2007年)．フランス国立社会科学高等研究院(EHESS)リサーチアソシエイト．著書に『ミッテラン社会党の転換』(法政大学出版局)ほか．

執筆者(執筆順)

高橋直樹 前出
若松邦弘 東京外国語大学 教授
安井宏樹 神戸大学 教授
松尾秀哉 前出
小舘尚文 アイルランド国立大学ダブリン校 准教授
今井貴子 成蹊大学 教授
吉田　徹 前出
溝口修平 法政大学 教授
岡部恭宜 東北大学 教授

現代政治のリーダーシップ
——危機を生き抜いた 8 人の政治家

2019 年 10 月 17 日　第 1 刷発行

編　者　高橋直樹《たかはしなおき》　松尾秀哉《まつおひでや》　吉田《よしだ》 徹《とおる》

発行者　岡本　厚

発行所　株式会社　岩波書店
〒101-8002 東京都千代田区一ツ橋 2-5-5
電話案内 03-5210-4000
https://www.iwanami.co.jp/

印刷・精興社　製本・牧製本

ISBN 978-4-00-001087-0　　Printed in Japan